Eva Maria Leupold
Handbuch der Gesprächsführung

Eva Maria Leupold

Handbuch der Gesprächsführung

Problem- und Konfliktlösung im Kindergarten

Herder Freiburg · Basel · Wien

Einbandgestaltung: Hermann Bausch
Einbandillustration: Barbara Theis

Alle Rechte vorbehalten – Printed in Germany
© Verlag Herder Freiburg im Breisgau 1995
Herstellung: Freiburger Graphische Betriebe 1995
ISBN 3-451-23528-5

Inhalt

Vorwort

Die Elementarpädagogik ist in den vergangenen Jahren verstärkt in das Blickfeld der Öffentlichkeit gerückt. Rechtliche und sozialpolitische Aspekte wie die Forderung nach einem garantierten Kindergartenplatz für jedes Kind stehen hier im Vordergrund. Die pädagogische Diskussion hingegen akzentuiert die inhaltliche Seite: Eine hochkomplexe Gesellschaft in ständigem Wandel stellt auch den Kindergarten vor neue Anforderungen. Er gerät zunehmend unter Druck, die zahlreichen und oft beklagten Defizite in der kindlichen Entwicklung ausgleichen zu helfen.

Die Arbeit mit dem Kind wird differenzierter, die Zusammenarbeit mit den Eltern vielschichtiger. Einerseits nehmen immer mehr Mütter und Väter Anteil an der vorschulischen Erziehung ihrer Kinder und wollen, mitunter sehr kritisch und anspruchsvoll, mitbestimmen, so daß der Kontakt zu ihnen für die Erzieherin insgesamt nicht nur enger und lebendiger, sondern auch konfliktträchtiger wird. Andererseits sollen unmotivierte Eltern für eine Zusammenarbeit gewonnen werden, insbesondere wenn Kinder durch Verhaltensauffälligkeiten Anlaß zur Sorge geben.

Die breitgefächerten Erwartungen und Ansprüche setzen hohe psychologisch-pädagogische Kompetenz und emotionale Belastbarkeit der Erzieherin voraus. Mängel in der theoretischen und praktischen Ausbildung treten in dieser Situation verstärkt zutage. Ein solcher Mangel, das zeigen Gespräche mit Ausbildern an den Fachakademien für Sozialpädagogik und Erfahrungen aus Fortbildungskursen mit Erzieherinnen, liegt in der unzureichenden praktischen Einführung in die Schwierigkeiten und Möglichkeiten konstruktiver Problemlösung und Konfliktbewältigung. Hier läßt die Psychologie-Ausbildung, mit Stoff überfrachtet und dem Anspruch auf Persönlichkeitsbildung nicht gewachsen, in der Praxis meist schnell spürbare Lücken. Erzieherinnen beklagen fehlende Sicherheit, ungenügende Kenntnisse und Fähigkeiten, wenn es um schwierige Gespräche mit Eltern und im Team geht. Es bleibt ihrer Aufgeschlossenheit und ihrem persönlichen Engagement überlassen, sich in entsprechenden Fortbildungsveranstaltungen für diese wesentlichen Aspekte einer intensiveren und umfassenderen Arbeit zumindest ein Stück weit zu qualifizieren.

Die Idee zu dem vorliegenden Buch ist im Laufe einer langjährigen Fortbildungstätigkeit für Erzieherinnen entstanden. Die Erfahrungen in themenzentrierten Kursen (Das verhaltensauffällige Kind, Gesprächsführung mit Eltern, Teamarbeit, Konfliktfähigkeit im Team) und in Supervisions-und praxisbegleitenden Gruppen haben mir Einblick gewährt in die vielfältigen Probleme von Erzieherinnen.

Überwiegend handelt es sich dabei um Fragestellungen, die weder im Frontalunterricht noch in griffigen Lektionen abgehandelt werden können. Die Theorie verlangt hier nach einer Ergänzung durch Erfahrungslernen und Selbsterfahrungs-Prozesse, die Zeit und einen vertrauensvollen zwischenmenschlichen Rahmen brauchen. Es gibt kein fertiges, allgemeingültiges Rezept für den Umgang mit verhaltensauffälligen Kindern, für die Lösung von Problemen mit Eltern oder die Klärung von Teamkonflikten. Es gibt nur die offene Auseinandersetzung mit den jeweils individuellen Problemkonstellationen und Konfliktpunkten. Viele Schwierigkeiten des Kindergartenalltags, sei es im Umgang mit Kindern, Eltern oder Kolleginnen, können nur gelöst werden, wenn die Erzieherin über eine Palette von theoretischen Kenntnissen und praktischen Fähigkeiten verfügt, d.h. wenn sie theoretische Modelle – wie zum Beispiel die partnerschaftliche Lösung von Konflikten – in ihre Persönlichkeit integrieren und leben kann.

Ziel dieses Buches ist es, relevante psychologische Erkenntnisse zur Problem-und Konfliktbewältigung in möglichst enger Anbindung an den beruflichen Alltag der Erzieherin darzustellen und zu sensibilisieren für die verschiedenen Dimensionen des Themas. So beinhaltet die Auseinandersetzung mit Problem-und Konfliktlösung im Kindergarten unter anderem folgende inhaltliche Schwerpunkte:

- Die Organisation und Veränderbarkeit von Familiensystemen und, damit eng verknüpft, die Möglichkeiten und Grenzen von Elternarbeit im Kindergarten.
- Formen der Kooperation und Mitarbeiterführung im Team.
- Möglichkeiten der Problem- und Zielanalyse in schwierigen Situationen.
- Methoden der Gesprächsführung zur Problem- und Konfliktbewältigung.

Theoretisches Wissen bleibt wert- und wirkungslos ohne persönliche Lernprozesse, die allein zu mehr Sicherheit im Umgang mit Menschen führen können. Ein Buch kann solche Lernprozesse im besten Fall anregen, begleiten, ergänzen. Es bleibt zu wünschen, daß die eine oder andere Erzieherin und Kinderpflegerin (letztere ist im weiteren immer mitgemeint, wenn von der Erzieherin die Rede ist!) durch die Lektüre motiviert wird, die hier angeschnittenen Richtlinien für Problem- und Konfliktlösung und Prinzipien von Gesprächsführung in Fortbildungskursen und Supervisionsgruppen zu vertiefen – in Abstimmung mit ihrer individuellen Persönlichkeit und ihren konkreten Arbeitsbedingungen.

Die Fähigkeit zur Problemanalyse, die Bereitschaft, die berufliche Rolle und den Arbeitsauftrag kritisch zu reflektieren und sich mit den eigenen Einstellungen, Werthaltungen und Gefühlen auseinanderzusetzen, sind notwendig, wenn die Erzieherin ihre anspruchsvoller gewordene Arbeit bewältigen will.

Einige der hier formulierten Gedanken habe ich, in einer knapperen und weniger umfassenden Weise, bereits in Zeitschriftenartikeln veröffentlicht. Ich danke den Erzieherinnen, die mir in zahlreichen Weiterbildungsseminaren durch ihr Engagement und ihre Offenheit so viel Einblick gewährt haben in die Schwierigkeiten und Probleme ihres Berufsalltags. Aus dieser für mich sehr anregenden und lehrreichen Zusammenarbeit entwickelte sich die Idee zu diesem Buch; ihr entstammen auch die vielen Beispiele, die den Leserinnen die theoretischen Gedanken hoffentlich in einer Weise verdeutlichen können, die den Bezug zu ihren eigenen Erfahrungen herzustellen vermag.

Dr. Hilmar Thielen danke ich für die wohlwollend-kritische Durchsicht des Manuskripts und seine konstruktiven Hinweise und Anmerkungen.

I. Einführung

1. Veränderte Aufgabenstruktur des Elementarbereiches

An den Kindergarten als Institution und an die Erzieherin als Person werden von verschiedenen Seiten Erwartungen und Aufgaben herangetragen, die nicht nur ein komplexes, sondern häufig auch recht spannungsreiches und konfliktträchtiges Gefüge ergeben. Wer stellt diese Forderungen?

Erwartungs-geflecht

Das Kind

Es will als individuelle Persönlichkeit erkannt und akzeptiert werden, braucht Zuwendung, Lob, Ermutigung und Trost. Überdurchschnittlich viel Zeit, Geduld, Zuwendung und pädagogische Reflexion verlangt das verhaltensauffällige Kind. Eine gut durchdachte und sorgfältig geplante Zusammenarbeit mit den Eltern im Rahmen des jeweils Möglichen ist hier besonders notwendig und wünschenswert.

Akzeptanz, Zuwendung, pädagogische Betreuung

Die Eltern

Zweifellos gibt es Eltern, die ihre Kinder lediglich untergebracht wissen wollen und aufgrund von Zeitmangel oder Desinteresse den Kontakt mit dem Kindergarten vermeiden. Demgegenüber aber steht die große Zahl derer, die sehr hohe und differenzierte Erwartungen an die Einrichtung herantragen. Den auf ihnen lastenden Druck, ihre Kinder vorzubereiten auf eine Zukunft in einer sich ständig verändernden Welt mit hohen Anforderungen an die Anpassungs-und Leistungsfähigkeit des einzelnen, geben sie häufig an den Kindergarten weiter. Hier soll die Entwicklung ihres Kindes positiv beeinflußt werden – was immer das im einzelnen bedeuten mag. Anstöße für die emotionale und soziale, vor allem aber die intellektuelle Entwicklung im Sinne konkreter Schulvorbereitung werden ebenso verlangt wie die Förderung von Kreativität, Selbständigkeit, Selbstvertrauen, religiöser Bildung, Umwelt- und Gesundheitsbewußtsein. Da Eltern die Akzente jeweils unterschiedlich setzen, sieht sich die Erzieherin vielfältigen und uneinheitlichen Wünschen gegenüber.

Hilfen zur emotionalen, sozialen und intellektuellen Entwicklung

Manche Mutter möchte Rat in Erziehungsfragen, eine andere erzählt von familiären Belastungen und Sorgen. Elternbeiräte stellen – zum Teil sehr kritisch und anspruchsvoll – ihre Forderungen, Elternabende müssen geplant und vorbereitet werden.

Der Träger

Reibungsloses Funktionieren

Für ihn ist ein reibungsloses Funktionieren der Institution wichtig, vielfach auch die Einbindung des Kindergartens in die Gestaltung von Gemeindeaktivitäten. In der Regel fehlt der tiefere Einblick in die fachlichen Aspekte der Arbeit, und so vermissen Erzieherinnen oft Verständnis und Unterstützung.

Die Gesellschaft

Vorbereitung des Kindes auf komplexe gesellschaftliche Anforderungen

Die qualitativen, die fachlich-inhaltlichen Ansprüche an die pädagogische Arbeit haben sich erhöht. Das Leben ist unruhiger, komplexer, unüberschaubarer geworden, die Leistungsanforderungen in einer hochtechnisierten Welt steigen. In diese Welt hineinzuwachsen ist für Kinder keine leichte Aufgabe – sie in diese Welt hineinzuführen und zu begleiten ebenfalls nicht. Der Kindergarten sieht sich als öffentliche Vorschuleinrichtung mit dieser zunehmend schwieriger zu bewältigenden Aufgabe konfrontiert. Er soll die Kinder in möglichst vielen Aspekten ihrer Persönlichkeit fördern, Entwicklungsrückstände aufholen und Defizite in der Familie ausgleichen helfen. Kleinfamilie, Alleinerziehende, Trennungs- und Scheidungsfamilien, allgegenwärtige Hektik sowie frühe Prägungen durch Einflüsse von Medien und Technik mit all ihren Konsequenzen stellen neue Anforderungen an die Pädagogik des Elementarbereichs. Spezielle gesellschaftliche Aufträge wie die schnelle und konstruktive Integration ausländischer Kinder soll die Erzieherin selbstverständlich und souverän erfüllen, extrem schwierige Situationen – wenn es zum Beispiel um Hinweise auf Kindesmißhandlung oder sexuellen Mißbrauch geht – mit Sensibilität und Kompetenz meistern.

Die psychologisch-pädagogische Wissenschaft

Entsprechend den sich verändernden Lebensbedingungen und den damit verknüpften Problemen entstehen Ansprüche an das pädagogische Handeln, die von Wissenschaft und Forschung in Form neuer Konzepte und Modellvorstellungen für den Vorschulbereich formuliert werden. Familienunterstützende Maßnahmen durch den Kindergarten sind ebenso im Gespräch wie der situationsorientierte Ansatz und sorgen für lebhafte Diskussionen. Neues mobilisiert zunächst häufig Ängste und Widerstand. Selbst wenn es auf Zustimmung, vielleicht sogar Begeisterung stößt, darf nicht übersehen werden, daß eine Menge Energie notwendig ist bei der Auseinandersetzung mit innovativen Ideen und deren Umsetzung in die Praxis.

Erhöhte Ansprüche an pädagogisches Handeln

2. Problem- und Konfliktlösung als Bestandteil von Eltern-und Teamarbeit

Was läßt sich aus den vorangegangenen Überlegungen zur Situation der Erzieherin für das Thema der Problem- und Konfliktbewältigung ableiten?

Die pädagogische Arbeit im Kindergarten ist in einem größeren Kontext zu sehen und beinhaltet Aspekte, die über die unmittelbare Beschäftigung mit dem Kind hinausreichen.

Eltern sind vielfach sehr engagiert und informiert, aber auch kritisch und voll hoher Erwartungen. Sie wollen über die Arbeit im Kindergarten Bescheid wissen und mitbestimmen. Unter dem Vorzeichen von Transparenz und Kooperation wird der Kontakt mit ihnen einerseits intensiver, andererseits auch konfliktträchtiger.

Im Hinblick auf verhaltensauffällige Kinder wird eine besondere, von den Erzieherinnen oft als sehr schwierig erlebte und entsprechend gefürchtete Form von Elternarbeit notwendig. Eltern müssen gegebenenfalls auf Verhaltensproble-

Intensivere und konfliktträchtigere Elternarbeit

me des Kindes hingewiesen und für eine Zusammenarbeit mit dem Kindergarten oder helfenden Institutionen wie Erziehungsberatungsstellen und Jugendämter gewonnen werden.

Der Druck, vielen hohen Erwartungen gerecht werden zu müssen, und die Konfrontation mit problematischen familiären und gesellschaftlichen Entwicklungen bedeuten eine höhere persönliche Belastung und führen immer häufiger zu einem Gefühl von Überforderung. Daraus resultieren ein verstärktes Kommunikationsbedürfnis mit Kolleginnen und der Wunsch nach fachlichem und emotionalem Rückhalt in einem funktionsfähigen Team. Spannungen in der Mitarbeitergruppe erschweren die ohnehin anstrengende Arbeit, so daß interne Konfliktlösung unabdingbar wird im Hinblick auf die Effektivität der Arbeit, das Wohlbefinden der Mitarbeiter und die Gesamtatmosphäre des Kindergartens.

Kommunikation im Team

Der sich diesermaßen erweiternde Arbeitsauftrag impliziert zwangsläufig neue Anforderungen: Die Fähigkeit, in angemessener und konstruktiver Weise miteinander zu sprechen und umzugehen, unnötige Konflikte zu vermeiden und unvermeidbare Konflikte sinnvoll zu lösen, gewinnt sowohl in der Zusammenarbeit mit den Eltern als auch im Team an Bedeutung.

Konfliktbewältigung – eine Notwendigkeit

Problem- und Konfliktlösung umfaßt drei Ansatzpunkte:

- Die Analyse des Problems bzw. des Konflikts.
- Die Entwicklung von Lösungsstrategien, die immer auch das Gegenüberstellen von Wünschbarem und tatsächlich Machbarem beinhalten.
- Die Durchführung des konkreten Problem- oder Konfliktgesprächs.

Die beiden ersten Punkte umfassen zum Teil unterschiedliche Überlegungen, je nachdem, ob es um Probleme mit Eltern oder um Konflikte im Team geht. Der dritte Aspekt berührt beide Bereiche gleichermaßen: die Ebene der Gesprächsführung.

Theoretische und praktische Kenntnisse aus der Kommunikationspsychologie sind eine wesentliche Voraussetzung für eine erfolgreiche Problem- und Konfliktbewältigung der Erzieherin und werden uns im ersten Teil dieses Buches beschäftigen.

II. Grundlagen der Gesprächsführung

1. Anleitung zur Gesprächsführung: Kommunikationstraining oder Persönlichkeitsentwicklung?

Meist legt der Begriff „Gesprächsführung" den Gedanken an Gesprächstechniken nahe. Zweifellos ist dieser Gesichtspunkt wichtig: Positives Kommunikationsverhalten manifestiert sich über das gesprochene Wort und kann gelernt und trainiert werden. Ein Gespräch ist jedoch primär eine zwischenmenschliche Begegnung, die über einen technisch-mechanischen Austausch von Formulierungen hinausgeht. Es ist ein lebendiges und daher nie vorauszusagendes Geschehen, das in seinem Ablauf geprägt wird von der individuellen Wesens- und Eigenart der Beteiligten. Da die Reaktion des Gegenübers nicht abzusehen ist, läßt sich ein Gespräch nicht im Sinne eines idealen und perfekten Dialogs im voraus konstruieren und einüben. Eine Anleitung zur Gesprächsführung auf der Ebene konkreter Techniken beschränkt sich immer nur auf bewährte Elemente und Richtlinien, die im konkreten Gespräch sinnvoll angewendet und eingesetzt werden müssen.

Gespräch als lebendiger Dialog

Solche Prinzipien und deren Wirkungen können durch Beispiele demonstriert und im Rollenspiel in verschiedensten Gesprächssituationen und -konstellationen ausprobiert werden – der Ernstfall bleibt immer unkalkulierbar.

Gesprächshilfen flexibel handhaben

Eine Übertragung aus der Übungssituation in die Praxis gelingt am ehesten dann, wenn Gesprächshilfen als flexibel zu handhabende Grundsätze erarbeitet werden, die sich an der jeweils besonderen Problemstellung und an der Person des Gegenübers zu orientieren haben. Um nicht starr und unecht zu wirken, müssen sie, nach einer anfänglichen, meist etwas „technisch" ausgerichteten Übungsphase, in der praktischen Umsetzung auch in Einklang stehen mit der Persönlichkeit und dem Temperament des Sprechenden.

Gelungene Kommunikation ist mehr als eine Aneinanderreihung von guten Gesprächstechniken, sie muß mit der inneren Einstellung und Haltung des Sprechers korrespondieren –

zumindest in einem Rahmen, der als „hilfreiche Beeinflussung" definiert ist (im Gegensatz etwa zu Politik oder Meinungsforschung). Bei der Frage, wie diese Übereinstimmung zu erreichen ist, sind zwei Positionen denkbar.

Kann über das Einüben positiven Sprachverhaltens die Einstellung eines Menschen beeinflußt werden, so daß beispielsweise das Trainieren eines selbstbewußten Sprechstils sich auch positiv auf Selbstsicherheit und Selbstvertrauen auswirkt? Oder müssen Einstellungen, Gefühle und Werthaltungen verändert werden, damit sich das Kommunikationsverhalten verändert? Muß also, um bei dem Beispiel zu bleiben, die Person sich erst selbstbewußter fühlen, um sich sicherer und durchsetzungsfähiger ausdrücken zu können?

Der zunächst ungebrochene Optimismus im Hinblick auf Trainingsprogramme ist im Laufe der Zeit etwas gedämpft worden durch die Erkenntnis, daß die Dinge vielschichtiger und komplizierter sind als man ursprünglich wahrhaben wollte. So geht es bei Überlegungen zur Gesprächsführung nicht nur um die Frage, welche Kommunikationsweise in welcher Situation mit welchem Gesprächspartner angemessen ist, sondern auch um die Differenzierung, wer sich, in Ergänzung und Korrektur seines individuellen Kommunikationsstils, mit welchen Gesprächsmethoden besonders auseinandersetzen sollte.

Kommunikationsverhalten und Persönlichkeit

Sprachverhalten ist auf das engste mit der Persönlichkeit des Sprechenden verknüpft und das Ergebnis langjähriger Erfahrungen und Lernprozesse, die sein Erleben und Denken nachhaltig geprägt haben und folglich nicht so leicht und nicht beliebig veränderbar sind.

Eine Erzieherin, die sich unsicher fühlt und Schwierigkeiten hat, sich zu behaupten und ihre berechtigten Forderungen durchzusetzen, muß sich in der Ausbildung in Gesprächsführung zwangsläufig mit anderen Kommunikationsmustern beschäftigen als eine Kollegin, die dazu neigt, den Gesprächspartner mit gutgemeinter Aktivität und mit Ratschlägen zu überrollen. Für jede von beiden ist es wichtig, sich die jeweiligen kommunikativen Stärken und Schwächen bewußt zu machen und sie, wenn es sich um eine umfassendere Ausbildung handelt, als Teil der eigenen Lerngeschichte zu erfahren und zu begreifen.

Notwendig ist für die Erzieherin insbesondere auch ein Überdenken ihrer Einstellungen, Werthaltungen und ihres Menschenbildes sowie eine Auseinandersetzung mit ihrer beruflichen Rolle und deren Möglichkeiten und Grenzen. Diese Faktoren prägen jede Begegnung, jedes Gespräch mit Eltern, Kolleginnen und Mitarbeiterinnen. Sie sollten soweit wie möglich bewußt gemacht werden, um sie gegebenenfalls korrigieren und modifizieren zu können. Dieser Reflexionsprozeß wird verhindern helfen, daß die Erzieherin in der **Selbstreflexion** Elternarbeit oder in der Zusammenarbeit im Team in eine Beziehungsdynamik gerät, die für sie letztlich nicht mehr kontrollierbar ist und in Konflikt und Niederlage endet.

Die Beschäftigung mit Gesprächsführung in Theorie und Praxis umfaßt für die Erzieherin somit ein weites Spektrum:

– Die Analyse von Kommunikationsverhalten und das Erleben der Wirkung von negativen und positiven Gesprächselementen.
– Das Kennenlernen und Sich-Bewußtmachen des eigenen Kommunikationsstils.
– Das Ausprobieren und Üben positiven Gesprächsverhaltens.
– Die Umsetzung der in der Übungssituation erarbeiteten Elemente und Prinzipien in die Praxis entsprechend den Erfordernissen der konkreten Problemlage.
– Die Klärung persönlicher Einstellungen und Werthaltungen und die Auseinandersetzung mit bestimmten Grundpositionen: Wie sieht mein Menschenbild aus? Wie definiere ich meine berufliche Rolle?
– Die Reflexion von Gesprächsverhalten als Ausdruck der eigenen Persönlichkeit (Selbsterfahrung). Der individuelle Kommunikationsstil mit seinen Stärken und Schwächen sollte in diesem Zusammenhang als Teil des eigenen Entwicklungsprozesses erfahrbar werden.

Eine Anleitung zur Gesprächsführung ähnelt einer Gratwanderung. Durch die Anregung, ihren Gesprächsstil bewußter wahrzunehmen, ihn zu überdenken und wirksamer zu gestalten, soll der Erzieherin einerseits rationale Kontrolle über ihr Verhalten ermöglicht werden. Andererseits sollte das Wissen um Kommunikationsregeln aber auch nicht zu einem starren Rollenverhalten führen und die Spontaneität zerstören. Im Idealfall gelingt eine Integration der positiven Gesprächselemente in die jeweils individuelle Persönlichkeit – es gilt, die Stärken wirksam zu nutzen und mit den Schwächen umgehen zu lernen. Hilfen zur Gesprächsführung sind in diesem Sinne als ein Beitrag zur Persönlichkeitsentwicklung zu sehen.

Gesprächsführung als Persönlichkeitsentwicklung

2. Das Menschenbild partnerzentrierter Gesprächsführung

Kommunikation ist ein allgegenwärtiges Phänomen. Gespräche finden in vielen Varianten statt, unterscheiden sich nach Zielsetzung und Inhalt aber ganz erheblich – man denke an Verkaufs-, Bewerbungs-, Prüfungs-, Informations-, Aufklärungs-, Beratungs- oder Konfliktgespräche u.v.a.m.

Die Theorien zur Gesprächsführung, die sich auf die Kommunikation in pädagogischen und helfenden Berufen, im partnerschaftlichen und familiären Bereich sowie im Rahmen der Mitarbeiterführung beziehen, sind vor allem durch die Überlegungen von CARL ROGERS beeinflußt und geprägt worden.

Gesprächsmodell von Carl Rogers

Seine Erkenntnisse zu positivem Gesprächsverhalten stammen aus langjährigen Erfahrungen in Beratung und Therapie. Die von ihm beschriebenen Gesprächsvariablen sind denn auch primär auf diese spezifischen Situationen zugeschnitten, gelten aber gemeinhin als Quintessenz jeder Gesprächsgestaltung.

Im Vordergrund steht für ROGERS Kommunikation als zwischenmenschliche Begegnung, und so beschreibt er nicht nur konkretes Sprachverhalten, sondern setzt sich insbesondere mit den Einstellungen und Haltungen auseinander, die ein Gespräch zu einem guten Gespräch werden lassen.

Zur Persönlichkeitsentwicklung des Menschen und den Möglichkeiten seiner Veränderbarkeit hat er eine Reihe von Thesen aufgestellt, von denen die wichtigsten hier aufgeführt sind.

1. Jeder Mensch lebt in einer subjektiven Welt, die von seinen individuellen Wahrnehmungen und Erfahrungen geprägt ist und sich durch sie ständig verändert. So können zwei Menschen eine Situation völlig unterschiedlich erleben, je nach ihrer Bedürfnislage und ihren bisherigen Erfahrungen.

Individuelle Wahrnehmung

Beispiel:

Vorerfahrungen mit Autoritäten – Vorgesetzten, Lehrern und Eltern – prägen die Beziehung der Erzieherin zur Leiterin ebenso wie das Verhältnis der Leiterin zu ihren Mitarbeiterinnen und zum Träger. Äußert etwa eine Leiterin in einer Teambesprechung, daß sie in der letzten Zeit über die bisherige Form der Elternarbeit des Kindergartens und eventuelle Veränderungen und Verbesserungen nachdenke, kann eine Mitarbeiterin das als Einstieg in eine Diskussion, als Anstoß für eine gemeinsame Auseinandersetzung mit diesem Thema verstehen. Die neue Kollegin hingegen hat an ihrer vorhergehenden Stelle einen dominanten Führungsstil kennengelernt. Die Leiterin hatte sich häufig sehr direktiv in die Gruppenarbeit eingemischt und viel Kritik geübt. So hört die Erzieherin aus der Aussage ihrer neuen Leiterin Unzufriedenheit über ihre Arbeit heraus und fühlt sich angegriffen.

Oder stellen wir uns vor, eine neue Mitarbeiterin kommt in den Kindergarten. Eine sich noch unsicher fühlende Berufsanfängerin wartet und hofft vielleicht auf Anleitung, Anregung und Unterstützung, während eine ältere Kollegin mit langjähriger Berufserfahrung Aktivitäten der Leiterin in dieser Richtung schnell als Bevormundung, autoritäres Verhalten oder Überheblichkeit deuten würde.

Aufgrund der unterschiedlichen und sich ständig wandelnden Erlebniswelten kann man nie wissen, was in einem anderen Menschen zu einem bestimmten Zeitpunkt wirklich vor sich geht. Die im Alltag so beliebten Schlüsse von eigenen Erfahrungen, Gefühlen und Bedürfnissen auf die des Gesprächspartners sind daher äußerst fragwürdig und unzuverlässig. Der typische Kommentar auf die Zurückweisung einer derartigen Fehldeutung lautet meist: „Aber ich dachte, diese Entscheidung wäre auch in deinem Sinne." – Unsere Mitmenschen haben im allgemeinen einen anderen, einen eigenen Sinn!

Struktur des Selbst

2. Neue Eindrücke und Erfahrungen werden nur insoweit auf- und angenommen, als sie in die Struktur des Selbst integrierbar sind. Erfahrungen, Verhaltensweisen und Haltungen, die zu stark von der subjektiven Erlebniswelt abweichen, werden als fremd und bedrohlich erlebt und abgewehrt. Gehören etwa die Forderungen: „Ich muß immer perfekt sein! Probleme in der Familie trägt man nicht nach außen!" zum Selbstkonzept einer Mutter, kann sie Hinweise auf Verhaltensprobleme bei ihrem Kind zunächst nicht annehmen. Diese These ist besonders wichtig für das Abschätzen von Möglichkeiten der Beeinflussung und Veränderbarkeit von Menschen.

Beispiel:

Die Erzieherin hat den Eindruck, ein Kind leide darunter, daß sich die Eltern zu Hause zu wenig mit ihm beschäftigen und empfiehlt der Mutter, sich mehr Zeit für gemeinsames Spielen zu nehmen. Dieser wohlgemeinte und einfach klingende Rat kann bei der Mutter aus verschiedenen Gründen ins Leere gehen. Entweder er ist für sie nicht akzeptabel:

– Sie vertritt die Ansicht, daß Kindererziehung Privatangelegenheit und die Erzieherin nicht berechtigt ist, sich einzumischen.
– Sie hat in ihrem Leben mehr Kritik als Ermutigung erfahren, fühlt sich durch Vorschläge und Anregungen schnell gekränkt und reagiert mit Abwehr und Widerstand.

Oder sie nimmt den Ratschlag an, kann ihn aber nicht befolgen und verwirklichen:

– Sie mißt aufgrund ihrer Wertvorstellungen und ihrer Persönlichkeitsstruktur der Ordnung und Sauberkeit ihrer Wohnung mehr Bedeutung bei als einem unbekümmerten Spiel mit ihrem Kind.
– Sie ist von der spielerischen Seite des Lebens durch zu einseitige Leistungsbetonung abgeschnitten und kann in der Beschäftigung mit Kindern weder Kreativität entfalten noch Freude erleben.
– Sie fühlt sich durch Haushalt, Kinder, Ehepartner und Beruf physisch und psychisch überfordert.

Solche Überlegungen werfen auch ein Licht auf die Problematik von Ratschlägen zwischen Kolleginnen in einem Team und zwischen Leitung und Mitarbeiterinnen.

Bedürfnis-befriedigung 3. Das Verhalten jedes Menschen ist der Versuch, seine Bedürfnisse, wie er sie innerhalb seines subjektiven Bezugsrahmens wahrnimmt, zu befriedigen. Da Menschen sich hinsichtlich ihrer Bedürfnisse beträchtlich voneinander unterscheiden, sind Schwierigkeiten im Umgang miteinander zwangsläufig programmiert. Interessenkonflikte gehören zu den Grundproblemen des menschlichen Daseins und müssen als solche akzeptiert werden. Es macht allerdings einen Unterschied, ob ich das Verhalten eines anderen von vornherein als gegen mich gerichtet interpretiere oder als im Dienste seiner Bedürfnisbefriedigung stehend.

Beispiel:

Eine Mutter beklagt sich ziemlich aufgebracht über die ungerechte Behandlung ihres Sohnes. Andere Kinder würden ihn ständig ärgern, und die Erzieherin greife nicht ein. Es ist nicht ihr vorrangiges Bedürfnis, die Erzieherin anzugreifen und zu verletzen, sondern sie ist in Sorge um ihr Kind und will es verteidigen:

- Vielleicht hat sie sich selbst von ihrer Mutter nie beschützt gefühlt und möchte ihrem Kind nun das geben, was sie selbst vermißt hat.
- Oder sie nimmt, da ihr Mann den Jungen zu hart anfaßt, die (über-)fürsorgliche Gegenposition ein.
- Oder sie traut, da selbst sehr einengend erzogen, aufgrund ihrer eigenen Ängstlichkeit und Unsicherheit ihrem Sohn nicht zu, seine Konflikte selbst zu lösen.

Aus welchen Gründen auch immer sie so handelt: Aus der Perspektive ihrer Erfahrungs- und Erlebenswelt hat ihr Verhalten für ihre Bedürfnisbefriedigung einen Sinn.

Für Konflikte im Team ist dieser Gedanke genauso wichtig. Verhaltensweisen von Kolleginnen, die uns verärgern, sind in der Regeln nicht bewußt gegen uns gerichtete Boshaftigkeiten, sondern entspringen dem Versuch der Bedürfnisbefriedigung des anderen.

Eigenständig- keit

4. Ein weiterer zentraler Gedanke ist die Achtung vor der Eigenständigkeit und Eigenverantwortlichkeit des Menschen. Jedes Individuum wird bestimmt von der Tendenz zu Wachstum und Selbstverwirklichung, entsprechend seinen Anlagen und Fähigkeiten. Kommt es zu einer Schädigung oder Behinderung dieser Bestrebungen, kann dem Menschen am besten geholfen werden, wenn an dieses grundlegende Potential zu selbstbestimmter Entwicklung angeknüpft wird. Er selbst kennt seinen Weg am besten, er muß nur ermutigt und unterstützt werden, ihn zu gehen.

Bezogen auf Therapie und Beratung bedeuten diese Grundannahmen über Wahrnehmung, Erleben und Verhalten des Menschen, daß Beeinflussungsversuche in Form von Vorhaltungen, Kritik oder Ratschlägen meist zum Scheitern verurteilt sind. Kritik drängt in eine Verteidigungs- und Abwehrhaltung, Ratschläge sind nicht umsetzbar. Veränderungen kann man nicht erzwingen, sondern nur anregen, indem Bedingungen geschaffen werden, die den selbständigen und eigenverantwortlichen Lösungsprozeß ermöglichen. Wenn sich die Person im Rahmen einer vertrauensvollen zwischenmenschlichen Beziehung mit all ihren Gedanken und Gefühlen akzeptiert, verstanden und nicht bewertet und beurteilt fühlt, wächst die Bereitschaft, sich mit den eigenen Haltungen, Einstellungen und Sichtweisen auseinanderzusetzen.

Begleitet und unterstützt von einem Gegenüber, das in der Lage ist, diese erkenntnisfördernden Bedingungen bereitzustellen, kann sie – sozusagen in einem Schon- und Freiraum – eigene Ziel- und Veränderungsrichtungen erarbeiten. Lösungen, die sich aus eigenen Überlegungen und Bemühungen entfalten, sind in jedem Falle die besseren: Sie müssen nicht als fremd und bedrohlich abgewehrt werden und sind, weil vom Betroffenen selbst entwickelt, ihm und seiner Situation im allgemeinen am angemessensten.

Klientenzentrier- te Gesprächs- psychotherapie

Die klientenzentrierte Gesprächspsychotherapie versucht diese Prinzipien in besonderem Maße zu verwirklichen; aber auch in anderen Therapieformen spielt der Gedanke des nicht-wertenden Verstehens und Akzeptierens als Voraussetzung für Veränderung eine große Rolle.

Nach ROGERS sind es drei Faktoren, die im therapeutischen Gespräch die Grundlagen dafür schaffen, daß der Ratsuchende sich angstfrei und ohne Abwehr auf sich selbst konzentrieren und so allmählich seine Probleme neu sehen und schließlich bewältigen kann.

- Der Berater muß dem Gesprächspartner **Wertschätzung** entgegenbringen. Er akzeptiert vorurteilsfrei und ohne Bewertung alles, was der Ratsuchende empfindet, denkt, sagt und fühlt.
- Der Berater muß **einfühlsames Verstehen** praktizieren. Er stellt seine eigene Sichtweise zurück und versucht, sich ganz in die subjektive Welt des Gesprächspartners einzufühlen. Er bringt dieses Verständnis durch entsprechende Rückmeldungen und Rückformulierungen zum Ausdruck.
- Positive Wertschätzung und einfühlsames Verstehen können nur dann Veränderungen beim Gesprächspartner anregen, wenn sie mit **Echtheit** (Kongruenz) verbunden sind. Sie nur als Technik einzusetzen, bleibt wirkungslos. Der Berater ist gefordert, dem Gesprächspartner als Person gegenüberzutreten, die wirklich Anteil nimmt und sich um Verstehen und Akzeptanz bemüht.

Nun hat Gesprächsführung nicht den Anspruch, Menschen in so tiefgreifender Weise zu beeinflussen und zu verändern wie eine Therapie, aber auch bei Kommunikation geht es schließlich häufig darum, daß Menschen aufeinander einzuwirken versuchen. Sie möchten durch ein Gespräch überzeugen, Unterstützung und Hilfe gewähren, Probleme und Konflikte lösen.

Die aus der klientenzentrierten Gesprächspsychotherapie abgeleiteten Richtlinien haben sich für die positive Gestaltung von Gesprächen als äußerst wirksam erwiesen. Besondere Aufmerksamkeit gilt der Beziehung zwischen Eltern und Kindern, Lehrern und Schülern sowie Vorgesetzten und Arbeitnehmern (vgl. GORDON). Achtung vor der Andersartigkeit und Individualität jedes Menschen, der Glaube an seine Fähigkeit zur Problemlösung, Zurückhaltung im Bewerten und Beurteilen, Vermeiden von Beschuldigungen und Vorsicht

Idealforderungen an Gesprächsführung

bei Ratschlägen, autoritären Anweisungen und Manipulationen sind feste Bestandteile einer Gesprächsführungs-Philosophie geworden, die sich in vielen Lebensbereichen bewährt hat. Für nicht-therapeutische Gespräche ergeben sich für beide Gesprächspartner folgende Idealforderungen:

– Die Bedürfnisse des anderen anerkennen.
– Für die eigenen Bedürfnisse die Verantwortung übernehmen. Nicht erwarten, daß andere unsere Gedanken erraten und unsere unausgesprochenen Bedürfnisse erfüllen.
– Sich bemühen, die subjektive Welt des anderen zu verstehen und seine Einstellungen und Werthaltungen zu begreifen.
– Die eigene Position in klaren Aussagen zum Ausdruck bringen.
– Den anderen respektieren.
– Sich selbst ernst nehmen und die für das eigene Wohlbefinden notwendigen Grenzen ziehen.

Wir werden in den Kapiteln über Elternarbeit und Konfliktbewältigung im Team detailliert darauf eingehen, was diese Forderungen im einzelnen für die beiden Bereiche bedeuten. Zunächst aber wenden wir uns konkreten Methoden zu, die mit diesen beiden Polen von Gesprächsführung, mit dem Verstehen und dem Sich-behaupten, in Zusammenhang stehen.

3. Kommunikationspsychologische Grundlagen

3.1. Kommunikation als Übermittlung von Information

Wir wollen uns dem Thema Gesprächsführung zunächst von einer anderen Seite her nähern. Was bedeutet Kommunikation eigentlich? Und wie funktioniert sie?

Bei Kommunikation geht es um die Übermittlung von Information: A spricht zu B, B antwortet auf die Äußerung von A usw. So gesehen, setzt sich ein Gespräch aus zahlreichen Einzelbotschaften zusammen. Die einzelne Informationsübermittlung von einem Sprecher an sein Gegenüber als kleinste Analyse-Einheit läßt sich in folgendem Modell darstellen:

(in Anlehnung an GORDON, 1991, S. 64)

Der Sender möchte dem Empfänger etwas mitteilen, was erst einmal nur in ihm existiert: einen Gedanken, eine Wahrnehmung, ein Gefühl, eine Erinnerung. Um diese inneren Gegebenheiten für den Empfänger zugänglich zu machen, muß **Kodieren** der Sender sie in Worte fassen. Dieser Vorgang wird als **Dekodieren** Verschlüsseln oder Kodieren bezeichnet.

Der Empfänger hört die Botschaft und muß sie nun, um sie über die akustische Wahrnehmung hinaus zu verstehen, seinerseits entschlüsseln und dekodieren. Geglückte Kommunikation liegt dann vor, wenn das, was der Sender ausdrückt, beim Empfänger richtig ankommt, wenn der Eindruck des Empfängers dem Ausdruck des Senders weitgehend gleicht:

Ausdruck	=	Eindruck
was jemand von sich gibt		was beim anderen ankommt

(in Anlehnung an GORDON, 1991, S. 64)

Die tägliche Erfahrung zeigt, daß diese Gleichung, obwohl sie so einfach erscheint, oft nicht aufgeht. Kommunikation, d.h. das Sprechen zwischen Menschen und das damit beabsichtigte gegenseitige Verstehen, erweist sich als überaus komplizierte Sache. Jeder kennt es aus eigener Erfahrung: Wir schaffen es nicht, uns für den anderen verständlich auszudrükken, wir sind unsicher, was der andere meinte – und so reden wir häufig aneinander vorbei, fühlen uns miß- und unverstanden.

Gedanken und Anregungen zur Gesprächsführung müssen sich also auf den Prozeß des Kodierens und Dekodierens konzentrieren:

1. Wie kann sich die Erzieherin als Senderin einer Botschaft konkreter, eindeutiger und verständlicher ausdrücken, um mit Eltern und Kollegen wirksamer zu sprechen?
2. Wie kann sie als Empfängerin eine Botschaft richtig entschlüsseln und im Gespräch mit Eltern und Kollegen besser verstehen, was diese ihr mitteilen wollen?

3.2. Die vier Seiten einer Nachricht

Miteinandersprechen ist nicht nur ein physikalischer Vorgang, der sich mit dem Aussenden und Empfangen von Schallwellen hinreichend erklären ließe, sondern eine Begegnung zwischen zwei Individuen, die, wie wir gesehen haben, in vieler Hinsicht zwei verschiedene Welten repräsentieren. Der Komplexität einer solchen Begegnung entspricht die Vielschichtigkeit einer Botschaft, die sozusagen die Brücke schlagen soll zwischen diesen Erlebenswelten. Um den komplizierten Prozeß von Kommunikation besser erfassen zu können, hat man versucht, verschiedene Bestandteile einer Botschaft herauszufiltern. So entstand das Modell des „Kommunikationsquadrates" (SCHULZ VON THUN, 1991, 1). Es besagt, daß jede sprachliche Mitteilung vier Seiten hat:

Kommunikationsquadrat nach Schulz von Thun

Sachinhalt: Worüber ich informiere.

Selbstoffenbarung: Was ich von mir selbst kundgebe.

Beziehung: Was ich vom anderen halte. Wie wir zueinander stehen.

Appell: Wozu ich den anderen veranlassen möchte.

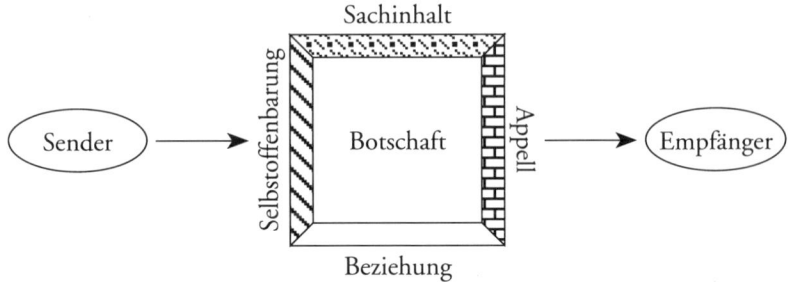

(in Anlehnung an SCHULZ VON THUN, 1981, S. 30)

Zwei Beispiele sollen diese vier Aspekte von Kommunikation veranschaulichen.

Situation 1

Eine Erzieherin hat seit Öffnung des Kindergartens um 7.30 Uhr auch die Kinder aus der Gruppe ihrer Kollegin in Empfang genommen und sich bemüht, sie im Auge zu behalten. Als die Kollegin erscheint, begrüßt sie sie mit den Worten: „Es ist schon Viertel vor acht."

Welche Botschaften an die Kollegin sind in dieser kurzen Äußerung enthalten? Versuchen wir sie unter den Gesichtspunkten des Kommunikationsquadrates zu analysieren.

Sachinhalt:
Die Aussage weist auf eine objektive Gegebenheit hin: die Uhr zeigt 7.45.

Selbstoffenbarung:
In dem kurzen Satz sagt die Erzieherin etwas über sich selbst aus. Sie teilt mit, daß sie das Kommen der Kollegin registriert. Durch ihren Tonfall aber, der ärgerlich, ungeduldig, gereizt, spöttisch oder klagend-hilflos klingen mag, offenbart sie insbesondere ihre Gefühls-und Stimmungslage.

Beziehung:
Die Äußerung beinhaltet eine Botschaft darüber, wie die Erzieherin ihre Kollegin einschätzt: Sie hält sie für unpünktlich und unzuverlässig. Und ihre Mitteilung gibt zudem Auskunft darüber, wie die Erzieherin die Beziehung definiert: Sie erlaubt es sich, die Kollegin auf ihr Zuspät-Kommen hinzuweisen. (Der Leiterin gegenüber hätte sie vermutlich geschwiegen.)

Appell:
Die Mitteilung enthält eine oder mehrere Aufforderungen an die Kollegin: Sei in Zukunft pünktlich! Entschuldige dich! Erkläre mir, warum du zu spät kommst!

Die Uhr zeigt 7.45

Ich bin ärgerlich.

Es ist schon viertel vor acht

Sei pünktlich!

Du bist unzuverlässig.

Situation 2

Am Morgen bringt Frau G., entgegen ihrer sonstigen Gewohnheit, ihr Kind in das Gruppenzimmer und sagt zur Erzieherin: „Markus kam gestern mit einer großen Schramme aus dem Kindergarten nach Hause."
Was teilt die Mutter der Erzieherin auf den vier Kommunikationsebenen mit?

Sachinhalt:
Markus hat sich gestern im Kindergarten eine Verletzung zugezogen.

Selbstoffenbarung:
Ich fühle mich für Markus verantwortlich. Ich will der Sache nachgehen. Je nach Tonfall: Ich bin besorgt. Ich bin ärgerlich.

Beziehung:
Ich halte Sie für unaufmerksam und verantwortungslos, weil Sie den Vorfall nicht bemerkt haben. Ich mache Ihnen zum Vorwurf, daß Sie die Verletzung nicht verhindert haben. Ich definiere unsere Beziehung so, daß ich Sie zur Rede stellen, zur Verantwortung ziehen kann.

Appell:
Sagen Sie mir, was geschehen ist! Erklären Sie mir, wie es passiert ist!

Markus hat sich verletzt.

Ich bin besorgt.

Markus kam
gestern mit
einer
Schramme
nach Hause

Wie ist das
passiert?

Sie waren unaufmerksam.

Jede Aussage enthält unvermeidbarerweise eine Botschaft auf diesen vier Ebenen. Ob es sich um einen Satz, eine Rede, ein Gespräch oder einen Brief handelt, immer bringt eine entsprechende Analyse die vier Aspekte Inhalt, Selbstoffenbarung, Beziehung und Appell zum Vorschein.

3.3. Verbale und nonverbale Botschaften

Indirekte und ausdrückliche Botschaften

An unseren beiden – noch relativ einfachen – Beispielen wird schnell eines der Hauptprobleme menschlicher Kommunikation deutlich. Komplikationen bei der gegenseitigen Verständigung kommen meist dadurch zustande, daß sogenannte indirekte (implizite) und ausdrückliche (explizite) Botschaften in einer Aussage übermittelt werden. In unserem ersten Beispiel wird nur auf der Sachebene – mit dem konkreten Hinweis auf den objektiven Sachverhalt der Uhrzeit – eine explizite Botschaft gesendet. Die anderen Botschaften: „Ich bin ärgerlich auf dich! Du bist unpünktlich! Komm nicht zu spät!" werden nicht ausdrücklich formuliert, sondern sind nur indirekt herauszuhören. Aus dem Situationszusammenhang und dem Tonfall der Sprecherin geht natürlich unmißverständlich hervor, daß genau diese Botschaften aber das Kernstück der Mitteilung sind. Es ist nicht anzunehmen, daß sich die Erzieherin als Zeitansagedienst betätigen will, sondern daß sie vielmehr ihrem Unmut über die zusätzliche Belastung durch die Unpünktlichkeit der Kollegin Ausdruck verleihen möchte. Sie wählt aber nicht die direkte Form, sondern verbirgt ihr eigentliches Anliegen hinter einer Sachaussage. Dasselbe tut die Mutter im zweiten Beispiel. Das Wesentliche ihrer Aussage sind ihre Gefühle: Ihre ängstliche Besorgnis, weil Markus sich ungeschickt angestellt hat oder sich nicht zu wehren wußte. Oder ihr Ärger, weil sie den Eindruck hat, die Erzieherin beschütze ihr Kind nicht in ausreichendem Maße. Direkt ausgesprochen werden diese Gefühle aber nicht, die Mutter „verpackt" sie in einer Sachaussage. Nun geschieht es seltsamerweise recht oft, daß gerade die Hauptbotschaft einer Mitteilung nicht ausdrücklich, sondern nur verdeckt und „zwischen den Zeilen" übermittelt wird. Wie aus obigen Beispielen ersichtlich, geschieht das hauptsächlich auf dem nicht-sprachlichen (nonverbalen) Weg.

Nicht-sprachliches Kommunikationsverhalten

Bezüglich unseres **nicht-sprachlichen** Kommunikationsverhaltens lassen sich folgende Aspekte unterscheiden:

– **Blickkontakt**
– **Körperhaltung**
– **Gestik**
– **Mimik**
– **Tonfall**

Im ersten Beispiel könnte die Mitteilung der Erzieherin gereizt, ärgerlich, wütend oder spöttisch klingen, ergänzt durch einen zornigen Blick oder eine unwirsche Handbewegung. In jedem Fall dürfte der Kollegin dadurch klar werden, daß es nicht um einen Uhrenvergleich, sondern um die Beziehung zwischen ihnen beiden geht. Ebenso gibt die beunruhigte oder ungehaltene Mutter vor allem durch Tonfall, Körperhaltung und Mimik zu erkennen, daß ihre Mitteilung auf einer anderen Ebene liegt als etwa eine Bemerkung über das Regenwetter draußen.

Vielfach scheint der Sender also nicht in der Lage oder nicht willens zu sein, seine Botschaft klar und ausdrücklich zu formulieren. Entweder er ist sich seines Gefühlszustandes nicht bewußt; oder er wagt nicht, ihn offen zum Ausdruck zu bringen; oder er hat, wie die meisten von uns, nicht gelernt, daß direkte Botschaften ein konstruktives und Konflikte vermeidendes Miteinandersprechen erleichtern.

**Selbstoffen-
barung in
indirekten
Aussagen**

In der Regel sind also keineswegs die Informationen auf der Sachebene das entscheidende, sondern gerade die indirekt übermittelten Aussagen über den Gefühlszustand des Sprechers und seine Definition der Beziehung zu seinem Gegenüber. Und genau diesen Teil der Botschaft, selbst wenn er nur indirekt und nonverbal ausgedrückt wird, nimmt der Empfänger vorrangig wahr. Er wird, ob bewußt oder unbewußt, ob seinerseits ausdrücklich oder indirekt, im wesentlichen auf diesen Aspekt reagieren.

So erwidert die Kollegin in unserem Beispiel vermutlich nicht, daß es doch erst 7.43 Uhr sei oder daß um diese Zeit schon ein strahlend schöner Tag draußen herrsche – es sei denn, sie versucht, sich mit Ironie oder Ablenkung, also einer indirekten Antwort, gegen den sehr wohl gehörten Vorwurf zu wehren. Wahrscheinlich geht sie direkt auf die eigentliche Botschaft ein, indem sie, je nach Persönlichkeit, mit einem entnervten „Ja, ja, ich weiß!" abwinkt und in ihre Gruppe eilt, sich entschuldigt, ihre Verspätung erklärt oder der Kollegin aggressiv entgegenhält, daß sie auch nicht immer perfekt sei.

**Inkongruente
Botschaften**

Besonders eindrucksvoll zeigt sich die Macht der indirekten, nonverbalen Mitteilungen, wenn sie mit der verbalen nicht übereinstimmen. Man spricht dann von **inkongruenten Botschaften**.

Ermuntert beispielsweise ein Zuhörer seinen erzählenden Gesprächspartner auf der sprachlichen Ebene mit einem „Mhm, das ist ja sehr interessant", während er gleichzeitig den Blickkontakt abbricht und sich etwas zur Seite wendet, wird man bei einer sehr genauen Beobachtung des Geschehens (Videoanalyse) feststellen können, daß der Sprecher zwar gewöhnlich in seinen Schilderungen fortfährt, auf der nonverbalen Ebene aber Signale von Irritationen aussendet. Ein nur kurzes Zögern, ein geringfügiges Sich-zurecht-Rücken auf dem Stuhl, ein Griff ans Ohrläppchen oder ähnliches machen deutlich, daß die Botschaft des Zuhörers auf der Selbstoffenbarungs- und Beziehungsebene – „Das interessiert mich gerade nicht so sehr/du langweilst mich" – trotz gegenteiliger verbaler Beteuerung beim Sprecher angekommen ist. Er reagiert, wenngleich zunächst nur sehr subtil, auf dieser Ebene, d.h. die emotionale Mitteilung hat ihn erreicht, ihn gefühlsmäßig verunsichert und in seinem Verhalten beeinflußt.

Eine nur kurze Störung dieser Art ist zwar nicht ganz ohne Wirkung auf den Erzählenden, beeinträchtigt ihn aber nicht tiefgreifend und dauerhaft. Bleibt allerdings die Gesprächssituation durch die sich widersprechenden Botschaften des Zuhörers weiterhin so inkongruent – „ich höre dir zu" (verbale Zusicherung) versus „ich höre dir nicht zu" (Körpersprache), – wird die Lage für den Sprecher zunehmend unerträglich. Er fühlt sich verunsichert oder verärgert, es kommt zu einer nachhaltigen Störung nicht nur des Gesprächs, sondern auch der Beziehung zwischen den Kommunikationspartnern.

„Ich freue mich, daß es heute mit unserem Gespräch geklappt hat", ist dann eine eindeutige Botschaft, wenn der Sender seinem Gegenüber zugewandt ist, wenn er Blickkontakt herstellt, eventuell eine einladende Geste macht, in freundlichem Tonfall spricht und ein Lächeln zeigt. Mit anderen Worten: wenn er sich wirklich freut. Erlebt er hingegen das anstehende Gespräch als eine unangenehme Pflicht, die er möglichst schnell hinter sich bringen will, oder er empfindet Angst und Unsicherheit, weil er nichts Gutes erwartet, teilt er, trotz seiner positiven Formulierung, diese Gefühle auf der nichtsprachlichen Ebene mit. Vielleicht ist der Blickkontakt nur flüchtig, er ist in Körperhaltung und Gestik steif und zurückgezogen, lächelt gezwungen, der Tonfall ist kühler, leiser oder zaghafter.

Schon ein Signal auf einem dieser Kanäle reicht aus, um eine Unstimmigkeit in seine Mitteilung zu bringen. Ob nun die Diskrepanz der Botschaften dem Empfänger unbewußt und damit unartikulierbar bleibt oder ob sie von ihm zwar wahrgenommen, aber nicht thematisiert wird, er muß mit dieser Uneindeutigkeit umgehen. Er schenkt, auf der Gefühls- und Beziehungsebene, der nonverbalen Nachricht Glauben und verhält sich vorsichtiger, zurückhaltender, gereizter oder aggressiver.

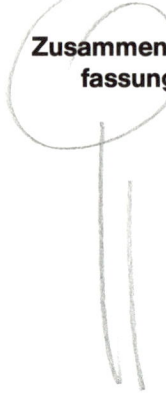

**Zusammen-
fassung**

Halten wir fest:
Eine sprachliche Mitteilung enthält vier Botschaften: Wir unterscheiden den Inhalts-, Selbstoffenbarungs-, Beziehungs- und
Appellaspekt. Die entscheidende Botschaft in einer zwischenmenschlichen Begegnung wird im Gefühlsbereich, also auf der
Selbstoffenbarungs- und Beziehungsebene übermittelt. Entgegen ihrer Bedeutsamkeit für das Gelingen oder Mißlingen von
Kommunikation wird sie meist nur indirekt gesendet. Das geschieht bevorzugt über den nonverbalen Kanal, also über Tonfall, Mimik, Gestik und Körperhaltung. Ein besonderes Problem
stellen unstimmige, sich widersprechende (inkongruente) Botschaften dar, d. h. wenn auf der nonverbalen Ebene das Gegenteil dessen ausgedrückt wird, was die verbale Mitteilung beinhaltet.

3.4. Das Hören mit vier Ohren

**Vier Empfangs-
ebenen**

Analog zu den vier Botschaften, die ein Sender mit seiner Äußerung übermittelt, muß der Empfänger die Mitteilung des
Senders auf vier verschiedenen Ebenen entschlüsseln. Er
muß, bildlich gesprochen, mit vier Ohren hören (SCHULZ
VON THUN): mit einem Sach-Ohr, einem Selbstoffenbarungs-
Ohr, einem Beziehungs-Ohr und einem Appell-Ohr. Grundsätzlich hat der Empfänger die Wahl, auf welchen Aspekt der
Mitteilung er reagieren will, gewöhnlich jedoch ist die Hörfä-
higkeit und Sensibilität der vier Kommunikations-Ohren bei
den meisten Menschen unterschiedlich stark ausgeprägt und
von Erwartungen, Befürchtungen und Vorerfahrungen abhängig.

Überlegen wir für unsere beiden Beispiele, zu welchen Antworten das Hören mit den verschiedenen Ohren führen
könnte.

Hören mit dem Sach-Ohr:
Hier werden die anderen Anteile der Nachricht völlig über-
hört und ignoriert. Der Empfänger will sich weder auf die Gefühle des Senders, dessen Beziehungsaussage noch dessen Appell einlassen. Er antwortet ausschließlich auf der Sachebene.

Situation 1: „Deine Uhr geht vor, es ist erst 7.43 Uhr."
Situation 2: „Wo hat er denn die Schramme?"

Hören mit dem Selbstoffenbarungs-Ohr:

Der Empfänger nimmt eine Botschaft wahr, die hinter der Sachaussage verborgen ist. Er reagiert aber nur auf den gefühlsmäßigen Aspekt, der etwas über den Sender aussagt. Er bringt dessen Gefühle nicht mit seiner Person in Verbindung: Die Kollegin tadelt mich, weil sie schlecht gelaunt ist (nicht weil ich etwas falsch gemacht habe). Die Mutter ist alarmiert, weil sie überfürsorglich ist (nicht weil mein Verhalten Anlaß zur Kritik gibt).

Situation 1: „Was ist dir denn heute über die Leber gelaufen?"
Situation 2: „Sie haben sich sehr erschrocken über diese Verletzung." Oder: „Sie sollten das nicht so tragisch nehmen, bei Kindern kommt so etwas vor."

Hören mit dem Beziehungs-Ohr:

Auf diesem Empfangskanal wird die Beziehungsbotschaft herausgefiltert, die zum Ausdruck bringt, wie mich der andere sieht und was er von mir hält: Die Kollegin greift mich an, weil ich etwas falsch gemacht habe oder vielleicht gar, weil sie mich nicht leiden kann. Die Mutter hält mich für verantwortungslos oder unfähig.

Situation 1: „Was hast du eigentlich gegen mich?"
Situation 2: „Ich kann meine Augen nicht überall haben."

Hören mit dem Appell-Ohr:

Sind die Antennen des Empfängers auf den Appell-Aspekt eingestellt, antwortet er auf die in der Mitteilung enthaltene Aufforderung des Senders.

Situation 1: „Es wird nicht mehr vorkommen."
Situation 2: „Ich werde die Kinder zur Rede stellen und in Zukunft ein besonderes Auge auf Markus haben."

Der Verständigungsprozeß erscheint bei näherem Hinhören als ein äußerst verwirrendes Geschehen mit zahllosen Unwägbarkeiten, Stolpersteinen und Fallen. Die Mitteilung des Senders ist vielschichtig, häufig nicht direkt und eindeutig formuliert. Der Empfänger wiederum muß entscheiden, auf welchen Teil der Äußerung er reagieren will oder soll. Allerdings läßt sich keineswegs immer objektiv festlegen, welche Antwort in einem konkreten Zusammenhang die richtige bzw. angemessenste wäre. Zu fein sind die Nuancen einer Begegnung und sprachlichen Interaktion zwischen zwei Menschen, zu facettenreich der Gesprächskontext und die beabsichtigte Wirkung.

Persönlichkeit des Empfängers bestimmt Empfangsebene

So wird die Entscheidung für eine bestimmte Empfangs- und Reaktionsebene häufig auch nicht bewußt getroffen, sondern ist von der Persönlichkeit des Empfängers abhängig. Sein Selbstkonzept, seine Einstellungen zu sich selbst und zu seiner Umwelt bestimmen, wie ansprechbar seine „vier Ohren" sind.

Kopfbetonte, nüchtern denkende Menschen etwa erweisen sich als ziemlich taub auf dem Beziehungs-Ohr und versuchen, ein Gespräch auf der Inhaltsebene bzw. der Ebene sachlich-logischen Argumentierens zu halten. Wer ein schwaches Selbstbewußtsein hat, hört auf der Beziehungsebene schnell eine negative Botschaft über sich heraus und erlebt zum Beispiel eine sachliche Kritik als Abwertung oder Ablehnung seiner Person.

Schwer zu unterscheiden sind oft die Selbstoffenbarungs- und die Beziehungsebene, wenn es um Rückzug oder aggressive Äußerungen geht: Will der andere nur seine Ruhe haben oder langweile ich ihn? Ist er schlecht gelaunt oder verärgert über mich? Derjenige, der gelernt hat, immer nur für andere dazusein und deren Erwartungen zu erfüllen, fühlt sich bevorzugt auf der Appellebene angesprochen: „Oh, wir haben keinen Kaffee mehr." – „Ich gehe gleich welchen holen."

Neben der jeweils besonderen Empfänglichkeit auf dem einen oder anderen Kanal aufgrund der eigenen Lerngeschichte und Persönlichkeitsentwicklung hängt die Antwort des Empfängers auch von dem Bild ab, das er vom Sender hat. Wer nach vielen gemeinsamen Jahren mit einer Kollegin weiß, daß sie montags immer schlecht gelaunt ist, wertet eine aggressive Äußerung eher auf der Selbstoffenbarungsebene als auf der Beziehungsebene, auch wenn er sonst schnell die Schuld bei sich selbst sucht. Wissen über den Empfänger und bestimmte Vorerfahrungen können somit zu einer realistischen Einschätzung des Gesprächskontexts beitragen – bergen aber auch das Risiko, sich nur noch auf eingetretenen Kommunikationspfaden zu bewegen.

Zusammenfassung:

Kommunikation: Problem der Kodierung

● Kommunikation ist ein Problem der Kodierung (Verschlüsselung)

Der Sprecher (Sender) muß fähig sein, verständliche und eindeutige (kongruente) Botschaften an seinen Gesprächspartner zu übermitteln. Die Überlegungen zur nicht-sprachlichen Dimension von Kommunikation zeigen, daß es mit Gesprächstechniken alleine nicht getan ist. Eine perfekte Formulierung kann durch Signale auf der nicht-sprachlichen Ebene, die die gefühlsmäßige Haltung des Sprechers widerspiegeln, entwertet und zunichte gemacht werden. Deshalb ist es wichtig, sich in der Rolle als Sprecher um ein Bewußtwerden seiner Gefühle, Empfindungen, Meinungen und Einstellungen zu bemühen – sei es im Sinne relativ stabiler Persönlichkeitseigenschaften oder situativ bedingter Gefühle.

Problem der Dekodierung

● Kommunikation ist ein Problem der Dekodierung (Entschlüsselung)

Der störungsfreie, unverzerrte Empfang einer Botschaft setzt voraus, daß der Empfänger mit der Vielschichtigkeit von Kommunikationsverhalten und den entsprechenden Fehlerquellen vertraut ist. Ein guter Geschäftspartner ist sich bewußt, daß das, was er aus einer Mitteilung heraushört, von seinen Vorerfahrungen, seinen Erwartungen und Befürchtungen geprägt ist. Auch hier gilt: Je mehr jemand über sich selbst weiß, je mehr er seine persönlichen Schwachstellen und blinden Flecken erkennt und sich ihnen zu stellen bereit ist, umso mehr kann er Fehlinterpretationen und dadurch entstehende Mißverständnisse meiden und zu einer gelungenen Kommunikation beitragen.

3.5. Schlußfolgerungen für die Erzieherin

Wir wollen nun die vorangegangenen Überlegungen, d.h. die Forderungen, die sich aus der Analyse kommunikativer Abläufe für eine angemessene und wirksame Gesprächsführung ergeben, für den Aufgabenbereich der Erzieherin konkretisieren. Im Umgang mit Eltern und Kolleginnen sollte die Erzieherin in der Lage sein, auf allen vier Kommunikationsebenen klare Botschaften zu senden und Mitteilungen an ihre Person ohne größere Verzerrungen und Fehldeutungen wahrzunehmen, indirekte Botschaften zu entschlüsseln, Kommunikationsstörungen zu erkennen und aufzulösen. Um auf allen vier Kanälen möglichst störungsfrei senden und empfangen, oder, weniger technisch ausgedrückt, sprechen und hören zu können, muß sie über eine Reihe von Kenntnissen und Fähigkeiten verfügen.

3.5.1. Die Erzieherin als Senderin einer Botschaft

● Sachebene:

Fachliches Wissen
Grundlage einer klaren Kommunikation mit Eltern auf der Sachebene ist das fachliche Wissen der Erzieherin zu pädagogischen und entwicklungspsychologischen Fragen. Erziehungsstile, Entwicklungs- und Verhaltensauffälligkeiten, Sprachstörungen, Linkshändigkeit, Fragen der Schulreife und Einschulung, spezielle vorschulische Förderungsmaßnahmen sind einige Begriffe, die diesen großen Sektor umreißen. Ebenso unerläßlich ist die Kenntnis der örtlichen institutionellen Hilfsangebote für Eltern und Kinder, wenn schwerwiegende Probleme auftauchen. Jugendämter, Erziehungsberatungsstellen, Logopäden, medizinisch-psychologische Diagnosezentren u.ä. sollten der Erzieherin ebenso präsent sein wie die Adressen von Selbsthilfegruppen und Elterninitiativen. Persönliche Kontakte zu solchen Einrichtungen und fundierte Informationen über ihre Arbeitsweise machen es leichter, Eltern im Bedarfsfall überzeugend zu beraten.

Bezogen auf die Zusammenarbeit im Team ist sachliches Wissen über Organisations-und Verwaltungsaufgaben und über Prinzipien von Teamarbeit und Mitarbeiterführung notwendig (Kap. IV.).

● **Selbstoffenbarungsebene:**

Die Fähigkeit zu einer situationsgerechten Selbstoffenbarung ist überwiegend eine Frage der Persönlichkeit und führt in den Bereich der Selbsterfahrung. Sie basiert auf einem bewußten Zugang zu den eigenen Gefühlen und Einstellungen **Klärung von** und einem reifen Umgang damit. Sie ist wichtig für offene **Gefühlen** und konstruktive Gespräche mit Eltern und mit Kolleginnen, besonders wenn es darum geht, Konflikte zu vermeiden oder kreativ zu lösen. Für die Erzieherin stellen sich in diesem Kontext zum Beispiel folgende Fragen:

Wie erlebe ich eine bestimmte Problem- und Konfliktsituation? Welche Gefühle löst sie bei mir aus? Wie kann ich mit diesen Gefühlen umgehen? Wann muß ich und in welcher Weise kann ich ausdrücklich über meine Gefühle und Gedanken sprechen?

Kommunikationspsychologisch gesehen ist das der Bereich der Ich-Botschaften. Zum souveränen Umgang mit diesen Gesprächsmitteln gehört vor allem das Gespür, wann es angemessen und wirksam ist, über eigene Standpunkte, Einschätzungen und Gefühle zu sprechen (Kap. II.4.5.).

● **Beziehungsebene:**

Klärung von Die Beziehungsfragen: Was halte ich von dir? Wie stehen wir **Beziehungen** zueinander? sind bedeutsam für jede Begegnung mit Eltern. Die Erzieherin muß also klären, welche Gefühle konkrete Eltern und konkrete Problem- und Konfliktlagen bei ihr auslösen: Warum nervt mich diese Mutter so? Warum macht mir dieser Vater Angst? usw.

Eine angemessene Beziehungsdefinition verlangt darüber hinaus eine Auseinandersetzung mit der beruflichen Rolle: Welche Position und welche Einflußmöglichkeiten habe ich als Erzieherin gegenüber Eltern prinzipiell? (Kap. III.2.)

Die Zusammenarbeit im Team macht die Beantwortung entsprechender Fragen notwendig: Wie reagiere ich gefühlsmäßig auf bestimmte Kolleginnen, Mitarbeiter, Vorgesetzte? Was bedeutet für mich Zusammenarbeit und Kollegialität? Welchen Führungsstil möchte ich als Leiterin praktizieren? (Kap. IV.)

Realistische Ziel-vorstellungen

● **Appellebene:**

Gestützt auf ihr Fachwissen und eine möglichst bewußte Reflexion ihrer Beziehung zu den Gesprächspartnern, kann sich die Erzieherin überlegen, was sie bei Eltern, Kollegen, Mitarbeitern oder Leitung im Einzelfall erreichen will. Je präziser und realistischer ihre Zielvorstellungen sind, umso klarer und wirksamer werden ihre Appelle sein.

3.5.2. Die Erzieherin als Empfängerin einer Botschaft

● **Sachebene:**

Dieser Bereich – was teilt mir mein Gesprächspartner sachlich-inhaltlich mit – ist als eher unproblematisch anzusehen. Vorstellbar sind Verständigungsprobleme im Team, wenn die Mitarbeiterinnen zu wenig wissen über organisatorische und verwaltungstechnische Angelegenheiten. Informationen der Leitung auf der Sachebene sind dann unter Umständen für die Mitarbeiterinnen nicht nachvollziehbar. („Ich habe von Etatplanung keine Ahnung.") Denkbar ist auch der Fall, daß Eltern medizinische Diagnosen und Behandlungen, psychologische Testergebnisse oder pädagogische Theorien ins Gespräch bringen, die der Erzieherin nicht bekannt sind.

● **Selbstoffenbarungsebene:**

Geht es im Gespräch mit Eltern um einschneidende Probleme und Konflikte oder herrschen im Team stürmische Zeiten, kann es notwendig und hilfreich sein, sich auf die Selbstoffenbarungsbotschaft des Gesprächspartners zu konzentrieren. Was sagt er über sich, über seine Gefühle, Erwartungen und Befürchtungen? Die Erzieherin sollte offen, sensibel und verständnisvoll darauf eingehen können. Aktives Zuhören ist

Aktives Zuhören

eine inzwischen weithin bekannte Möglichkeit, dem Gesprächspartner die Gelegenheit zu geben, mehr über sich und seine Empfindungen äußern zu können. Die Frage der Indikation stellt sich dabei besonders drängend: Wann ist Aktives Zuhören berechtigt und sinnvoll? Welche Voraussetzungen müssen gegeben sein? Was gilt es zu bedenken? (Kap. II.4.4.)

● **Beziehungsebene:**

Emotionale Signale des Gesprächspartners beachten

Die Erzieherin muß aufmerksam auf die Botschaften ihres Gesprächspartners achten: Wie sieht mich der andere? Wie definiert er unsere Beziehung? Bin ich mit dieser Definition einverstanden oder muß ich sie zu ändern versuchen? Wie verhalte ich mich, wenn Eltern mir vermitteln, daß sie meinem Urteil nicht allzuviel Gewicht beimessen? Oder Dinge von mir erwarten, die ich nicht leisten kann? Wie gehe ich mit Vorwürfen, Angriffen und persönlichen Kränkungen um? Wie mit Schmeicheleien oder Idealisierungen?

Die Erzieherin sollte mit den Eigenschaften ihres Beziehungs-Ohres einigermaßen vertraut sein: Bin ich zu hellhörig auf diesem Kanal? Lasse ich mir zu schnell Schuldgefühle machen, wenn etwas schiefläuft – sei es mit einem Kind, mit Eltern oder im Team? Wo sind meine wunden Punkte, die mich vielleicht in manchen Situationen überreagieren lassen?

Der Beziehungskanal ist besonders empfindlich und störanfällig, er beinhaltet viele Problempunkte und verweist nachdrücklich auf den Bereich der Selbsterfahrung (Kap. V.).

● **Appellebene:**

Appell abwägen

Wenn Eltern, Elternbeirat und Kolleginnen (Mitarbeiterinnen, Leiterin) mit Appellen und Handlungsaufforderungen an die Erzieherin herantreten, sollte sie prüfen, ob sie sich auf dieser Ebene nicht zu schnell angesprochen fühlt. Es allen recht machen zu wollen, ist bei Angehörigen sozialer Berufe und nicht zuletzt bei Frauen eine weitverbreitete Haltung. Die Neigung, sich für alles verantwortlich zu fühlen und allen Erwartungen gerecht werden zu wollen, hat sicher mit der Persönlichkeit des einzelnen und seiner Lerngeschichte zu tun. Es gilt allerdings auch zu überdenken, ob nicht zu hohe Anforderungen und Wünsche von den verschiedensten Seiten an die Erzieherin herangetragen werden (vgl. Kap. I.1.). Um mit Anforderungen besser umgehen zu können, muß die Erzieherin lernen, sich gegen Überforderung zu schützen und Möglichkeiten der Abgrenzung für sich zu entwickeln (Kap. III.2).

4. Methoden der Gesprächsführung

Im Rahmen von Gesprächsführung geht es einerseits darum, den Gesprächspartner zu respektieren, ihn in seiner Andersartigkeit und mit seinen individuellen Bedürfnissen zu akzeptieren, ihm gegebenenfalls zu helfen und ihn zu unterstützen. Andererseits gilt es, die Verantwortung für sich selbst und seine Bedürfnisse zu übernehmen, den eigenen Standpunkt zu vertreten, seine berechtigten Ansprüche durchzusetzen und gegenüber unannehmbaren Forderungen und Erwartungen Grenzen zu ziehen, ohne dabei den Partner zu verletzen. In diesem Spannungsfeld von unterschiedlichen Bedürfnislagen und Weltsichten der beteiligten Gesprächspartner findet Problem- und Konfliktlösung statt. Und in diesem Spannungsfeld müssen sich Methoden der Gesprächsführung bewähren.

4.1. Kommunikation und Beziehung

Vertrauensvolle Beziehung schaffen

Wie wir gesehen haben, ist der entscheidende Faktor im Gespräch die Beziehungsebene. Sachlich und inhaltlich durchaus zutreffende und sinnvolle Beiträge werden vom Gesprächspartner häufig nicht angenommen, weil die richtige Atmosphäre fehlt. Eine vertrauensvolle Beziehung zu schaffen, ist vorrangige Aufgabe einer guten Gesprächsführung. Auf dieser Grundlage erst können die inhaltlichen Fragen, kann Problem- und Konfliktbewältigung angegangen werden.

Durch ein einfaches Rollenspiel läßt sich in Kursen zur Gesprächsführung eindrucksvoll demonstrieren, wie verschiedene Gesprächsstile die Beziehung zwischen den Sprechenden beeinflussen und das Kommunikationsverhalten des Partners verändern.

Rollenspiel:

Die Kursleiterin sucht nach einer Teilnehmerin, die freiwillig an einem kurzen Rollenspiel mitzuwirken bereit ist. Sie bittet die Erzieherin, über die Formen von Elternarbeit in ihrem Kindergarten zu berichten. Die Kursleiterin verhält sich verbal und nonverbal zugewandt und ermutigend, so daß die anfängliche, durch die Situation des Rollenspiels bedingte Anspannung der Gesprächspartnerin schnell nachläßt und eine lebendige und lockere Schilderung von ihren Erfahrungen mit Elternarbeit erfolgt.

Nach einer Weile bringt die Kursleiterin zum Ausdruck, daß sie eine gute Vorstellung gewonnen habe über diesen Tätigkeitsbereich und daß sie nun gerne etwas über die Arbeit mit den Kindern erfahren möchte. Die Erzieherin soll ihr exemplarisch von einem Tag im Kindergarten berichten.

Während die Erzieherin zu erzählen beginnt, verändert die Kursleiterin ihr Verhalten. Sie zeigt sich verbal und nonverbal zunehmend abweisender, unkonzentrierter und kritischer. Je nach Persönlichkeit und Temperament der Gesprächspartnerin zeigen sich innerhalb kürzester Zeit negative Auswirkungen auf ihren Erzählstil und ihr gesamtes Verhalten. Sie wird motorisch unruhig oder erstarrt, spricht hektischer oder verstummt immer mehr, zeigt sich verunsichert oder gereizt. In jedem Fall endet das Gespräch für die Erzieherin unbefriedigend, obwohl sie das Unbehagen oft kaum angemessen formulieren oder mit dem Verhalten der Kursleiterin in Verbindung bringen kann. Von der zuschauenden Gruppe wird der Zusammenhang zwischen dem positiven bzw. negativen Gesprächsverhalten der Kursleiterin und den dadurch ausgelösten Reaktionen bei der Erzieherin schneller erkannt. Mit einer Videoanalyse des Rollenspiels lassen sich die Elemente guter und schlechter Gesprächsführung und deren Wirkung herausarbeiten (in Anlehnung an INNERHOFER, 1977).

Elemente positiver Gesprächsführung:
– körperlich zugewandt sein
– ruhige, aber nicht starre Körperhaltung
– Blickkontakt
– freundlicher Tonfall

- unterstützende Gesten: „Ah ja", „Mhm", Zunicken, Zulächeln
- Ruhe vermitteln, Zeit haben
- in Pausen geschickt weiterhelfen
- Fragen stellen, die Interesse zeigen
- nicht unterbrechen
- durch Rückfragen und Rückformulieren zum Ausdruck bringen, daß man sich um ein wirkliches Verständnis der Partnerin bemüht
- Anerkennung äußern, wenn sie von ihrem Bemühen und ihren Leistungen berichtet
- Mitgefühl und Verständnis äußern, wenn sie von Schwierigkeiten erzählt
- Positives herausstellen, Negatives übergehen

Wirkung auf die Gesprächspartnerin:
- sie entspannt sich, gelöste Körperhaltung
- spricht flüssig und lebendig
- erzählt genauer, klarer und anschaulicher
- erzählt mit Engagement
- reagiert ruhig auf Fragen
- kann Schwierigkeiten zugeben, Fehler eingestehen
- wirkt selbstsicher und konzentriert

Elemente negativer Gesprächsführung:
- sich körperlich abwenden
- Blickkontakt abbrechen
- motorische Unruhe
- Langeweile und Desinteresse zeigen
- eisiges Schweigen, Reserviertheit, kein Feedback geben
- sich mit anderen Dingen beschäftigen
- unterbrechen, ins Wort fallen
- abrupter Themenwechsel
- Kritik äußern, widersprechen
- Infragestellen, Einwände bringen
- Vorwürfe machen, Fehler betonen
- Sarkasmus, Ironie
- Besserwissen, Arroganz, Bevormundung

- Ungeduld zeigen, drängeln
- Positives nicht anerkennen

Wirkung auf die Gesprächspartnerin:
- starre Körperhaltung, wenig Gestik
- motorische Unruhe, Nervosität
- Seufzen, schweres Atmen
- Vermeiden von Blickkontakt
- leise Stimme, monotoner Tonfall
- stockender Redefluß, Stottern, Wiederholungen
- unvollständige, ungeordnete Sätze
- erzählt ohne Begeisterung und Anteilnahme
- Schilderung wird karger, lebloser, weniger detailliert
- versucht sich zu rechtfertigen und zu verteidigen
- Resignation, Lustlosigkeit, Verunsicherung
- Gereiztheit, Aggressivität, Trotz

Mit Betroffenheit nehmen die Gruppenteilnehmerinnen wahr, wie prompt eine zunächst nur minimale Veränderung des Verhaltens auf der nonverbalen Ebene sich auf die Gesprächspartnerin auswirkt und wie schnell sich durch einige wenige negative Bemerkungen die Beziehung drastisch verschlechtert und das Gespräch entweder immer mehr verflacht, zu gereizter Stimmung führt oder völlig zum Erliegen kommt. Dabei handelt es sich in dem Rollenspiel um ein relativ unverfängliches Thema. Allen wird klar, daß die Bereitschaft, sich in einem Gespräch auf schwierige und persönliche Inhalte einzulassen oder sich unangenehmen Tatsachen zu stellen, nur in einem mit großer Behutsamkeit und Sensibilität geführten Gespräch geweckt und gefördert werden kann.

4.2. Wertschätzung und minimale Lenkung

Versuchen wir, uns die Gesprächsmethoden, die die Beziehung zum Gesprächspartner verbessern oder verschlechtern, noch etwas genauer anzusehen. In dem Bestreben, die Kom-

Zwei Dimensionen der Kommunikation

munikationsfähigkeit zwischen Eltern und Kindern, Ehepartnern, zwischen Lehrern und Schülern, Vorgesetzten und Mitarbeitern und zwischen den Angehörigen aller pädagogischen und helfenden Berufe und ihren Gesprächspartnern zu verbessern, hat man sich um eine Systematisierung von positiven und negativen Gesprächselementen bemüht. Dem theoretischen Ideal einer offenen Kommunikation auf der Grundlage einer partnerschaftlichen, vertrauensvollen Beziehung steht die praktische Erfahrung gegenüber, daß die alltägliche Kommunikation beherrscht wird von Gesprächstechniken, die der Beziehungsebene schaden. Zwei Dimensionen haben sich als besonders bedeutsam herauskristallisiert im Hinblick auf Verhaltens- und Kommunikationsstile (SCHULZ VON THUN, 1991,1):

1. Dimension: Wertschätzung – Geringschätzung
2. Dimension: geringe Lenkung – starke Lenkung

In der graphischen Veranschaulichung entsteht ein Koordinatensystem, in das sich vier grundlegende Verhaltens- und Gesprächsstile einordnen lassen:

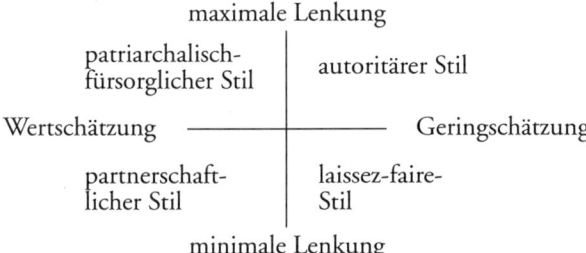

(in Anlehnung an SCHULZ VON THUN, 1981, S. 164)

Sie sind charakterisiert durch folgende Merkmalskombinationen:

Autoritärer Stil: Geringschätzung und hohes Maß an Lenkung.
Patriarchalisch-fürsorglicher Stil: Wertschätzung und hohes Maß an Lenkung.

Laissez-faire (verwahrlosender) Stil: Geringschätzung und geringe Lenkung.
Partnerschaftlicher Stil: Wertschätzung und geringe Lenkung.

Diese Verhaltensstile, die aus bestimmten Grundhaltungen, Menschenbildern, Einstellungen und Persönlichkeitszügen resultieren, prägen den mitmenschlichen Umgang in allen nur denkbaren Bereichen, also auch die Beziehung zwischen Erzieherin und Kind, Erzieherin und Eltern, Leiterin und Mitarbeiterinnen und das Verhältnis zwischen den Kolleginnen. Sie finden auf der konkreten Ebene des Sprachverhaltens ihren Ausdruck und sind in jeder Äußerung aufzuzeigen.

4.3. *Kommunikationssperren*

GORDON kommt zu dem Ergebnis, daß unsere Alltagskommunikation im wesentlichen zwölf Kategorien von sprachlichen Mitteilungen enthält, die alle ein mehr oder minder hohes Maß an Geringschätzung und Lenkung beinhalten. Seine „typischen Zwölf" dürften vielen Erzieherinnen bekannt sein. Sie werden hier mit Beispielen aus der Interaktion mit Eltern und Kollegen aufgeführt.

Die zwölf Kommunikationssperren nach Gordon

1. Befehlen, anordnen, kommandieren

Sie müssen sich dem Kind gegenüber unbedingt konsequenter verhalten!
Beschäftigen Sie sich doch mehr mit Sabine!
Geh nicht so nachgiebig um mit diesem Kind!
Ich bestehe darauf, daß Sie diese Aufgabe während Ihrer Freizeit erledigen!

2. Warnen, ermahnen, drohen

Wenn Sie nicht zur Beratungsstelle gehen, wird Andreas in der Sonderschule landen!
Wenn sich Anna nicht besser in die Gruppe einfügt, kann ich sie nicht mehr behalten!

Da hättest du dich besser nicht einmischen sollen!
Wenn Sie noch mal zu spät kommen, wird das Folgen haben!

3. Zureden, moralisieren, predigen

Sie sollten sich intensiver um das Kind kümmern!
Sie müßten Ihrem Kind mehr Liebe und Zuwendung geben!
Du bist verpflichtet, dir Gedanken über die Ursachen der Verhaltensstörung zu machen!
Eine gute Erzieherin merkt das von alleine!

4. Beraten, Lösungen geben, Vorschläge machen

Warum hören Sie nicht auf zu arbeiten?
Sie sollten nicht so streng sein in der Erziehung Ihrer Tochter.
Die beste Lösung ist, wenn du dich bei ihr entschuldigst.
Warum versuchen Sie nicht, das Ganze einfach zu übersehen.

5. Belehren, logische Argumente anführen, Vorträge halten

Es ist nun einmal ganz wichtig, daß Kinder einen geregelten Tagesablauf haben.
Die Psychologie hat herausgefunden, daß Einzelkinder oft überbehütet werden.
Du kannst in jedem Psychologiebuch nachlesen, daß man schüchterne Kinder so nicht behandeln darf.
Aber es ist nun mal unsere langjährige Erfahrung, daß wir da nichts dagegen machen können.

6. Urteilen, kritisieren, Vorwürfe machen, beschuldigen

Da verhalten Sie sich aber sehr verantwortungslos.
Ich habe beobachtet, daß Sie sehr kühl mit dem Kind umgehen.
Das ist eine sehr egoistische Sichtweise.
Da machst du es dir aber einfach!

7. Loben, zustimmen, schmeicheln

Sie sind eine vernünftige und einsichtige Mutter.
Ihr Kind ist ganz besonders intelligent.
Du hast viel Gespür im Umgang mit schwierigen Kindern.

Was Ihre Durchsetzungsfähigkeit betrifft, haben Sie schon beachtliche Fortschritte gemacht.

8. Beschimpfen, lächerlich machen, beschämen
Sie sind ja gar nicht in der Lage, ein Kind zu erziehen.
Mit ein bißchen Phantasie müßte es Ihnen gelingen, das Kind sinnvoll zu beschäftigen.
Du verhältst dich, als hättest du noch nie etwas von Pädagogik gehört.
Du liebe Zeit, stellen Sie sich doch nicht so an!

9. Interpretieren
Sabine ist äußerst unausgeglichen und aggressiv – wahrscheinlich gibt es bei Ihnen Probleme in der Familie.
Vermutlich verwöhnen Sie Ihr Kind zu sehr, weil Sie Schuldgefühle wegen Ihrer Berufstätigkeit haben.
Du hast wohl Autoritätsprobleme.
Du willst dich offensichtlich beliebt machen bei ihr.

10. Beruhigen, trösten, bemitleiden
Nun nehmen Sie das doch nicht so tragisch, bei anderen Kindern dauert die Eingewöhnung oft auch länger.
Das ist doch kein Grund, sich aufzuregen.
Nimm dir nicht alles so zu Herzen.
Wenn Sie erst eine Nacht darüber geschlafen haben, werden Sie darüber lachen.

11. Fragen, forschen, verhören
Warum haben Sie schon wieder zu arbeiten angefangen?
Und was haben Sie getan, um das Problem zu lösen?
Wie bist du auf diese Idee gekommen?
Hast du sie daraufhin angesprochen?

12. Ablenken, aufheitern, zerstreuen
Ach, sehen Sie, viele Mütter haben da Schwierigkeiten. Frau M. hat mir neulich erzählt, daß ...
Dafür ist er sehr musikalisch.

Komm, trink einen Kaffee mit mir und vergiß es.
Mir ist es einmal ganz ähnlich ergangen, als ich …

Die „typischen Zwölf" zeichnen sich durch ein mehr oder weniger hohes Maß an Geringschätzung und fast durchgängig durch sehr hohe Lenkung aus und belasten damit die Beziehungsebene des Gesprächs. Gordon wertet sie entsprechend negativ und bezeichnet sie als „Kommunikationssperren". Äußerungen dieser Art definieren die Beziehung unsymmetrisch, der Sprecher wird zum Kritiker, zum belehrenden, scheinbar kompetenteren und überlegenen Fachmann. Kommunikationssperren drängen den Gesprächspartner in eine Verteidigungshaltung und nehmen ihm die Möglichkeit, sich angstfrei und ohne Druck mit seinen Problemen auseinanderzusetzen und selbst eine kreative Lösung zu finden.

Belastung für die Beziehungsebene

Welche Kommunikationsformen bringen uns nun aber dem Ideal eines partnerschaftlichen Gesprächs näher?

Im zwischenmenschlichen Umgang stellen sich, das haben wir an anderer Stelle herausgearbeitet, grundlegend zwei Fragen:

Partnerschaftliche Kommunikation: Verständnis und Selbstbehauptung

● Wie kann ich meinem Gesprächspartner gerecht werden, ihm Verständnis entgegenbringen und ihn bei der Lösung seiner Probleme unterstützen?
● Wie kann ich meine Bedürfnisse anmelden, ohne den anderen zu verletzen? Wie kann ich meinen Standpunkt so vertreten, daß Zusammenarbeit und gegenseitiges Entgegenkommen möglich wird?
Oder, mit anderen Worten:
● Wie gestalte ich die Gesprächssituation, wenn mein Gegenüber ein Anliegen hat?
● Wie gestalte ich die Gesprächssituation, wenn ich selbst ein Problem habe?

4.4. Aktives Zuhören

Betrachten wir zunächst den ersten Fall: Der Gesprächspartner hat ein Problem, d. h. er ist hilflos, ratlos, resigniert, verärgert, enttäuscht, besorgt u. ä. In der Kindergartenpraxis ergeben sich daraus, wenn wir die Beziehung Erzieherin – Kind ausklammern, zwei Konstellationen.

1. Beziehung Erzieherin – Eltern

Die Eltern haben ein Problem, mit dem sie sich direkt an die Erzieherin wenden.
– Sie wollen Rat:
   „Unser Kind verhält sich in der letzten Zeit so aggressiv. Was können wir tun?"
– Sie äußern Unzufriedenheit und Beschwerden:
   „Sie machen ja gar keine Vorschulerziehung in Ihrer Gruppe!"

2. Beziehung Erzieherin – Erzieherin

– Eine Mitarbeiterin sucht Unterstützung bei der Leiterin: „Meine Kinderpflegerin ist unengagiert und unkooperativ. Was soll ich tun?"
– Eine Erzieherin beklagt sich bei einer Kollegin: „Ich fühle mich von der Leiterin bevormundet."
– Eine Erzieherin spricht eine Mitarbeiterin an: „Du gehst mir aus dem Weg und kritisierst mich im Team, wann immer sich eine Gelegenheit bietet."

4.4.1. Aktives Zuhören: Eingehen auf den Selbstoffenbarungsaspekt

Sehen wir uns noch einmal an, was passiert, wenn der Gesprächspartner (Empfänger) mit den im Alltag meist üblichen Äußerungen, den soeben beschriebenen Kommunikationssperren, auf das Problem seines Gegenübers (Senders) reagiert?

Beispiel:

Eine Erzieherin macht sich bei einer Kollegin Luft: „Ich fühle mich von unserer Leiterin bevormundet. Dauernd mischt sie sich in meine Gruppenarbeit ein."

Antworten mit Kommunikationssperren:

„Warum läßt du dir das gefallen? Wehr dich doch!"

„Das ist nun mal ihr Stil. Sie meint es nur gut. Wir haben uns auch daran gewöhnt."

„Vielleicht bist du da etwas überempfindlich. Versuch einfach, darüber zu stehen!"

Die Kollegin kann es mit Ratschlägen, Beschwichtigung, Trost oder Interpretationen versuchen, das Problem der Erzieherin bleibt ungelöst. Sich zu wehren ist offensichtlich nicht so leicht für sie, sonst hätte sie es schon getan, und die gutgemeinte Aufforderung, das alles nicht so persönlich zu nehmen, hilft ihr in der gegenwärtigen Stimmungslage nicht weiter. Im Gegenteil, sie fühlt sich nur umso mehr herausgefordert, die Kollegin von der Unerträglichkeit der Situation zu überzeugen. Wirksamer und hilfreicher ist es, das Problem aus ihrer Perspektive zu sehen und sich um ein Verständnis ihrer Lage und der damit verbundenen Gefühle zu bemühen, also auf die Selbstoffenbarungsebene ihrer Aussage – „Ich bin wütend" – einzugehen.

Wahrnehmen und Verstehen des Selbstoffenbarungsaspekts = Aktives Zuhören

Dieses Hören auf den Selbstoffenbarungsaspekt in der Äußerung des Gesprächspartners, das Wahrnehmen und Verstehen seiner Gedanken und Gefühle und eine entsprechende Mitteilung an ihn, in der dieses Verständnis formuliert wird, bezeichnet man in der Gesprächsführung als „Aktives Zuhören" (GORDON).

„Zuhören" deshalb, weil wir uns dabei ganz auf den Gesprächspartner und seine Sichtweise konzentrieren und unsere eigenen Meinungen, Wertungen und Emotionen in diesem Augenblick zurückstellen, und „aktiv" deshalb, weil wir nicht nur schweigend zuhören, sondern dem Gesprächspartner Rückmeldung geben über das, was wir wahrgenommen haben und ihm damit unser Verstehen und Einfühlen zum Ausdruck bringen.

Bezogen auf das Kommunikationsquadrat ist aktives Zuhören die Rückmeldung des Empfängers an den Sender über die Botschaft, die er empfangen hat – unter besonderer Berücksichtigung des Selbstoffenbarungsaspekts, d.h. der gefühlsmäßigen Komponente der Botschaft.

Aktives Zuhören bedeutet ein Akzeptieren der Sichtweisen und Gefühle des anderen, nicht unbedingt Zustimmung. Es ist weder Zustimmung noch Widerspruch, es heißt lediglich: Ich versuche zu verstehen, wie du die Sache siehst und wie dir zumute ist.

Antworten im Sinne des aktiven Zuhörens sind in unserem Beispiel etwa:

„Du klingst ziemlich verärgert."

„Du bist sauer, weil sie dich nicht selbständig arbeiten läßt?"

Die Kollegin ermuntert die Erzieherin, mehr über ihre Schwierigkeiten und ihren Ärger zu erzählen. Sie will weder Gefühle abblocken noch die Angelegenheit sofort lösen. Sie gibt als Zuhörerin der Sprecherin Gelegenheit, ihren Zorn zu äußern und schafft damit die Voraussetzung, daß sich die Erzieherin mit ihrem Problem auseinandersetzen und selbst nach einer Lösung suchen kann. (Was nicht ausschließt, daß die Kollegin zu einem späteren Zeitpunkt des Gesprächs selbst Stellung bezieht.)

Beispiel:

Eine Mutter tritt mit kämpferischem Tonfall an die Erzieherin heran:

„Mir ist aufgefallen, daß im Kindergarten meiner Nichte Schulvorbereitung eine wesentlich größere Rolle spielt. Die machen dort viel mehr Arbeitsblätter. In Ihrer Gruppe scheint das ganz nebensächlich zu sein."

Im ersten Beispiel bezogen sich die negativen Gefühle der Sprecherin nicht auf ihre Gesprächspartnerin, sondern auf eine andere Person. Die Beziehung zwischen Sprecherin und Zuhörerin war von der negativen Botschaft nicht tangiert. Auf der Selbstoffenbarungsebene sagte die Sprecherin: „Ich bin wütend auf unsere Leiterin!", auf der Beziehungsebene signalisierte sie der Kollegin: „Ich vertraue dir. Ich möchte Rat von dir." In diesem Beispiel nun ist die Situation schwieriger, weil hier die Selbstoffenbarung: „Ich bin unzufrieden!" mit der Beziehungsebene verknüpft ist: „Ich bin unzufrieden **mit Ihnen!**" Durch diese negative Beziehungsdefinition ist die Erzieherin gefühlsmäßig stärker berührt und involviert. Es liegt nahe, daß sie den

Angriff auf ihre Person mit Kommunikationssperren wie den folgenden beantwortet:

„Andere Kindergärten machen es genauso wie wir!"

„Wir wollen die Kinder nicht drillen!"

„Wir halten das schon seit Jahren so und haben gute Erfahrungen damit gemacht!"

Die Erzieherin versucht, der Kritik der Mutter mit verteidigenden Argumenten zu begegnen. Sie hört wohl die Selbstoffenbarung (Ich bin unzufrieden) und die Beziehungsbotschaft (In meinen Augen leisten Sie schlechte Arbeit), antwortet aber auf der Sachebene. Die Mutter ist durch keine der Antworten zufriedenzustellen. Ihr „Ja, aber" liegt schon in der Luft. Sie fühlt sich von der Erzieherin in ihrem Anliegen nicht verstanden und hat den Eindruck, von ihr abgewiesen zu werden.

Der weitere Verlauf des Gesprächs ist abzusehen. Mutter und Erzieherin suchen nach jeweils neuen Argumenten für ihren Standpunkt, es kommt zu einem Schlagabtausch von Meinung und Gegenmeinung. Die Mutter ist ausschließlich damit beschäftigt zu beweisen, daß sie recht hat; auf die Argumente der Erzieherin kann sie unter dieser Voraussetzung gar nicht hören.

Für den Gesprächsverlauf ist es günstiger, wenn die Erzieherin auf den Gefühlsaspekt in der Aussage der Mutter achtet und ihn ausdrücklich zum Thema macht: Die Unzufriedenheit und Verärgerung, hinter der die Sorge stehen dürfte, daß ihr Kind zu wenig für die Schule gefördert wird und im Vergleich mit anderen im Nachteil sein könnte.

Aktives Zuhören könnte bei diesem Beispiel so aussehen:

„Das klingt recht unzufrieden."

„Sie machen sich Sorgen, ob wir die Kinder gut auf die Schule vorbereiten?"

„Sie haben Angst, Kathrin bekommt bei uns zu wenig Anregungen?"

Die Erzieherin verteidigt sich nicht, steigt nicht in eine Diskussion auf der Sachebene ein, sondern konzentriert sich ganz auf die Mutter, ihre Gefühlslage und ihr Anliegen. Die Mutter ihrerseits fühlt sich verstanden und mit ihrer Sorge akzeptiert. Sie muß nicht auf das Gegenargument der Erzieherin mit einem weiteren Einwand ihrerseits antworten, so daß eine Eskalation auf der Beziehungsebene verhindert werden kann.

4.4.2. Aktives Zuhören: Hilfe zur Problemlösung

Warum ist es sinnvoll, in bestimmten Situationen, d. h. in Situationen, in denen jemand mit einem Problem an uns herantritt, mit aktivem Zuhören zu reagieren?

Positive Wirkungen

Aktives Zuhören hat eine Reihe von positiven Wirkungen auf den Gesprächspartner:

- er fühlt sich verstanden und akzeptiert;
- er muß sich nicht verteidigen;
- er darf seine Gefühle aussprechen und kann dadurch eher mit ihnen zurechtkommen;
- er kann sich, ermuntert durch einen aufmerksamen und verständnisvollen Zuhörer, mit seinem Problem auseinandersetzen;
- es wird ihm leichter möglich, sein Problem unter neuen Gesichtspunkten zu sehen;
- er findet eher einen Weg aus seinem Dilemma;
- er wird zugänglicher für die Position des anderen;
- er wird kompromißbereiter.

Durch die grundlegend bejahende Haltung, die der aktiv Zuhörende dem Partner entgegenbringt, entsteht eine positive Grundstimmung, die, wie wir anhand der Beschreibung eines Rollenspieles zeigen konnten, die Grundlage für ein konstruktives Gespräch ist. Erst wenn die Beziehungsebene in Ordnung ist, können Botschaften auf der Inhalts- und Appellebene wirksam werden.

Wenn sich der Gesprächspartner angenommen und verstanden fühlt und sich nicht verteidigen muß, werden für ihn leichter neue Sichtweisen möglich. Und da jeder Mensch sich und seine Situation am besten kennt und für sich und sein Handeln selbst verantwortlich ist, sind vom Betroffenen selbst entwickelte Lösungsansätze auch überwiegend angemessener und durchsetzbarer als Vorschläge von außen.

Förderung einer aktiven Problemlösung

Probleme sind in der Regel so komplex und vielschichtig wie der Mensch, der sich mit ihnen herumschlägt. Ratschläge sind zwar schnell gegeben, ob sie jedoch in die Tat umgesetzt werden können, ist bekanntlich eine andere Frage. Es kann sehr aufschlußreich sein, einmal darauf zu hören, wie oft einem gutgemeinten und durchaus klugen Rat der Einwand „ja, aber" folgt!

In unserem ersten Beispiel geht es darum, daß sich die Erzieherin zunächst ihren Ärger von der Seele reden kann.

Wenn die Kollegin Verständnis zeigt, nicht abwiegelt, argumentiert, tröstet, Ratschläge gibt oder gar kritisiert, wird die Erzieherin sozusagen laut über ihre Schwierigkeiten mit der Leiterin nachdenken können. Höchstwahrscheinlich wird sie sich einige bedeutsame Aspekte des Problems bewußt machen und ein paar neue entdecken: daß sie autonomes Arbeiten von ihrer letzten Arbeitsstelle her gewöhnt war; daß sie auf Anregungen grundsätzlich sehr ablehnend reagiert; daß es ihr schwer fällt, die Sache mit der Leiterin zu besprechen; daß sie bisher in keiner Weise signalisiert hat, daß sie das Verhalten der Leiterin als störend empfindet und diese vermutlich davon ausgeht, daß die Einmischung akzeptiert wird; sie beginnt zu überlegen, wie sie das Problem mit der Leiterin konstruktiv bereden könnte; oder sie denkt darüber nach, wie sie durch konkrete Verhaltensweisen, z. B. durch selbstbewußteres Verhalten, ihren Wunsch nach selbständigem Arbeiten zum Ausdruck bringen kann.

Was wird durch aktives Zuhören im zweiten Beispiel erreicht? Erhält die Mutter Gelegenheit, in entspannter oder zumindest nicht-kämpferischer Atmosphäre über ihre Bedenken zu sprechen, wachsen die Chancen für ein problemorientiertes Gespräch. Sie kann sich darauf einlassen, mehr über ihre Befürchtungen zu erzählen. Vielleicht stellt sich dann heraus, daß es gar nicht so sehr um eine Kritik der Kindergartenarbeit geht, sondern die Frau darunter leidet, daß ihr Mann sehr hohe Leistungsanforderungen stellt und sie dafür verantwortlich macht, wenn die Kinder nicht das erbringen, was er sich vorstellt. Sie hat Angst, er könnte gegebenenfalls in der Schule auftretende Schwierigkeiten ihrer Erziehung anlasten. Oder sie glaubt beobachtet zu haben, ihre Tochter sei in vieler Hinsicht nicht so weit in ihrer Entwicklung wie andere Kinder dieses Alters. Sie erhofft sich deshalb verstärkt Förderung für das Mädchen im Kindergarten.

Nur wenn die Mutter Verständnis spürt, kann sie Vertrauen gewinnen und offener werden für die Botschaften ihrer Gesprächspartnerin. Auf dieser Gesprächsbasis wird es der Erzieherin eher gelingen, ihren Standpunkt in Ruhe und Ausführlichkeit zu erläutern und sich bei der Mutter wirklich Gehör zu verschaffen. Sie kann dann zum Beispiel auf die Problematik der Überforderung von Kindern eingehen; sie kann die Sorgen der Mutter durch gegenteilige Beobachtungen im Kindergarten korrigieren; sie kann ihr die Möglichkeiten und Grenzen fördernder Maßnahmen im Kindergarten aufzeigen und nach eventuellen Ergänzungen suchen usw.

Aktives Zuhören macht deutlich, daß der Gesprächspartner (Empfänger) zugehört und auf einer tieferen Ebene verstanden hat, was der andere (Sender) ihm sagen möchte. Da wir im Alltag häufig an der Oberfläche bleiben, den gefühlsmäßigen Aspekt von Botschaften ausklammern oder falsch darauf reagieren, ist dies eine sehr positive Erfahrung.

Möglichkeit zu vertieftem Verständnis

Unsere Kommunikation läuft meist viel zu schnell ab, als daß echtes gegenseitiges Verständnis eine Chance hätte. Eine wichtige Funktion aktiven Zuhörens ist es, das Tempo eines Gesprächs zu verlangsamen und dem Sprechenden Gelegenheit zu geben, sein Problem ruhig und ausführlich darzulegen. Wer sich nicht verteidigen muß, weil sein Standpunkt nicht in Frage gestellt, sondern akzeptiert wird, läuft weniger Gefahr, sich immer mehr in seine Argumente zu verbeißen.

Und so kann es geschehen, daß er sein Problem plötzlich unter einem neuen Gesichtspunkt zu sehen in der Lage ist oder zumindest zugänglicher wird für die Position seines Gesprächspartners.

4.4.3. Aktives Zuhören: Verwirklichung einer Grundhaltung

Aktives Zuhören bedeutet nicht, monoton das zu wiederholen, was der Gesprächspartner gesagt hat, und es bedeutet auch nicht, mit stereotypen „Du hast/Sie haben das Gefühl, daß ..." – Äußerungen zu reagieren.

Aktives Zuhören heißt, sich ganz auf sein Gegenüber zu konzentrieren und sein eigenes Mitteilungsbedürfnis zurückzustellen. Es soll dem Gesprächspartner möglichst zwanglos mitgeteilt werden: „Ich höre dir aufmerksam zu. Ich bemühe mich, deinen Standpunkt zu verstehen. Ich ermuntere dich, weiter über dein Problem nachzudenken. Ich begleite dich bei deinem Versuch, eine Lösung zu finden. Ich akzeptiere deine negativen Gefühle, selbst dann, wenn sie mir gelten. Ich bin bereit, mir deine Beschwerden anzuhören."

Wer aktiv zuhört, achtet auf das Wesentliche in der Aussage des Gesprächspartners, auf den Gefühlsgehalt.

Aktives Zuhören als positive Gesprächshaltung

Aktives Zuhören ist nicht primär eine spezielle Formulierungskunst, sondern eine bestimmte Art, mit Menschen umzugehen. Es ist eher eine Gesprächshaltung als eine Kommunikationstechnik, die nicht immer leicht zu verwirklichen ist. Sie verlangt vom Zuhörer, daß er

– den Gesprächspartner gelten läßt und ihm das Recht auf seine individuelle Sichtweise und seine Gefühle zugesteht;

– die Gefühle des anderen ertragen kann, auch wenn sie gegen ihn, den Zuhörer, gerichtet sind;

– darauf vertraut, daß negative Gefühle durch Aussprechen sich eher auflösen als durch Verschweigen, Abwiegeln und Unterdrücken;

– Geduld hat und sich nicht unter Druck fühlt, für alles und jedes sofort eine Lösung parat haben zu müssen;

– dem anderen zutraut, daß er grundsätzlich die Fähigkeit hat, sich mit seinen Schwierigkeiten auseinanderzusetzen und eine Lösung zu finden.

Jeder, der schon einmal Übungen zum aktiven Zuhören im Rollenspiel versucht hat, wird wissen, wie schwer es am Anfang fällt.

Übung:

In paarweise durchgeführten Gesprächen erzählt eine Erzieherin von einem Problem aus ihrem Arbeitsalltag – von einem schwierigen Kind, einer unnahbaren Mutter, einem besserwisserischen Vater oder einer konfliktträchtigen Situation im Team. Die Gesprächspartnerin soll nur zuhören, Verständnis bekunden und ihre Kollegin darin unterstützen, „am Problem dranzubleiben" und es von möglichst vielen Seiten her zu beleuchten.

In dieser an sich noch relativ einfachen Übung zeigen sich schnell die kritischen Punkte bei der Umsetzung der Prinzipien von aktivem Zuhören in die Praxis.

● Es ist schwierig, sich ausschließlich auf das Problem der Gesprächspartnerin zu konzentrieren.

Bei fast allen Paaren entwickelt sich innerhalb kürzester Zeit ein Dialog, der nicht mehr der Sprecherin und ihrem Problemlöseprozeß Raum gibt, sondern geprägt ist von Ratschlägen, Empfehlungen und Bezugnahmen auf ähnliche Erfahrungen der Zuhörerin.

Konzentration auf das Problem des Sprechenden

„Ich habe da auch so eine Mutter. Es vergeht kein Tag, an dem sie nicht irgendetwas zu bemängeln hat. Gestern zum Beispiel ... " Oder: „In dem Kindergarten, in dem ich zuletzt gearbeitet habe, da hatten wir dasselbe Problem. Immer wenn wir etwas besprechen wollten, hat eine Kollegin ..." Und schon steht das ähnliche Problem der Zuhörerin im Zentrum des Gesprächs!

Selbst wenn die Gesprächspartnerin es schafft, sich mit solchen Äußerungen zurückzuhalten, liegt hier ein maßgeblicher Störfaktor. Eine der häufigsten Rückmeldungen aus diesen Übungen lautet, daß Gedanken und Erinnerungen an vergleichbare Situationen aus der eigenen Praxis die Konzentration auf das Problem der Sprecherin beeinträchtigen.

● Es fällt schwer, nicht zu bewerten und zu kritisieren.

Wohlwollend-neutrale Haltung

Entweder die Zuhörerin ergreift Partei für ihre Kollegin, was die Gefahr eines sich gefühlsmäßigen Verbündens gegen den „Feind" beinhaltet und die Entwicklung konstruktiver Lösungsansätze behindert; oder sie beurteilt und bewertet, ausdrücklich oder indirekt, den Standpunkt und die Einschätzung der Sprecherin:

„Wie kannst du dich nur so verhalten? Das siehst du aber nicht ganz richtig! An deiner Stelle hätte ich ..." Eine abwartende, wohlwollend-neutrale Haltung bereitet beträchtliche Mühe!

● Es besteht die Tendenz, Verantwortung für die Lösung des Problems zu übernehmen.

Dem Drang, die Angelegenheit sofort lösen zu wollen und Ratschläge zu erteilen, ist nur mühsam zu widerstehen. Dieje-

Keine Lösungen anbieten

nigen, die ihre Schwierigkeiten schildern, berichten, daß sie zwar einerseits auf einen Lösungsvorschlag gewartet hätten, andererseits dann aber nicht unbedingt zufrieden waren, wenn sie tatsächlich den erwünschten Rat erhielten. Meist, so der Eindruck, paßte er doch nicht auf ihre konkrete Problemlage, vernachlässigte – je schneller gegeben, umso mehr – entscheidende Besonderheiten des individuellen Falls und traf nicht den Kern der Sache.

„**Übungen für Fortgeschrittene**" stellen höhere Anforderungen an die Teilnehmerinnen: Angriffe, Kritik und Beschwerden ohne Gegenrede hinzunehmen und stattdessen dem Gesprächspartner Gelegenheit zu geben, sich den Ärger erst einmal von der Seele zu reden. Hier ist aktives Zuhören besonders schwer, allerdings auch besonders nützlich – es lassen sich Weichen stellen für eine erfolgversprechende Konfliktentschärfung.

Selbst wenn das Prinzip des aktiven Zuhörens plausibel erscheint, die Realisierung ist aufgrund unseres Alltags-Kommunikationsverhaltens nicht leicht. Mitunter wird auch der Einwand vorgebracht, es wirke unecht und künstlich.

Aber schließlich soll nicht ständig aktiv zugehört werden, sondern nur in bestimmten, relativ genau zu definierenden Gesprächssituationen bzw. während bestimmter Phasen eines Gesprächs. Entscheidend ist, das haben wir mehrfach betont, die innere Einstellung. Ohne positive Haltung, ohne Verständnisbereitschaft, ohne wohlwollende Akzeptanz und Vertrauen in den Gesprächspartner wird aktives Zuhören nicht möglich sein.

Wer, bewußt oder unbewußt, der Ansicht ist, daß er jedes Problem seiner Gesprächspartner mit einem Lösungsvorschlag beantworten muß, weil er sich für alles und jedes verantwortlich fühlt, dem wird aktives Zuhören kaum gelingen. Glaubt er jedoch, daß Hilfe zur Selbsthilfe und die Unterstützung eigener Problemlösefähigkeiten langfristig sinnvoller sind, wird er sich im Gespräch zunächst zurücknehmen und mit einer gewissen Ruhe und Offenheit seinem Gegenüber zuwenden können.

Aus dieser Haltung heraus ist das Formulieren von Äußerungen im Sinne des aktiven Zuhörens leichter möglich und es wird – da Ausdruck seiner Grundüberzeugung – auch nicht künstlich oder aufgesetzt wirken. Das Einüben von Rückformulierungen in kleinen, später größeren Trainingseinheiten ist als Durchgangsphase zu begreifen.

Die Erzieherin soll damit sensibilisiert werden für die positiven Wirkungen eines verständnisvollen Zuhörens auf die zwischenmenschliche Beziehung und eine problemlösungsorientierte Kommunikation und ermutigt werden, durch eigene Erfahrungen ihren individuellen Stil zu entwickeln.

Es muß und darf nicht ständig aktiv zugehört werden – eine Erzieherin ist schließlich nicht gehalten, eine Gesprächstherapie durchzuführen. Sie sollte allerdings ein Gespür dafür entwickeln, wann es wichtig und notwendig ist, einer Mutter oder einer Kollegin die Gelegenheit zu geben, mehr über ihre Empfindungen und Befürchtungen zu erzählen und durch Äußerungen, die einfühlendes Verstehen vermitteln, ihnen das Weitersprechen zu erleichtern.

Aktives Zuhören schließt nicht aus, daß im Laufe des Gesprächs eine Anregung gegeben oder ein Vorschlag gemacht wird oder die Angegriffene sich verteidigt. Entscheidend sind der Zeitpunkt, die Art und Weise, in der diese Botschaften gesendet werden und das Gesprächsklima, in dem der Austausch stattfindet.

Die Erzieherin sollte unterscheiden können, wann aktives Zuhören sinnvoll ist und wann die Gesprächssituation andere Verhaltensweisen notwendig macht. Wenn etwa der Gesprächspartner sich weitschweifig in Nebensächlichkeiten verliert, vom Thema wegführt oder Dinge anspricht, die so persönlich sind, daß sie in dem bestehenden Gesprächsrahmen nicht mehr gelöst werden können, sind selbstverständlich andere Kommunikationsformen angezeigt.

4.5. Ich-Botschaften

Erzieherin unter Problemdruck

Wenden wir uns nun dem zweiten Grundproblem in Gesprächssituationen zu: Nicht mein Gesprächspartner hat ein Problem, sondern ich selbst.
Für die Erzieherin resultieren daraus wiederum zwei Konstellationen:

1. Beziehung Erzieherin – Eltern

– Die Erzieherin macht sich Sorgen um ein Kind, weil es zurückgezogen, aggressiv, äußerlich vernachlässigt oder entwicklungsverzögert ist.
– Der Erzieherin ist über Dritte zu Ohren gekommen, daß sich eine Mutter über sie beklagt hat.
– Die Erzieherin fühlt sich von ein paar Müttern gestört, die morgens fast täglich ins Gruppenzimmer kommen und sich längere Zeit angeregt miteinander unterhalten.

2. Beziehung Erzieherin – Erzieherin

– Der Leiterin fällt auf, daß eine Mitarbeiterin häufig zu spät kommt.
– Eine Erzieherin hat das Gefühl, daß eine Kollegin sie von oben herab behandelt und ihr bevormundend begegnet.

„Ein Problem haben" bedeutet, wie wir bereits im Kapitel über das aktive Zuhören ausgeführt haben, daß es eine ungeklärte Situation gibt, eine Sache, die Kopfzerbrechen bereitet und unangenehme Gefühle schafft. So sieht sich die Erzieherin angesichts von Verhaltensauffälligkeiten eines Kindes oft vor die Aufgabe gestellt, darüber ein Gespräch mit den Eltern zu führen.

Problemlage strukturieren

Wer hat hier ein Problem? In Fortbildungen und Supervisionen zeigt sich, daß Erzieherinnen diese Problemlage meist nicht angemessen und realistisch strukturieren: Sie sind der Ansicht, daß das Verhalten des Kindes Probleme in der Familie widerspiegelt oder das Ergebnis falscher Erziehungsmethoden der Eltern ist. Entsprechend definieren sie die Ausgangsposition für ein Gespräch in der Regel so: Das Kind hat Probleme, weil die Familie Probleme hat. Also muß ich die Eltern auf ihre Probleme hinweisen! In diesem Gedanken mag eine gewisse Logik liegen, für die Zusammenarbeit mit den Eltern und ein Gespräch mit ihnen ist er eine denkbar schlechte Grundlage.

Die Erzieherin läuft Gefahr, den Eltern anklagend und beschuldigend gegenüberzutreten und sich dadurch die Chancen für eine positive Einflußnahme zu verbauen. Kommunikationspsychologisch betrachtet, hat die Erzieherin das Problem! **Sie** hat die Schwierigkeiten beim Kind beobachtet, **sie** möchte, daß sich zum Wohle des Kindes etwas verändert. Sie ist es, die die Initiative ergreift und die Eltern zu einem Treffen einlädt. Sie hat ein Problem und muß die Eltern um Kooperation bitten, bzw. sie dafür zu gewinnen versuchen.

Dasselbe gilt für die Zusammenarbeit im Team. Nicht die Kollegin hat das Problem, deren Verhalten uns ärgert, sondern wir, die wir uns daran stören. Häufig sind sich ja unsere Mitmenschen gar nicht darüber im klaren, daß ihr Verhalten für andere nicht akzeptabel ist. Sie sind bestrebt, eigene Bedürfnisse zu befriedigen, und es liegt dabei nicht in ihrer Absicht, den anderen an der Erfüllung seiner Bedürfnisse zu hindern.

Wir neigen jedoch dazu, im Konfliktfall, d.h. wenn unterschiedliche Bedürfnisse aufeinanderstoßen, das Verhalten des anderen als gegen uns gerichtet zu interpretieren.

Nun heißt das natürlich nicht, daß, weil jedes Verhalten im System des einzelnen Individuums einen Sinn und eine entsprechende Berechtigung hat, wir auch jedes Verhalten hinnehmen müssen. Wenn wir uns durch das Verhalten anderer gekränkt oder in unserem Handlungsspielraum übermäßig eingeschränkt fühlen, ist es unser Recht, uns dagegen zur Wehr zu setzen.

Wenn die Erzieherin beobachtet, daß ein Kind in seiner gesunden Entwicklung gefährdet ist, gehört es zu ihren Pflichten, sich um eine Verbesserung der Situation des Kindes zu bemühen. Die entscheidende Frage lautet nur: Wie kann das auf eine wirksame Art und Weise geschehen?

4.5.1. Ich-Botschaften: Selbstoffenbarung und positive Beziehungsdefinition

Ich-Botschaften als Selbstoffenbarung und positive Beziehungsdefinition

Denken wir zurück an die Kommunikationssperren. Sie bieten ein großes Repertoire an Möglichkeiten, auf die wir im Alltag gerne zurückgreifen, wenn wir mit dem Verhalten anderer nicht einverstanden sind. Befehlen, Drohen, Moralisieren, Belehren, Kritisieren, Interpretieren und Ironisieren sind verbale Angriffe von unterschiedlicher Härte, die einer Lösung des Problems abträglich sind und schnell eine Atmosphäre von Machtkampf und Konfrontation erzeugen. Jeder Gesprächspartner verteidigt seine Position, und die Fronten verhärten sich durch einen argumentativen Kampf.

Du-Botschaften sind meist abwertende Botschaften

Die in diesem Gesprächskontext häufig eingesetzten Äußerungen enthalten ausgeprägte Du-Komponenten, d.h. abwertende und beschuldigende Botschaften:

„Es ist nicht sehr klug, wenn Sie sich in die Streitereien von Kindern einmischen."

„Sie lassen Ihrem Kind zu wenig Freiraum!"

„Ich glaube, durch Ihre Berufstätigkeit kommt Benjamin zu kurz."

„Wie oft habe ich dir schon gesagt, daß mich deine Unordentlichkeit nervt!"

„Immer vergißt du, dich um die Materialschränke zu kümmern."

„Ich finde, Sie basteln zu wenig in Ihrer Gruppe."

Solche Aussagen beginnen nicht zwangsläufig mit einem „du", sinngemäß und atmosphärisch jedoch zeichnen sie sich durch einen erhobenen Zeigefinger aus, der mehr oder minder anklagend auf den anderen zeigt. Du-Botschaften erzeugen ein ungünstiges, wenig hilfreiches Gesprächsklima und belasten die Beziehung. Da sich niemand gerne beschimpfen und kritisieren läßt, führen Anschuldigungen eher zu Widerstand beim Gesprächspartner als zu einem Überdenken des zur Diskussion stehenden Verhaltens.

Dabei sind die meisten Menschen durchaus zum Einlenken bereit, wenn sie merken, daß ihr Verhalten mit den Bedürfnissen anderer kollidiert. Es muß ihnen allerdings die Möglichkeit zugestanden werden, die notwendigen Verhaltensänderungen selbst in die Wege zu leiten. Durch Du-Botschaften wird ihnen dieser Spielraum genommen. Sie fühlen sich in die Defensive gedrängt, beharren auf ihrem Standpunkt und verschließen sich dem Anliegen des anderen.

Einer Problem- und Konfliktlösung zuträglicher ist es, wenn stattdessen sogenannte Ich-Botschaften (GORDON) gesendet werden. Wer sich an Verhaltensweisen eines Mitmenschen stört, sollte ihn nicht anklagen, sondern davon sprechen, wie er selbst die Situation erlebt.

Er achtet darauf, den Interaktionspartner nicht als Person zu bewerten, zu verurteilen und anzugreifen und beschränkt sich stattdessen darauf, Aussagen ausschließlich über sein eigenes Verhalten zu machen.

Ich-Botschaften haben drei Komponenten

Eine gute Ich-Botschaft umfaßt drei Komponenten, die ich in meiner Aussage berücksichtigen muß:

1. Eine kurze Beschreibung des störenden Verhaltens des anderen geben.
2. Die dadurch bei mir ausgelösten (ehrlichen) Gefühle darstellen.
3. Die greifbare und konkrete Wirkung des Verhaltens auf mich (die Konsequenzen) aufzeigen.

Beispiele:

Du-Botschaft der Erzieherin an eine Mutter: „Können Sie nicht dafür sorgen, daß Peter regelmäßig in den Kindergarten kommt!?"
Ich-Botschaft: „Mir fällt auf, daß Peter immer nur an zwei bis drei Tagen in der Woche bei uns ist (Beschreibung des Verhaltens). Ich fürchte (Gefühl), daß es für ihn dadurch schwerer wird, in der Gruppe Fuß zu fassen (Konsequenz des Verhaltens)."
Du-Botschaft der Erzieherin an eine Mutter: „Mit ihrem aggressiven Verhalten bringt uns Marie die ganze Gruppe durcheinander." (Der Kern dieser Du-Botschaft ist der Vorwurf: Sie haben ein aggressives Kind!)

Ich-Botschaft: „Ich bin besorgt wegen Marie (Gefühl). Sie eckt bei den anderen Kindern so oft an (Verhalten). Wenn das so weiter geht, wird sie ins Abseits geraten, fürchte ich (Konsequenzen des Verhaltens)."

Du-Botschaft der Erzieherin an eine Kollegin: „Kannst du nicht pünktlich sein? Deine Unzuverlässigkeit nervt mich."

Ich-Botschaft: „Ich komme ziemlich unter Druck, wenn du zu spät kommst. Ich muß dann beide Gruppen im Auge haben, und das ist sehr schwierig."

Du-Botschaft der Erzieherin an eine Kollegin: „Misch dich nicht ständig in meine Gruppenplanung ein."

Ich-Botschaft: „Ich werde sehr ärgerlich, wenn du mir sagst, wie ich es besser machen könnte. Ich fühle mich dann bevormundet."

Du-Botschaften enthalten eine Geringschätzung des Gesprächspartners und ein hohes Maß an Lenkung, weil in der Aussage immer auch mitschwingt, was der Kritisierte anders machen sollte.

Ich-Botschaften ermöglichen Verhaltensänderung

Ich-Botschaften hingegen drücken eine wertschätzende Haltung aus: Respekt und Achtung für den Gesprächspartner als Person. Sie enthalten keine Anweisungen oder Befehle, sondern lassen Freiraum für eine selbstgesteuerte Verhaltensänderung. Sie zeichnen sich durch minimale Lenkung aus.

Eine Ich-Botschaft ist klar in ihrem Selbstoffenbarungsaspekt. Sie macht eine ausdrückliche Aussage über die Gefühle des Sprechers und definiert die Beziehung zum Gesprächspartner positiv: Ich achte und respektiere dich, auch wenn mich gewisse Verhaltensweisen an dir stören.

Ich-Botschaften sind eine Bitte um Kooperation

4.5.2. Ich-Botschaften: Bitte um Kooperation

Ich-Botschaften lassen dem anderen die Chance, sich kooperativ zu zeigen. Da er nicht beschimpft und angegriffen wird, kann er offener sein für sein Gegenüber und dessen Problem. Ich-Botschaften sind keine Forderung nach Veränderung, sondern eine Bitte um Hilfe.

Auch Ich-Botschaften weisen auf Dinge hin, die nicht unbedingt angenehm sind, aber die Bereitschaft, über den angesprochenen kritischen Punkt nachzudenken, ist beim Gesprächspartner sicher größer als nach einer abwertenden Botschaft.

Gehen wir zu unserem erwähnten ersten Beispiel. Wahrscheinlich hat die Mutter, aus ihrer Perspektive, gute Gründe, Peter nicht regelmäßig in den Kindergarten zu schicken. Vielleicht hat sie den Eindruck, die Gruppe überfordere den Jungen noch, und so „gönnt" sie ihm zwischendurch ein paar freie Tage. Oder Peter hat Integrationsschwierigkeiten, fühlt sich mit anderen Kindern nicht wohl und ist schnell verstört, wenn er sich im Kontakt mit ihnen nicht behaupten kann. Er bettelt dann die Mutter an, zu Hause bleiben zu dürfen.

Die ruhige und sachliche Mitteilung der Erzieherin enthält keinerlei Vorwurf, sondern drückt lediglich ihre Sorge um Peter aus. Die Mutter kann ihre Situation und Sichtweise schildern, die zu Peters unregelmäßigem Kindergartenbesuch führt. Sie wird aber auch offen sein können für die Argumente der Erzieherin.

Vermutlich war ihr bisher nicht bewußt, welch nachteilige Folgen Peters häufiges Fehlen für ihn hat. In dem Gespräch könnte der Mutter beispielsweise klar werden, daß sie, indem sie der Bitte des Sohnes nachgibt, gerade die Schwierigkeiten verstärkt, die zu seiner Kindergarten-Unlust beitragen. Denn je seltener er kommt, umso schwieriger wird es für ihn, erfolgreiche Verhaltensweisen im Umgang mit anderen Kindern zu lernen und umso mehr erlebt er sich als Außenseiter.

Im Idealfall werden Mutter und Erzieherin gemeinsam überlegen, wie Peter darin unterstützt werden kann, mehr Spaß im Kindergarten zu entwickeln.

Was geschieht im zweiten Beispiel? Aller Wahrscheinlichkeit nach will die Erzieherin ihrer Kollegin nichts Böses antun.

Es könnte sein, daß sie am Vortag sehr spät zu Bett gegangen ist, sich zur Zeit körperlich oder psychisch nicht wohl fühlt oder sie ist morgens generell nicht in Höchstform. Vielleicht ist sie ein eher etwas spontaner und hektischer Typ, der mit Pünktlichkeit seine Schwierigkeiten hat. Diese Wesensart der Kollegin läßt sich nicht ändern, aber es können Absprachen getroffen werden über die Situationen, in denen ihr Verhalten und dessen Konsequenzen auch andere betrifft.

Dies setzt voraus, daß der Kollegin erst einmal mitgeteilt wird, daß ihr Verhalten für andere eine Belastung darstellt.

Eine Ich-Botschaft ist der Versuch, sein Problem in einer den anderen nicht verletzenden und beschuldigenden Weise zu äußern und ihn damit für eine konstruktive Lösung zu gewinnen. Dabei ist, wie beim aktiven Zuhören, nicht allein die Wortwahl entscheidend, sondern in erster Linie die dahinterstehende Grundüberzeugung und Haltung:

Haltung:

- Sich das Recht zuzugestehen, Verhaltensweisen anderer zu thematisieren, die uns verärgern, beunruhigen, einschränken oder mit Besorgnis erfüllen.
- Den Mut zu haben, Schwierigkeiten anzusprechen.
- Zu trennen zwischen Person und Verhalten, d.h. nicht die Person angreifen, sondern konkrete Verhaltensweisen beschreiben.
- Auch in Problem- und Konfliktsituationen den Gesprächspartner zu respektieren.
- Von einer grundsätzlichen Kooperationsbereitschaft des Gesprächspartners auszugehen.
- Zu wissen, daß man einen Menschen nicht verändern kann, daß der andere aber durchaus bereit ist, bestimmte Aspekte seines Verhaltens zu verändern, wenn er sich nicht unter Druck gesetzt fühlt.

Das Senden von Ich-Botschaften ist mehr als das Formulieren einzelner Äußerungen, es ist eine Art Strategie für Gespräche. Durch Ich-Botschaften können konfliktträchtige Situationen angesprochen werden, ohne einen Eklat auszulösen.

Im Kindergarten sind es drei Bereiche, in denen Ich-Botschaften wichtige Hilfsmittel sein können (und auf die in späteren Kapiteln noch ausführlich eingegangen wird):

● Gespräche mit Eltern über Verhaltensauffälligkeiten beim Kind werden von Erzieherinnen nicht selten unter dem Vorzeichen geführt, daß die Eltern an den Problemen der Kinder die Schuld tragen. Daraus resultiert eine Gesprächsatmosphäre, die von den ausdrücklichen oder indirekten Du-Botschaften der Erzieherin an die Eltern geprägt ist.

Sinnvoller ist es, vorrangig von der Situation im Kindergarten zu sprechen, von den Beobachtungen der Erzieherin, ihren Bedenken und Sorgen.

● Viele Erzieherinnen zögern, notwendige Grenzen zu setzen und sich gegen überhöhte Erwartungen und Forderungen von Eltern zu wehren. Lieber versuchen sie, wenngleich innerlich stöhnend und schimpfend, die Ansprüche zu erfüllen, statt die für sie unbefriedigenden Verhältnisse anzusprechen.

● Erzieherinnen sind im Team oft nicht in der Lage, Probleme zur Diskussion zu stellen. Statt Ich-Botschaften zu senden, die in hohem Maße die Chance beinhalten, Schwierigkeiten zu klären, wird geschluckt, zugedeckt und geschwiegen. Die Stimmung zwischen den Mitarbeiterinnen wird dadurch nicht besser, und die ungelösten Probleme machen sich durch viele, überwiegend indirekt gesendete Du-Botschaften Luft.

4.6. Resumee

Gesprächsführung: besseres Verständnis für den Gesprächspartner – konstruktive Durchsetzung des eigenen Standpunktes

Gesprächsführung steht im Dienste von Problemlösung und Konfliktbewältigung. Sie muß einerseits Wege weisen zu einem besseren Verständnis des Gesprächspartners und zum anderen das konstruktive Vertreten und Durchsetzen des eigenen Standpunkts ermöglichen. Erzieherinnen haben an beiden Polen ihre besonderen Schwierigkeiten. Unabhängig von individuellen Stärken und Schwächen und von Mängeln in der Ausbildung bringen es ihr Rollenverständnis und ihre Stellung zwischen Kind und Eltern mit sich, daß sie mit ganz bestimmten Kommunikationsproblemen zu kämpfen haben:
– Die Identifikation mit dem Kind erschwert ein einfühlendes Verständnis der Eltern.
– Die Neigung, für alles die Verantwortung zu übernehmen, setzt sie unter Druck, Probleme schnell lösen zu müssen, und verstärkt die Tendenz, aktiv zu sein und Ratschläge zu geben.
– Unsicherheit bezüglich der eigenen Autorität und das weit verbreitete Rollenverständnis, es allen recht machen zu müssen bzw. zu wollen, beeinträchtigen den souveränen Umgang mit Kritik und Beschwerden.
Auf der Ebene der Gesprächsführung bedeutet das, daß die Haltung des aktiven Zuhörens oft nicht leicht zu verwirklichen ist.

– Die Identifikation mit dem Kind führt zu einer schuldzuweisenden Haltung gegenüber Eltern.

- Um die Situation für das Kind zu verbessern, neigen Erzieherinnen dazu, Eltern unter Veränderungsdruck zu setzen.
- Aufgrund ihres Rollenverständnisses (es allen recht machen und immer perfekt sein wollen) wagen es Erzieherinnen nicht, Grenzen zu ziehen und sich gegen unzumutbare Forderungen, Mißachtung ihrer Person oder Abwertung ihrer fachlichen Autorität zu wehren.
- Unter dem Druck unrealistischer Ideale (wir bemühen uns immer um Harmonie und Eintracht) sind Kindergarten-Teams oft nicht in der Lage, mit zwangsläufig auftretenden Spannungen und Konflikten konstruktiv umzugehen. Es fällt äußerst schwer, unangenehme Dinge anzusprechen.

Im Gespräch resultiert daraus die Schwierigkeit, klare Ich-Botschaften zu senden.

Zusammen-fassung

Der Überblick über kommunikationspsychologische Probleme, die Darstellung theoretischer Erklärungsmodelle und die Beschreibung grundlegender Gesprächs-„techniken" haben gezeigt, wieviele Faktoren in der Gesprächsführung eine Rolle spielen.

Die Verwobenheit von kommunikativen Fähigkeiten mit der Persönlichkeit der Gesprächspartner ist dabei ebenso deutlich geworden wie die Tatsache, daß Problem- und Konfliktlösung zwar das Rüstzeug der Gesprächsführung brauchen, allein damit aber nicht zu bewältigen sind. Gesprächstechniken beziehen sich auf das „Wie" (führe ich ein Gespräch), das „Was" (sage ich in einem Gespräch) macht umfassendere Überlegungen notwendig.

Die Analyse von Problemen im Kindergartenalltag und die Entwicklung von Lösungsstrategien im Zusammenhang mit Eltern- und Teamarbeit werden uns in den nächsten beiden Kapiteln beschäftigen.

III. Problemgespräche mit Eltern

Einleitend hatten wir festgehalten, daß Problem- und Konfliktlösung drei Aspekte beinhaltet:
- die Analyse des Problems
- die Entwicklung von Lösungsstrategien
- die Durchführung des Problem- und Konfliktgesprächs

Im vorangegangenen Kapitel wurden die Grundlagen von Gesprächsführung als wesentlicher Bestandteil von Problemlösung und Konfliktbewältigung erarbeitet. Wir stellten uns die Frage: Wie funktioniert Kommunikation? Was macht Kommunikation schwierig? Welche Möglichkeiten gibt es, Kommunikation zu erleichtern und zu verbessern?

Miteinandersprechen erwies sich als vielschichtiges zwischenmenschliches Geschehen, das geprägt ist von den jeweiligen Einstellungen, Erwartungen und Vorerfahrungen der beteiligten Personen. Der immer vorhandene Beziehungskontext einer Aussage oder eines Gesprächs mit seinen unterschiedlichen Gefühlstönungen macht sprachliche Interaktion störanfällig und konfliktträchtig.

Aktives Zuhören und Ich-Botschaften wurden als bedeutsame Elemente einer partnerschaftlichen Kommunikation hervorgehoben, d.h. als Gesprächsmittel, die die Beziehungsebene positiv zu gestalten helfen.

Erzieherinnen haben meist das Gefühl, daß es ihnen überwiegend an Kenntnissen und Fähigkeiten auf der dritten Ebene, auf der Ebene konkreter Gesprächsführung, mangelt. Das ist, angesichts einer unzureichenden Ausbildung in diesem Bereich, zweifellos richtig.

Es zeigt sich in entsprechenden Kursen aber sehr schnell, daß auch bezüglich der beiden anderen Ebenen – Analyse des Problems und Entwicklung von Lösungsstrategien – erhebliche Defizite bestehen.

Klärung von Inhalt und Ziel des Gesprächs

Sicher muß die Erzieherin ein Gespräch geschickt und der Situation angemessen führen können. Das „Wie" setzt allerdings voraus, daß sie vorher das „Was" und „Wohin", den Inhalt und das Ziel des Gesprächs, geklärt hat.

In vielen Supervisionssitzungen wollen Erzieherinnen wissen, wie sie in einem Gespräch Eltern am besten zu einer bestimmten Einsicht oder gar zu einer Veränderung von Einstellungen, Verhaltens- und Lebensweisen bewegen können.

Nach intensiver Fallbesprechung stellt sich häufig heraus, daß die Zielsetzung der Erzieherin unrealistisch war. Die ursprüngliche Frage: „Wie überzeuge ich die Eltern von bestimmten Sachverhalten und Notwendigkeiten?" weicht zunächst einem anderen Thema: „Ist mein Ziel angemessen? Welches Ziel ist wirklich sinnvoll?" Dann erst wird das Problem konkreter Gesprächsführung relevant: „Wie kann ich meine sorgfältig und realistisch definierten Ziele erreichen, wie mein Anliegen am wirkungsvollsten vermitteln?"

Ziele realistisch definieren

Je sicherer sich die Erzieherin bezüglich Inhalt und Ziel fühlt, umso leichter gelingt ihr eine erfolgreiche Gesprächsgestaltung.

In diesem Kapitel sollen Hilfestellungen und Anregungen gegeben werden für die Analyse von Problemsituationen in der Zusammenarbeit mit Eltern sowie für die Erarbeitung von Lösungsstrategien.

1. Die Zusammenarbeit mit Eltern

Die Zusammenarbeit des Kindergartens mit den Eltern ist eine Aufgabe, die von der Erzieherin in vielfältiger Weise gelöst werden muß. Zunächst gilt es in Kontakt zu treten mit den Eltern, durch Informationen und gemeinsame Aktivitäten die Arbeitsweise des Kindergartens für sie transparent und nachvollziehbar zu machen und durch eine offene und herzliche Atmosphäre eine Beziehung zu schaffen, die tragfähig ist für die Jahre, in denen das Kind die Einrichtung besucht. Insbesondere aber sollte es möglich sein, Entwicklungs- und Verhaltensprobleme bei Kindern mit den Eltern im Hinblick auf eine gemeinsame Lösung zu besprechen oder Meinungsverschiedenheiten zwischen Elternhaus und Kindergarten produktiv überwinden zu können.

1.1. Die Kommunikation mit Eltern im Kindergarten-Alltag

Der persönliche Kontakt zu Eltern und der Dialog mit ihnen gehört zum Kindergarten-Alltag. Er findet statt, wenn das Kind angemeldet wird, die Gelegenheit zu einem Vorbesuch wahrnimmt, am ersten Kindergartentag, beim Bringen und Abholen, auf Elternabenden und auf gemeinsam von Kindergarten und Eltern organisierten Festen und Veranstaltungen.

Eine durch solche Begegnungen geknüpfte Beziehung zu den Eltern kann eine tragfähige Grundlage sein für schwierigere Gesprächsanlässe. Denn machen Eltern die Erfahrung, daß der Kontakt zu ihnen ganz selbstverständlich dazugehört, daß Rückmeldungen und Austausch über das Kind und seine Entwicklung in die Arbeit des Kindergartens integriert sind, wird es erst gar nicht zu einer Schreckreaktion kommen, wenn die Erzieherin sie einmal zu einem etwas ausführlicheren Gespräch bitten sollte.

Transparente Kindergarten-Arbeit erleichtert Elterngespräche

Je unbefangener und unkomplizierter die Beziehung zwischen Kindergarten und Elternhaus, je offener und nachvollziehbarer die Arbeitsweise und je mehr die Eltern in sie eingebunden sind, umso leichter kann Problematisches und Konfliktträchtiges erörtert werden.

Durch die unmittelbaren Erfahrungen eines positiven Kontakts sollte für die Eltern auch in kritischen Phasen und Situationen klar sein, daß es ausschließlich und vorrangig um Zusammenarbeit und Problemlösung im Interesse des Kindes geht.

Beim Thema „Gespräche mit Eltern" denken Erzieherinnen vielfach nur an Problem- und Konfliktkonstellationen. Hier sehen sie eine schwierige Aufgabe und Herausforderung, während sie sich, sozusagen aufgrund ihrer natürlichen Kommunikationsfähigkeit, Alltagsgesprächen durchaus gewachsen fühlen. Dennoch sollte die Bedeutung dieser Art von Kommunikation nicht unterschätzt und die Komplexität und Störanfälligkeit sprachlicher Interaktion bedacht werden.

Ein partnerschaftlicher Kommunikationsstil sorgt für gute zwischenmenschliche Beziehungen. Der verständnisvolle

Umgang miteinander (aktives Zuhören) und offene und eindeutige Aussagen (Ich-Botschaften) schaffen eine Atmosphäre, die manches Mißverständnis zu vermeiden und manches Konfliktpotential zu entschärfen vermag.

Andererseits sind Probleme und Konflikte zwangsläufig Bestandteil menschlichen Zusammenlebens und können nie ganz ausgeschaltet werden. Eine konstruktive Bewältigung ist jedoch möglich und wird dort am besten gelingen, wo Menschen gelernt haben, partnerschaftlich miteinander umzugehen und zu sprechen.

1.2. Schwierige Gesprächssituationen mit Eltern

Welche Gesprächssituationen mit Eltern als schwierig erlebt werden, ist sicher nicht für alle Erzieherinnen gleich. Je nach Persönlichkeit und Temperament hat die eine mehr Mühe mit verschlossenen und zurückhaltenden Eltern, die andere kommt gegen lebhafte und dominante Mütter und Väter nicht an. Die eine hat Angst davor, Eltern unangenehme Wahrheiten eröffnen zu müssen, die andere fürchtet ihre eigene Hilflosigkeit bei Kritik. Berufsanfängerinnen bereitet der Kontakt mit Eltern insgesamt mehr Schwierigkeiten als erfahrenen Kolleginnen.

Auch das soziale Umfeld des Kindergartens spielt eine gewisse Rolle. So leidet ein Team unter desinteressierten und passiven Eltern, während sich das andere eher gegen überengagierte, zu ständiger Einmischung neigende Mütter und Väter wehren muß. Sichtet man die in Fortbildungen und Supervisionen eingebrachten Problemlagen von Erzieherinnen aus den verschiedensten Einrichtungen (Stadt, Land, kleine und große Kindertagesstätte usw.) und von unterschiedlichem Erfahrungsstand, so ergeben sich folgende Problemfelder:

Eltern suchen Rat

– Eltern wenden sich – ausdrücklich oder nur andeutungsweise – an die Erzieherin, weil sie Rat und Unterstützung suchen bei erzieherischen Problemen: Mein Kind ist neuerdings so trotzig! Anna streitet ständig mit ihrem kleinen Bruder! Ist Sven schon schulreif? Wie kann ich Beate in ihrer motorischen Entwicklung fördern?

Eltern kritisieren die Erzieherin

– Eltern treten mit Beschwerden, Kritik oder Vorwürfen an die Erzieherin heran. Sie klagen über zuviel oder zuwenig Vorschulerziehung, über die in ihren Augen ungerechte oder unangemessene Behandlung eines Kindes, über Konflikte und Streitigkeiten zwischen Kindern u. ä.

Die Erzieherin sorgt sich um das Kind

– Die Erzieherin macht sich aufgrund von Entwicklungsrückständen, Verhaltensauffälligkeiten oder Verwahrlosungserscheinungen Sorgen um ein Kind. Hier muß sie, selbst bei gutem Kontakt zu den Eltern, besonders sensibel und überlegt vorgehen. Noch mehr Wissen und Gespür braucht sie bei Eltern, die sich abwehrend, desinteressiert oder gar feindselig verhalten.

Eltern, die Unzufriedenheit stiften

– Die Erzieherin hat Probleme mit Eltern, die Unzufriedenheit oder Kritik über Dritte (Träger, Elternbeirat) äußern und das direkte Gespräch meiden.

„Übergriffe" von Eltern

– Die Erzieherin leidet unter „Übergriffen" von Eltern: Mütter bleiben morgens im Gruppenzimmer und halten ein Schwätzchen; eine Mutter ruft eine Erzieherin häufig privat am Abend an.

Im Hinblick auf solche Problem- und Konfliktsituationen stellen sich der Erzieherin drei Fragen:

● Wie führe ich ein Gespräch?
Die Erzieherin sollte auf fundierte theoretische Kenntnisse in Gesprächsführung zurückgreifen und aus einer partnerschaftlichen Grundorientierung heraus die wesentlichen positiven Kommunikationselemente gemäß den speziellen Erfordernissen der Gesprächssituation souverän und flexibel einsetzen können.

● Was will ich durch das Gespräch erreichen?
Problem- und Konfliktsituationen ähneln sich in ihren Grundmustern und haben doch in jedem Einzelfall ihre individuellen Besonderheiten. Die Persönlichkeit der beteiligten Gesprächspartner, die jeweils konkrete Situation des Kinder-

gartens, der Erzieherin und der Familie setzen ganz spezifische Akzente.

Durch eine gründliche Analyse der konkreten Problematik und eine sorgfältige Vorbereitung kann die Erzieherin Zielvorgaben für das Gespräch und einen „roten Faden" für dessen Verlauf entwickeln.

● Was kann ich realistischerweise erreichen?

Im Rahmen ihrer Zieldefinition wird die Erzieherin nicht selten auf eine Kluft zwischen Idealvorstellung und Realität stoßen.

Sie möchte einen Konflikt partnerschaftlich lösen, muß aber erkennen, daß sie von den Eltern menschlich nicht akzeptiert oder fachlich nicht als kompetent angesehen wird. Sie will Hilfe für ein verwahrlostes und verhaltensauffälliges Kind und stößt bei den Eltern auf Abwehr.

In jedem Einzelfall wird es unerläßlich sein, die persönlichen Einflußmöglichkeiten auszuloten und so weit wie nur irgend möglich auszudehnen. Es ist aber auch notwendig, sich mit seiner beruflichen Position und Rolle und den damit grundsätzlich verknüpften Chancen und Beschränkungen auseinanderzusetzen.

Ehe wir also exemplarisch auf konkrete Problem- und Konfliktsituationen mit Eltern eingehen, sollen in den nächsten Abschnitten einige Aspekte der Berufsrolle der Erzieherin beleuchtet werden, die indirekt in Gespräche mit Eltern hineinspielen und den Verlauf der Zusammenarbeit beeinflussen. Welche Erwartungen und Forderungen werden aufgrund dieser Rolle an die Erzieherin gestellt? Welche Möglichkeiten beinhaltet diese Rolle und wo liegen ihre Grenzen?

2. Rollendefinition und beruflicher Standort der Erzieherin

Individuum und Rolle

Die Fähigkeit, Gespräche in angemessener und wirksamer Weise zu führen, ist eng verwoben mit der Persönlichkeit der

Kommunikationspartner. Individuelle Lerngeschichte, Einstellungen und Werthaltungen prägen Verhaltens- und Kommunikationsstil.

Nun ist aber Persönlichkeit nicht etwas eindeutig Beschreibbares und unveränderlich Gleichbleibendes. Sicher gibt es grundlegende und relativ stabile Persönlichkeitszüge (wie zum Beispiel das Temperament), aber wir alle wissen aus Erfahrungen mit uns selbst und anderen, daß ein Mensch eine komplizierte Mischung aus verschiedenen Eigenschaften und Verhaltensweisen ist. Welche Seiten von sich er zeigt und welche nicht, hängt sehr stark vom situativen Kontext ab. Das hat unter anderem damit zu tun, daß jeder von uns in seinem Leben verschiedene Rollen ausfüllt.

Eine Frau verhält sich, trotz bestimmter gleichbleibender Wesenszüge, in ihrer beruflichen Rolle anders als in ihrer Rolle als Ehefrau, Mutter oder Tochter, da die verschiedenen Rollen unterschiedliche Anforderungen an sie stellen. Unser Verhalten wechselt innerhalb einer Rolle je nach Situation, Stimmungslage und Verhalten der Interaktionspartner – eine Frau reagiert als Mutter ihrem Kind gegenüber einerseits liebevoll und zärtlich, andererseits aber auch streng und unnachgiebig –, und es wechselt zwischen den einzelnen Rollen.

In bestimmten Bereichen ist diese Diskrepanz besonders augenfällig. So macht es einen nicht unerheblichen Unterschied, ob ich einen Polizisten in der Freizeit beim Sport kennenlerne oder über eine Verkehrssünde!

Im beruflichen Bereich wird nicht nur unser Verhalten von der Funktion beeinflußt, die wir ausüben, auch die Wahrnehmung unserer Person durch unsere Mitmenschen ist davon betroffen.

Eine Lehrerin mag eine freundliche, warmherzige Frau sein, die Beziehung der Schüler zu ihr wird, neben der Sympathie für sie, immer überlagert sein von ihrer fachlichen und amtlichen Autorität, d. h. ihrer Funktion, die Schüler in ihren Leistungen zu beurteilen.

In ähnlicher Weise prägen diese beiden Komponenten – der Mensch als Person und der Mensch als Träger einer beruflichen Rolle – die Beziehung zwischen Erzieherin und Eltern.

2.1. Die Beziehung zwischen Erzieherin und Eltern

Wir haben gesehen, daß in jeder Mitteilung der Beziehungsseite eine große Bedeutung für den Gesprächsverlauf zukommt. Die Botschaft auf der Beziehungsebene gibt Auskunft darüber, was der Sprecher von seinem Gegenüber hält und wie er die Beziehung zwischen sich und ihm definiert. Scheitert Kommunikation als Versuch gegenseitiger Verständigung, liegt es häufig daran, daß diese Dimension vernachlässigt und nicht geklärt wird. Die inhaltliche Botschaft und der Appell einer Mitteilung hat nur dann eine Chance, beim Gesprächspartner anzukommen, wenn die gefühlsmäßige Basis stimmt.

Für die Gespräche mit Eltern lauten die entsprechenden Fragen:
- Wie steht mein Gesprächspartner zu mir? Was hält er von mir? Wie sieht er unsere Beziehung?
- Was halte ich von meinem Gesprächspartner? Wie definiere ich meine Beziehung zu ihm?

Gesprächspartner: Person und Rollenträger

Verbinden wir diese Überlegungen zur Beziehungsebene mit unseren Gedanken zu Persönlichkeit und Rollenverhalten, dann wird deutlich, daß in die gegenseitigen Beziehungsdefinitionen die Wahrnehmung des Gesprächspartners als Person und als Rollenträger einfließt:

Wie stehen die Eltern zur Erzieherin
- als Person
- als Rollenträgerin?
Wie steht die Erzieherin zu den Eltern
- als Person
- als Rollenträger (Rolle als Eltern, aber auch z. B. als Elternbeirat, Gemeinderat, als Akademiker u.ä.)?

2.1.1. Erzieherin und Eltern als Personen

Auf dieser Ebene wirken Sympathie und Antipathie und eventuelle Vorerfahrungen.

Von seiten der Erzieherin kann das folgendermaßen klingen:

„Die Mutter von Sebastian hat eine angenehm offene und herzliche Art. Wenn nur alle Eltern so wären!"

„Der Vater von Elke ist griesgrämig und abweisend. Ich fühle mich unwohl in seiner Gegenwart."

„Diese Mutter war schon damals immer sehr engagiert, als ihre älteste Tochter bei uns im Kindergarten war."

Eltern formulieren ihre Eindrücke zum Beispiel so:

„Mir gefällt es, wie Frau D. mit den Kindern umgeht. Sie wirkt so lebendig und zugleich so ruhig."

„Frau S. ist ja sehr tüchtig, aber ich erlebe sie als sehr reserviert. Ich traue mich kaum, sie anzusprechen."

„Unser ältestes Kind war bei Ihnen in der Gruppe und schwärmt heute noch davon!"

Im günstigen Fall profitiert die Beziehungsqualität vom Kontakt: Gemeinsame Aktivitäten und gegenseitiges Kennenlernen können Sympathie vertiefen und Antipathie vermindern. Auch wenn sich dieser Bereich zu einem gewissen Grad der bewußten Kontrolle entzieht, können das Bemühen um wechselseitiges Verständnis, ein toleranter Umgang miteinander und ein guter Kommunikationsstil die Beziehungen verbessern helfen.

2.1.2. Erzieherin und Eltern als Rollenträger

● Wie sehen die Eltern die Erzieherin als Rollenträgerin?

Das ist eine nicht global und einheitlich zu beantwortende Frage. Manche Erzieherinnen berichten, daß sie sich in ihrer beruflichen Stellung von den Eltern sehr geachtet und in ihrer Autorität Lehrern durchaus gleichgestellt fühlen. Andere wiederum, und es sieht so aus, als sei dies die Mehrzahl, klagen über eine Geringschätzung ihres Berufsstandes.

Diese kann von einzelnen Eltern ausgehen, hat aber auch mit der allgemeinen gesellschaftlich-politischen Bewertung des Elementarbereichs zu tun. „Die spielen ja nur mit den Kindern" oder „Ein Kind mehr oder weniger in der Gruppe ist doch egal" sind Einschätzungen, die die pädagogische Aufgabe völlig verharmlosen.

Unterbewertung der erzieherischen Aufgabe

Vor nicht allzu langer Zeit wurde von Politikern allen Ernstes erwogen, Mütter im Schnellverfahren zu Hilfs-Erzieherinnen auszubilden, um den Mangel an Kindergarten-Plätzen und Personal schnell beheben zu können!

Und welche Erzieherin hat noch nicht erlebt, daß ihre Hinweise, zum Beispiel auf fehlende Schulreife oder Verhaltensauffälligkeiten, von den Eltern ignoriert oder abgewehrt wurden. Die Entwicklung in der Schule bestätigt zwar meist ihr Urteil, ihre fachliche Kompetenz und Autorität wird dennoch nicht ernstgenommen.

Selbst wenn sich dieses Phänomen zu einem guten Teil mit der Tendenz von Eltern erklären läßt, so lange wie möglich die Augen vor Problemen zu verschließen und erst aufzuschrecken, wenn die Schwierigkeiten sich im Leistungsbereich manifestieren und sich nicht mehr leugnen lassen, so zeigt sich darin doch auch eine Bewertung, die dem Elementarbereich weniger Gewicht beimißt als der Schule.

Überhöhte Erwartungen

Im Kontrast zu dieser Unterbewertung der pädagogischen Arbeit im Vorschulbereich steht die ebenso weit verbreitete Neigung der Eltern (und Gesellschaft), überhöhte Erwartungen und Forderungen an die Erzieherin zu stellen. „Wir sollen ein nettes und aufopferungsbereites ‚Mädchen für alles' sein", faßt eine Fortbildungsteilnehmerin das Dilemma zusammen, „aber als pädagogische Fachkraft ernstgenommen werden wir nicht."

Erschwerend für die Erzieherin ist, daß ihre Rolle von den Eltern insgesamt nicht einheitlich und zum Teil von einzelnen Eltern in sich widersprüchlich definiert wird. So erwarten viele Mütter und Väter, daß das Kind optimal gefördert wird, möchten aber nicht, daß die Erzieherin auf Probleme des Kindes hinweist oder sich gar für die Familiensituation interessiert. Es bleibt zu hoffen, daß eine verstärkt geführte Diskussion um Kindertagesstätten zur Entwicklung einer aufgeschlosseneren und realistischeren Sichtweise durch Eltern und Öffentlichkeit beitragen wird!

● Wie sieht die Erzieherin die Eltern als Rollenträger?

Auch hier ist die Antwort facettenreich. Sie wird von Erfahrungen in der eigenen Herkunftsfamilie, von weltanschaulichen Haltungen (zum Beispiel: Berufstätige Mütter vernachlässigen ihre Kinder) und der individuellen Lebenssituation abhängen.

So fällt auf, daß Erzieherinnen, die selbst Kinder haben, Eltern meist mehr Verständnis und vor allem Nachsicht entgegenbringen, unter Umständen ihre eigenen Erfahrungen aber auch zu stark verabsolutieren. Wie dem auch sei, jede Erzieherin hat in diesem Zusammenhang für sich eine Reihe von Punkten zu klären:

Wieviel Verständnis hat sie für die Situation der Eltern, für ihre Aufgaben und Schwierigkeiten? Wieviel Eigenverantwortung und Autonomie spricht sie Eltern zu? Wieviel Mitsprache gesteht sie ihnen im Kindergarten zu? Wieviel Kooperation und Engagement verlangt sie von ihnen?

Erzieherin und Eltern haben ihre Vorstellungen davon, was der jeweils andere an Erwartungen zu erfüllen und was er an Pflichten und Aufgaben zu übernehmen hat. Daß diese Vorstellungen nicht immer komplementär (einander entsprechend) sind, macht die Beziehung konfliktanfällig. Solche nicht-komplementären Beziehungsdefinitionen bestimmen eine Vielzahl von Supervisionen:

Nicht-komplementäre Beziehungsdefinitionen

– Die Eltern wollen, daß die Erzieherin das Kind im Kindergarten sinnvoll beschäftigt, an den Umgang mit Gleichaltrigen gewöhnt und auf die Schule vorbereitet. Wie sie ihr Kind erziehen, halten sie für ihre Privatsache. Die Erzieherin hingegen versteht sich als Anwältin des Kindes und als pädagogische Fachkraft, die gegebenenfalls das Recht und die Pflicht hat, die Eltern auf Schwierigkeiten und Defizite des Kindes hinzuweisen.

– Die Eltern sehen die Hauptaufgabe der Erzieherin in der kognitiven Förderung des Kindes, die Erzieherin fühlt sich in mindestens gleichem Maße für die soziale und emotionale Entwicklung verantwortlich.

– Die Erzieherin hält es für eine Aufgabe des Elternbeirates, Elternabende aktiv mitzugestalten. Der Elternbeirat ist der Meinung, dafür sei die Erzieherin zuständig.

Besondere Komplikationen gibt es, das sei in diesem Zusammenhang wenigstens am Rande erwähnt, in Elterninitiativ-Kindergärten, weil die Eltern hier der Erzieherin in einer doppelten Funktion und Rolle gegenüberstehen: als Eltern, die ihre Kinder ihr als Fachkraft in Obhut geben und als Arbeitgeber mit entsprechenden Mitbestimmungsansprüchen und Kontrollfunktionen. Die Erzieherin ist eine pädagogisch qualifizierte Fachkraft, das Konzept des Kindergartens wird jedoch weitgehend von zwar engagierten, aber meist nicht professionell ausgebildeten Eltern bestimmt.

Diese unklaren Rollen führen in vielen Fällen zu Spannungen zwischen Elternschaft und professionellem Team und einem Gefühl der Überlastung und Unzufriedenheit bei den Erzieherinnen.

Was kann die Erzieherin tun, um die gegenseitige Beziehungsdefinition positiv zu beeinflussen?

Realistische Rolleneinschätzung durch die Eltern fördern

Sie kann in mehrfacher Hinsicht dazu beitragen, daß die Eltern die Rolle der Erzieherin realistischer sehen, indem sie

– sich um einen guten persönlichen Kontakt zu ihnen bemüht;

– ihre fachliche Kompetenz ständig erweitert und den Eltern gegenüber zum Ausdruck bringt;

– ihr pädagogisches Konzept den Eltern (dem Träger, der Gemeinde) erläutert und somit das Bild des Kindergartens mitbestimmt und seinen Stellenwert verdeutlicht;

– darauf achtet, daß über eine starke berufsständische Vertretung immer wieder nachdrücklich auf die Belange und Leistungen des Elementarbereichs hingewiesen wird.

Sie kann ihre Haltung gegenüber Eltern klären, indem sie in Teamgesprächen, Fortbildungen, Praxisbegleitung und Supervision

Eigenes Rollenverständnis reflektieren

- an ihrem eigenen Berufsverständnis arbeitet und dadurch mehr Rollensicherheit gewinnt;
- sich mit ihren Erwartungen und Forderungen an Eltern auseinandersetzt.

Erzieherinnen fühlen sich oft überfordert und zwischen verschiedenen Erwartungen und Ansprüchen aufgerieben. Sie leiden unter einer gewissen Verunsicherung bezüglich ihrer fachlichen Kompetenzen und ihrer Spielräume von Autorität und Einflußnahme. Sie sollten nicht aufhören darüber nachzudenken, welchen Erwartungen sie gerecht werden müssen, wollen und können und welchen nicht. Sie werden auch prüfen, welche Erwartungen sie selbst an Eltern haben, was sie erreichen wollen und realistischerweise erreichen können.

Auf dem Hintergrund einer sicheren, reflektierten Berufsidentität, d.h. mit dem Wissen um ihre beruflichen Fähigkeiten und Zuständigkeiten sowie deren Beschränkungen, kann die Erzieherin Eltern mit angemessenen Einstellungen und Zielvorstellungen gegenübertreten und eine situationsgerechte Problemlösung anstreben.

Sie wird während der konkreten Begegnung mit Ruhe und Souveränität auf die Forderungen und Bedürfnisse der Eltern eingehen und mit Selbstbewußtsein und Überzeugungskraft ihren eigenen Standpunkt vertreten können. Nur wer über seine Grenzen nachgedacht hat, kann seine Möglichkeiten voll ausschöpfen.

In den nächsten beiden Kapiteln wollen wir uns mit Überlegungen beschäftigen, die für die grundlegende, von den beruflichen Rahmenbedingungen beeinflußte Beziehungsdefinition zwischen Erzieherin und Eltern wichtig sind.

Es sind Überlegungen zu Fragen, die in Fortbildungen und Supervisionen auftauchen, wenn es um Probleme mit Eltern und die Position der Erzieherin in diesen Problem- und Konfliktkonstellationen geht: Wie weit darf ich mich in eine Familie einmischen? Kann ich Eltern Ratschläge geben oder sie dazu zwingen, eine Erziehungsberatungsstelle aufzusuchen? Soll ich mich nur auf meine unmittelbare Arbeit mit dem Kind konzentrieren und mich um seine familiäre Situation nicht kümmern? Ist es meine Pflicht, Eltern mit unangenehmen Wahrheiten zu konfrontieren, wenn es um das Wohl des Kindes geht? Kann ich Verhaltens-und Einstellungsänderungen bei den Eltern erreichen?

2.2. Die Erzieherin und ihr Arbeitsauftrag

2.2.1. Herausforderungen und Chancen

Der ursprüngliche und grundlegende Arbeitsauftrag an die Erzieherin rückt ihre kindbezogene Tätigkeit in den Mittelpunkt. Sie ist zuständig für die Betreuung von Kindern über einen bestimmten Zeitabschnitt hinweg und deren möglichst breit angelegte Förderung. Ihre Ausbildung ist entsprechend kindorientiert.

Erweiterung der rein kindorientierten Aufgabe

Nun ist aber, wie wir bereits an anderer Stelle ausgeführt haben, die Erziehungsaufgabe im Kindergarten vielschichtiger und umfassender geworden. Die unmittelbare Arbeit mit dem Kind wird unter dem Druck gesellschaftlicher Entwicklungen und unter dem Einfluß wissenschaftlicher Erkenntnisse in einen größeren Zusammenhang gestellt.

Veränderte Familienstrukturen (Scheidungsfamilien, Alleinerziehende) und die daraus resultierenden Probleme für die Kinder lassen den Ruf nach familienunterstützenden Maßnahmen laut werden. Der Kindergarten soll intensivere Formen der Elternarbeit entwickeln, Gesprächskreise und Gruppenaktivitäten für bestimmte Zielgruppen (z.B. Alleinerziehende) anregen, um so zu einer Verbesserung der Gesamtsituation des Kindes beizutragen.

Prävention und Elternarbeit

Zudem hat die weite Verbreitung von emotionalen und sozialen Problemen im Kindes- und Jugendalter zu einer Betonung von Prävention (Vorbeugen) und Früherkennung von Verhaltensauffälligkeiten geführt. Hilfe, so der zentrale Gedanke, ist umso wirksamer, je früher sie angeboten wird. Dem Kindergarten als erste öffentliche Einrichtung spricht man in dieser Hinsicht große Möglichkeiten zu. Die Zusammenarbeit mit Eltern ist dabei ein gewichtiger Faktor.

Die Erzieherin sieht sich vor die Notwendigkeit gestellt, theoretische Konzepte von Elternarbeit und Prävention praktisch umzusetzen, auf die Eltern zuzugehen und sie für eine Zusammenarbeit zu gewinnen.

Der Vorschulbereich ist sichtlich in Bewegung geraten und beinhaltet in dieser Phase der Neuorientierung eine Reihe von Chancen. Eine Aufwertung des Elementarbereichs beginnt sich abzuzeichnen. Noch nie ist so deutlich geworden, daß die Arbeit der Erzieherin sich nicht darin erschöpft, Kinder zu beaufsichtigen und zu beschäftigen.

In diesem positiven Sinne können die vielfältigen Aufgaben eine Herausforderung darstellen – die Herausforderung, an den Anforderungen persönlich zu wachsen und sich einer äußerst anspruchsvollen beruflichen Aufgabe zu stellen.

Die Umbruchsituation birgt aber auch Risiken. Gerade Erzieherinnen neigen dazu, sich für alles verantwortlich zu fühlen, es allen recht machen zu wollen, sich selbst zu überfordern und sich zu wenig gegen überhöhte eigene und fremde Ansprüche abzugrenzen.

2.2.2. Probleme und Grenzen

Die Arbeit in einer Gruppe mit fünfundzwanzig Kindern zwischen drei und sechs Jahren ist an sich schon anstrengend genug. Mit dem Druck, sich in der Arbeit insbesondere auf schwierige Kinder, problematische Familienkonstellationen und ungünstige familiäre Bedingungen zu konzentrieren, steigen nicht nur die Anforderungen an die fachliche Qualifikation der Erzieherin, sondern auch an ihre Belastbarkeit. Sie muß ihren Weg finden zwischen wirksamem Engagement und vernünftigem Haushalten mit ihren physischen und vor allem psychischen Kräften.

Die Erzieherin befindet sich damit in einem Dilemma, das die Situation all derer kennzeichnet, die in helfenden und pädagogischen Berufen tätig sind.

Lebt diese Art von Arbeit einerseits von persönlichem Einsatz, von einem Sich-Einbringen als Person, so sind andererseits diesem Engagement durch die psychische Belastbarkeit des einzelnen Grenzen gesetzt.

Grenzen der Belastbarkeit

Die Beschäftigung mit anderen Menschen, das Gefordert-sein als Gesamtperson gibt das befriedigende Gefühl, sinnvolle Arbeit zu leisten, ist aber, zumal ohne entsprechende fachliche Unterstützung, nicht dauerhaft mit unverminderter Intensität durchzuhalten.

Dieser oft sehr hautnah erlebte Widerspruch zwischen dem eigenen Wunsch nach echter menschlicher Begegnung und dem Erleben seiner begrenzten Kraftreserven ist in einem größeren Kontext zu sehen. In der Gesellschaft hat eine Professionalisierung und Verwissenschaftlichung von Dienstleistungen stattgefunden, eine „Professionalisierung der Nächstenliebe" (SCHMIDBAUER).

Soziale Berufe betonen die persönliche Beziehung als wirksamen helfenden oder erzieherischen Faktor, sind aber dennoch eine professionelle Dienstleistung. Während die Gesellschaft immer mehr von Vernunft, strafferer Organisation und dem Zwang zu reibungslosem Funktionieren bestimmt wird, bleibt die emotionale Seite bestimmten Berufsgruppen überlassen. Wie im Privaten die Familie den gefühlsmäßigen Ausgleich schaffen soll für ein technisch-rational strukturiertes Leben, so sollen bestimmte Berufsgruppen das erledigen, was gesamtgesellschaftlich vernachlässigt wird. Es entstehen Experten, die zuständig erklärt werden für die emotionalen zwischenmenschlichen Probleme, ohne daß sie diese aber wirklich beheben könnten.

Auf den Kindergarten bezogen stellt sich die Frage, ob er als Institution den an ihn herangetragenen Aufträgen bezüglich Förderung der Kinder und Hilfe und Beratung für die Eltern auch nur annähernd gerecht werden kann. Er soll Beiträge zur Lösung von Problemen leisten, die sich aus gesellschaftlichen Entwicklungen ergeben: Scheidungsfamilien, Alleinerziehende, Auswirkungen von Medien und Technik, zunehmende Unüberschaubarkeit des Lebens, mehr Unruhe und Hektik, das Fehlen verbindlicher Normen und Werte, übersteigertes Leistungs-und Konsumdenken und Probleme von Randgruppen – um nur einige Punkte zu nennen.

Die pädagogische Wissenschaft verweist auf die Verwobenheit des Kindes mit seinem familiären Kontext, zeigt die Gefahren im Falle ungünstiger Entwicklungsbedingungen auf und fragt – unter dem Gedanken von Prävention und Hilfe – verstärkt danach, wie öffentliche Einrichtungen negative Entwicklungen vermeiden oder abmildern helfen können.

Im Zuge dieses Trends werden immer mehr und immer weiterreichende Maßnahmen vom Kindergarten erwartet, die vereinzelt bereits in den Bereich sozialpädagogischer oder psychologischer Arbeit hineinzureichen scheinen (familienunterstützende Maßnahmen). Man entdeckt den Kindergarten plötzlich als universale psycho-soziale Reparaturwerkstatt und die Erzieherin als zuständige Retterin aus vielen gesellschaftlichen und familiären Nöten.

Überzogene Forderungen an den Elementarbereich

Sie müßte weit über ihren eigentlichen Arbeitsbereich hinausgehen und völlig neue Aufgaben übernehmen. Dabei ist allerdings zu befürchten, daß die Ansprüche Dimensionen annehmen, die den Elementarbereich in seiner jetzigen Form und die Erzieherin in ihrem derzeitigen Status heillos überfordern. Neue Konzepte brauchen entsprechende Arbeitsbedingungen, eine auf die neuen Aufgaben hin orientierte Ausbildung sowie berufsbegleitende Unterstützung.

Die Unsicherheit und Hilflosigkeit von Erzieherinnen in der Arbeit mit Eltern ist teilweise sicher darin begründet, daß in der am Kind orientierten Ausbildung Probleme der Elternarbeit und Möglichkeiten der Gesprächsführung und Konfliktbewältigung noch keinen Platz gefunden haben. Sie steht aber auch in Zusammenhang mit der allgemeinen Überforderung sozialer Dienste.

Wenn die Erzieherin sich nicht mit dem Problem beschäftigt hat, was sie als Einzelperson im Rahmen der Institution Kindergarten zu leisten vermag und was nicht, wird sie in vielen Fällen mit einem Gefühl der Verunsicherung und Überforderung in ein Gespräch mit Eltern gehen. Damit verstellt sich ihr der Blick auf eine vernünftige Zieldefinition und verhindert, daß sie für das Gespräch eine klare Linie entwickeln kann. Die Forderungen, die landläufig mit helfenden und pädagogischen Berufen verknüpft sind – Engagement, persönliche Beziehung, Verantwortung übernehmen für die Schwierigkeiten anderer, Hilfe leisten und Probleme lösen – kann dazu führen, daß eine realistische Zielsetzung aus den Augen verloren wird. Der Druck des Helfers wird dann oft weitergegeben an denjenigen, dem geholfen werden soll – ohne daß die Bedingungen berücksichtigt werden, unter denen Menschen sich verändern können.

Realistische Einschätzung der beruflichen Möglichkeiten

Einerseits soll die Erzieherin die Chancen einer gut durchdachten und pädagogisch notwendigen Einflußnahme auf die Eltern wahrnehmen, andererseits soll sie sich nicht unter den Erwartungsdruck setzen, sie müßte und könnte alle Schwierigkeiten lösen. Sich kompetent und selbstsicher zu engagieren, ohne sich dabei zu verausgaben und psychisch zu überfordern, das ist der Weg, den sie für sich finden muß.

Es läßt sich in diesem Rahmen nur auf das Grundsätzliche dieser Problematik hinweisen. Da Fragen zu den Möglichkeiten und Grenzen der pädagogischen Arbeit mit dem Kind und seinem Umfeld nie einmalig und endgültig zu klären sind, sollte im Team immer wieder Platz sei für solche Überlegungen. Vor allem Supervisionsgruppen können diesen Prozeß auf dem Hintergrund der jeweils individuellen Persönlichkeit der Erzieherin und ihrer konkreten Arbeitsbedingungen nachhaltig unterstützen (Kap. VI.).

Zur Erläuterung ein Beispiel:

Eine Erzieherin bringt in einer Fortbildungsgruppe zur Gesprächsführung mit Eltern einen Fall vor, der sie sehr bekümmert.

Die sechsjährige Andrea lebt in einer Pflegefamilie, zu den leiblichen Eltern, die als äußerst unzuverlässig gelten, hat sie so gut wie keinen Kontakt. Sie geht seit zwei Jahren ganztags in den Kindergarten und soll eingeschult werden. Die Pflegeeltern, Herr und Frau L., sind schon etwas älter, ihre eigenen Kinder sind bereits ausgezogen. Vor einem Jahr wurden zwei weitere (ausländische) Kinder in Tagespflege genommen, die zu diesem Zeitpunkt kein Wort Deutsch sprachen. Sie waren den ganzen Tag über zu Hause, spielten mit Andreas Spielsachen und zerstörten ihr vieles. Andrea hat daraufhin wieder eingenäßt und eingekotet und fiel im Kindergarten durch emotional labiles und aggressives Verhalten auf. Als die Erzieherin der

Pflegemutter gegenüber die Probleme behutsam ansprach, zeigte diese sich zunächst zugänglich und einsichtig. Die Erzieherin mußte jedoch bald erkennen, daß Andrea lediglich hart bestraft wurde, wenn sie zum Beispiel zu Hause oder im Kindergarten wieder eingenäßt hatte.

Das Mädchen hatte sich im Laufe einiger Monate halbwegs stabilisiert, als Frau L. ein zusätzliches Pflegekind aufnahm. Der Junge ist im Kindergarten in einer anderen Gruppe und erweist sich als sehr schwierig. Andrea hat erneut mit Aggressivität und Einnässen auf die veränderte Situation in der Pflegefamilie reagiert. Sie wirkt überdies äußerlich zunehmend ungepflegt.

Familie L. wohnt mit den vier Kindern in einer kleinen Drei-Zimmer-Wohnung. Frau L. geht abends arbeiten, Herr L. ist neuerdings arbeitslos. Höchstwahrscheinlich hat er Alkoholprobleme.

Die Erzieherin hat Andrea sehr ins Herz geschlossen und macht sich Sorgen um das Kind. Sie hat den Eindruck, daß das Mädchen von den Verhältnissen in der Pflegefamilie überfordert ist und möchte das Frau L. vermitteln. „Wie kann ich sie davon überzeugen, daß sie das vierte Kind wieder abgeben soll?" Noch während sie die Frage an die Gruppe formuliert, kommen ihr Zweifel. Was geschieht dann mit dem anderen Kind? Es müßte aus der Familie herausgerissen werden, möglicherweise käme es in ein Heim.

Die Gruppe nimmt großen Anteil an den Überlegungen der Kollegin und versteht deren dringenden Wunsch, die Lebensbedingungen von Andrea zu verbessern. Im Laufe der Diskussion des Falles wird allerdings immer deutlicher, daß die Erzieherin allein mit dieser Aufgabe völlig überfordert ist und eine Lösung des Problems weit über ihren Zuständigkeitsbereich hinausgeht. Die Familie wird immerhin vom Jugendamt und einem Psychologen betreut. Sich an den zuständigen Sozialarbeiter zu wenden, hat die Erzieherin bereits mehrmals erwogen, sie kann und möchte das jedoch nicht hinter dem Rücken der Pflegemutter tun. Vermutlich, so überlegt sie, ist das Jugendamt ja auch froh, einen Platz für so schwierige Kinder gefunden zu haben. Überdies glaubt sie, daß Geld eine nicht unerhebliche Rolle spielte bei der Entscheidung des Ehepaares L. und daß dieses Motiv durch die Arbeitslosigkeit des Mannes sich naheliegenderweise eher noch verstärkt hat.

Durch das Gespräch in der Gruppe wird der Erzieherin klar, daß sie den Pflegeeltern gegenüber eine recht schwache Position hat. Die ursprüngliche Idee, Frau L. dazu zu bewegen, das vierte Kind wieder abzugeben, erscheint ihr unrealistisch und vor allem außerhalb ihrer

Kompetenzen liegend. Sie ist einerseits etwas niedergeschlagen angesichts der Komplexität der Problematik, aber auch erleichtert, als sie sieht, daß sie nicht die alleinige Verantwortung trägt. Sie nimmt sich vor, ihre Ressourcen im Kindergarten noch bewußter auszuschöpfen und sich intensiv um Andrea zu kümmern. Außerdem will sie versuchen, über das Einschulungsproblem mit dem zuständigen Psychologen in Kontakt zu kommen. Sie möchte sich weiter für eine Verbesserung der Situation des Mädchens engagieren, dabei aber ihre Grenzen im Auge behalten und sich nicht überfordern.

Die Ausbildungsinhalte werden sich in Zukunft verstärkt an den erweiterten Konzepten und den daraus resultierenden Konsequenzen für den beruflichen Alltag orientieren müssen, wenn sich die Kluft zwischen theoretischen Idealvorstellungen und praktischen Möglichkeiten nicht noch mehr verbreitern soll. Diese Kluft entsteht keineswegs nur durch fehlende Kompetenzen und Fähigkeiten der Erzieherinnen, sondern auch durch äußere Rahmenbedingungen wie Räumlichkeiten, Gruppengröße und personelle Besetzung, die die theoretisch geforderten und als notwendig erkannten Maßnahmen in der täglichen Praxis kaum umsetzbar machen. Es ist zu erwarten, daß im Zuge der gegenwärtigen politischen Entwicklung erst einmal verstärkt der quantitative Aspekt – für jedes Kind einen rechtlich garantierten Kindergartenplatz – in den Vordergrund rückt. So sehr diese Pläne zu befürworten sind, so sehr bleibt zu hoffen, daß – angesichts finanzieller Erwägungen – der qualitative Aspekt nicht auf der Strecke bleibt.

2.3. Die Position der Erzieherin zwischen Kind und Familie

Die Erzieherin wählt ihren Beruf vorrangig aus Freude am Umgang mit Kindern. „Weil ich Kinder mag und gerne mit ihnen zusammen bin", ist wohl das am häufigsten genannte Motiv. Sie bemüht sich um ein intensives Kennenlernen des Kindes und begleitet seine Entwicklung und seine Fortschritte.

Sie will es als Person erkennen und akzeptieren, seine Stärken fördern, seine Defizite verringern und seine soziale Integration unterstützen. Das professionelle Erziehen im Vorschulbereich bietet ganz andere Zugangsmöglichkeiten als später die Schul-Pädagogik.

Noch ist nicht der Lehrplan der alles bestimmende Faktor, noch kann das Kind in seiner Ganzheit, seiner Gesamtpersönlichkeit gesehen werden. Wenn auch nicht völlig frei vom Leistungsgedanken, bietet der Kindergarten doch erheblich mehr Spielraum für das individuelle Eingehen auf das Kind und für eine persönliche Beziehung als die Schule. Die emotionale Bindung zwischen Erzieherin und Kind ist in der Regel entsprechend eng und führt zu einem starken Gefühl der Verantwortlichkeit, zu Anteilnahme und Engagement. Nicht

Die Erzieherin als „Anwalt" des Kindes

nur die Forderung von außen, die Elternarbeit zu intensivieren, sondern auch das unmittelbare Erleben, daß Kinder durch ihr Verhalten Not-Signale und Hilferufe aussenden (und die Arbeit in der Gruppe sehr erschweren können), nötigt die Erzieherin zu einer Kontaktaufnahme mit den Eltern.

Sie besitzt fachliches Wissen aus Pädagogik und Psychologie und hat die Schwierigkeiten des Kindes auf dem Hintergrund des familiären Kontextes zu deuten gelernt. Sie weiß, daß Entwicklung und Persönlichkeit des Kindes geprägt werden vom Elternhaus, und insbesondere Verhaltensauffälligkeiten mit den sozialen und psychologischen Bedingungen in der Familie verknüpft sind. Ungünstige Familienverhältnisse und problembeladene Eltern, das ist ihre Befürchtung, nehmen dem Kind Entwicklungschancen, behindern die Entfaltung seiner Persönlichkeit, fügen ihm Leid zu, belasten es unter Umständen für sein späteres Leben und schicken es mit einer schweren Hypothek auf den Weg.

Aus dem engen Kontakt zum Kind und dem Engagement für seine positive Entwicklung entsteht naheliegenderweise eine emotionale Parteilichkeit für das Kind. Mitleid und der Wunsch, zu helfen, sind dabei die eine, Unverständnis, Ärger und Empörung über die Eltern häufig die andere Seite der gefühlsmäßigen Reaktion. Trotz aller Fürsorge für das Kind muß sich die Erzieherin um Distanz bemühen und Raum schaffen für die sachliche Überlegung, wie eine Verbesserung der Situation zum Wohle des Kindes erreichbar ist. Sich gegen die Eltern auf die Seite des Kindes zu schlagen, ist verständlich, für eine Lösung des Problems aber weder ausreichend noch günstig. Emotionale Betroffenheit kann den Anstoß geben für den Entschluß, etwas in Gang bringen zu wollen, zum Beispiel das Gespräch mit den Eltern zu suchen. Dann aber sind auch „strategische" und „taktische" Schritte notwendig, wenn der Versuch einer Einflußnahme gelingen soll.

Professionelle Distanz ist notwendig

Gefühle, zunächst als Anstoß für eine Initiative wichtig, dürfen nicht ungefiltert in die weitere Arbeit einfließen. Sie müssen auf dem Hintergrund sachlich-fachlichen Wissens bearbeitet werden. Es gilt die Balance zu finden zwischen persönlicher Beziehung und Anteilnahme und einer professionellen Distanz, die unerläßlich ist für die Bewältigung der anstehenden Probleme und im Hinblick auf die eigene Psychohygiene.

Je mehr die Erzieherin sich aufgeschlossen zeigt für psychologische Erkenntnisse, umso mehr gerät sie unter den Druck zu handeln. Auf der Suche nach einem gangbaren Weg zwischen Chancen und Beschränkungen sind unterschiedliche Haltungen denkbar.

„Ich bemühe mich, dem Kind in der Zeit, in der es bei mir in der Gruppe ist, soviel wie möglich zu geben – weiter reichen mein Einfluß und meine Verantwortlichkeit nicht."

Diesen Standpunkt durchzuhalten ist für viele Erzieherinnen schwierig, insbesondere dann, wenn die Verhaltensauffälligkeiten sehr massiv sind, das Kind unübersehbar angespannt und unglücklich wirkt und die Arbeit in der Gruppe leidet.

Einflußnahme auf Eltern

„Wenn ich das Beste für das Kind erreichen will, muß ich auf die Eltern Einfluß nehmen und an ihren Einstellungen dem Kind gegenüber, an ihrem Erziehungsverhalten etwas verändern. Ich muß sie auf die Entwicklungsverzögerung, auf die Verhaltensauffälligkeit aufmerksam machen, sie zum Nachdenken bringen, sie unter Umständen für den Besuch einer Beratungsstelle motivieren. Wie mache ich das? Habe ich überhaupt die Fähigkeiten dazu? Habe ich das Recht, in die Autonomie und in die Eigenverantwortlichkeit der Familie einzugreifen?"

Jede Erzieherin weiß, daß sie mit solchen Reflexionen und Fragen schwieriges Terrain betritt. Letztlich wird immer die Analyse des Einzelfalls ihre Sichtweise und Entscheidung beeinflussen. In jedem Fall hilfreich für die Einschätzung der eigenen Möglichkeiten und für eine realistische Bewertung der Spielräume anderer Institutionen, die eventuell eingeschaltet werden müssen, sind ein paar grundlegende Gedanken zur Situation von Eltern.

2.3.1. Grundsätzliches zur Situation der Eltern

Über ihrem Engagement für das Kind darf die Erzieherin die Eltern nicht aus dem Auge verlieren. Das oft erbitterte „Wie können Eltern so gedankenlos sein und so unsensibel für die Bedürfnisse ihres Kindes?" sollte einer reflektierten und verständnisvollen Haltung weichen, ohne die eine wirkungsvolle Zusammenarbeit nicht gelingen wird. Partnerschaftliche Gesprächsführung setzt Toleranz, Respekt vor der individuellen Persönlichkeit jedes Menschen und ein einfühlendes Verständnis seiner Erlebenswelt voraus. Diese Forderungen zu erfüllen ist nicht immer leicht, gerade wenn man Kinder als Opfer des Fehlverhaltens von Erwachsenen vor sich hat. Die Realisierung einer partnerschaftlichen Haltung im Kontakt mit Eltern beinhaltet in erster Linie die Bereitschaft und Offenheit, sich auf den Gesprächspartner in seiner Einmaligkeit einzulassen. Dieses Bemühen um ein Verstehen des individuellen Menschen kann ein Stück weit erleichtert und unterstützt werden, wenn wir uns erst einmal einige grundsätzliche Gedanken zu seiner Situation machen. Tragen wir also an dieser Stelle einige Punkte zusammen, die die generelle Lage der Eltern mit ihren Schwierigkeiten und Nöten als Erzieher beleuchten.

Eltern wollen das Bestmögliche

Die Erziehung von Kindern entfernt sich immer mehr vom Beiläufig-Selbstverständlichen. In dem Maße, in dem die Anforderungen an die Anpassungs- und Leistungsfähigkeit des modernen Menschen steigen, in dem Maße belasten sie bereits Kindheit und Kindererziehung. Erzieherinnen beobachten mit Unbehagen den Ehrgeiz vieler Eltern, der den Nachwuchs schon früh zur Erfüllung einer Vielzahl von Leistungsansprüchen zwingt. Sie sollten aber auch nie vergessen, daß **Optimale** Eltern, bis auf wenige Ausnahmen, das Beste für ihr Kind anstreben bzw. das, was sie aus ihrer Sicht und im Rahmen ihrer Erfahrungen und Lebenskonzepte für das Beste halten. Sie möchten es in optimaler Weise vorbereiten auf eine Zukunft, die wenig kalkulierbar und zunehmend komplizierter und unüberschaubarer erscheint. Sie wollen dem Kind gute Startchancen geben und es befähigen, seine Begabungen auszuschöpfen, sich zu behaupten und sein Leben erfolgreich zu meistern.

Optimale Vorbereitung auf eine ungewisse Zukunft

Überdies bemühen sich Eltern, auch wenn es nicht immer gelingt, Fehler der eigenen Eltern zu vermeiden. „Da ich selbst so gelitten habe unter der Strenge meiner Eltern, wollte ich mein Kind ganz anders erziehen, viel freier und selbständiger. Ich wollte ihm meine schlechten Erfahrungen unter allen Umständen ersparen", erzählen Eltern oft in Beratungsgesprächen.

Eltern sind verunsichert

Eltern möchten es besser machen als die eigenen Eltern und sie möchten es gut machen im Hinblick auf die Zukunft des Kindes. Bei ersterem scheitern sie häufig daran, daß verstandesmäßiges Wollen im Bereich der Erziehung nicht alles ist. Sie müssen erkennen, daß sie aus dem Bestreben, sich gegen den Erziehungsstil der vorangegangenen Generation abzugrenzen, entweder in das andere Extrem abgeglitten oder, trotz bester Vorsätze, in bestimmte Verhaltensweisen von Vater und Mutter zurückgefallen sind.

Widersprüchliche Normen und Werthaltungen

Ein weiterer Punkt der Verunsicherung ergibt sich aus widersprüchlichen Normen und Werthaltungen. Aus den Erfahrungen heraus, mit denen die Eltern in ihrem Leben und in dieser Gesellschaft konfrontiert sind, unterwerfen sie sich in der Erziehung einer Reihe von Wert- und Zielvorstellungen: Intelligent, leistungsfähig, durchsetzungsfähig und erfolgreich soll die Tochter oder der Sohn einmal werden. Demgegenüber betonen Psychologie und Pädagogik vielfach ganz andere Werte: Einfühlungsvermögen, Verständnis, Hilfsbereitschaft, Toleranz, Rücksichtnahme, Kreativität und die eher spielerische Seite des Lebens werden hier als die entscheidenden Faktoren für ein befriedigendes Leben in den Vordergrund gerückt. Eltern geraten da recht schnell in die Klemme – wie der Kindergarten im übrigen auch.

Gerade im Vorschulbereich werden diese nicht-leistungsorientierten Werte noch sehr bewußt und vorrangig zu vermitteln versucht – im Schatten der Diskrepanz von Ideal und rauher Wirklichkeit. Nicht selten sind Erzieherinnen entsetzt, wie verändert sie die Kinder nach ein oder zwei Jahren Schule in den Umgangsformen wiederfinden.

Eltern müssen mit diesen Widersprüchen ebenso leben wie mit der starken Verwissenschaftlichung der Erziehung. Erziehungsratgeber, sicher alle wohlmeinend, scheinen die Bedenken und Zweifel dabei eher zu schüren als zu vermindern. Ein enormer Erfolgszwang, verwirrende Ratschläge und Empfehlungen und eine verlorengegangene Erziehungstradition („So wie meine Eltern will ich es nicht machen") erschweren es den Eltern, die notwendige Sicherheit im Umgang mit ihren Kindern zu entwickeln

Eltern haben unterschiedliche Wertvorstellungen und Erziehungsideale

Erziehungsideale resultieren zum einen aus den (durchaus nicht einheitlichen) Wertvorstellungen der Gesellschaft und wissenschaftlichen Erkenntnissen (die, wie wir gesehen haben, nicht unbedingt mit den gängigen gesellschaftlichen Normen übereinstimmen müssen), zum anderen aus der individuellen Lebenssituation und -geschichte der Eltern.

Unterschiedliche Erziehungsvorstellungen und -stile

So erklären sich die doch recht erheblichen Unterschiede in den Erziehungsvorstellungen und im Erziehungsverhalten in den einzelnen Familien. Es liegt auf der Hand, daß die Erzieherin zu den Eltern einen leichteren Zugang finden wird, die ihren eigenen pädagogischen Normen und Prinzipien nahestehen. Größere Diskrepanzen stellen die Verständnisfähigkeit auf eine härtere Probe: Eine Mutter vernachlässigt ihr Kind, achtet nicht einmal darauf, daß es gewaschen und angemessen gekleidet in den Kindergarten kommt; ein Kind bleibt sich selbst überlassen und verbringt Stunden vor dem Fernsehapparat; Eltern überfordern ihr Kind durch einen vollen Terminkalender; Eltern erschweren den Umgang mit einem aggressiven Kind in der Gruppe, indem sie ausschließlich die offensive Konfliktlösung propagieren ("Er soll sich nur nichts gefallen lassen!") usw. Die Erzieherin ist hier konfrontiert mit einer Realität, die viele Werthaltungen und Lebenskonzepte beinhaltet und eine selbstverständliche Übereinstimmung zwischen ihr und den Eltern eher zur Ausnahme werden läßt.

Eltern gestehen sich Versagen nicht gerne ein

Niemand gesteht sich Versagen und Niederlagen gerne ein, am allerwenigsten, wenn es um so etwas Persönliches wie die Erziehung seines Kindes geht. Je größer der allgemeine Erfolgszwang, umso schwerer wird es, Fehler zuzugeben. Probleme mit Kindern haben überdies gerade durch die Verbreitung populär-wissenschaftlicher Veröffentlichungen für die Eltern einen herben Beigeschmack bekommen. Zu leichtfertig und zu kurzschlüssig werden Schuldzuweisungen, besonders an die Mütter, vorgenommen, zu wenig werden Eltern als Opfer ihrer eigenen Biographie und Lebenssituation gesehen. So verfallen Eltern entweder in Schuldgefühle und fühlen sich noch unsicherer in ihrem Erziehungsverhalten oder **Angst vor** sie wehren ärgerlich alle Hinweise auf Schwierigkeiten beim **Bloßstellung** Kind ab, um sich gegen Beschuldigung und Bloßstellung zu schützen.

Eltern unterliegen sozialem Druck

Der Erfolgszwang in der Kindererziehung und die Tendenz, Schwierigkeiten der Kinder mit einem Versagen der Eltern zu

Sozialer Druck verknüpfen, verstärken das Bestreben, vor der Umwelt einen „guten Eindruck" machen zu wollen. Überdies unterliegen Probleme im psychischen oder zwischenmenschlich-familiären Bereich, anders als körperliche Krankheiten, vielfach einer verschämten Geheimhaltung.

Es ist immer wieder verblüffend zu sehen, wie in der psychologisch-therapeutischen Arbeit in Eltern- oder Müttergruppen große Erleichterung bei den Teilnehmern einsetzt, wenn sie merken, daß sie mit ihren Sorgen und Nöten beileibe nicht alleine dastehen – und wie diese Entlastung schon den Weg ebnen kann für positive Veränderungen.

2.3.2. Möglichkeiten der Veränderung durch Therapie

Die Probleme, die Erzieherin und Eltern zu einem Gespräch zusammenführen, sind unterschiedlich schwerwiegend. So tauchen im Kindergarten zweifellos eine ganze Reihe von Schwierigkeiten auf, die sich aus bestimmten Phasen in der Entwicklung von Kindern und Familien ergeben – zum Beispiel die Ankunft eines Geschwisters, der Wiedereinstieg der Mutter in ihre Berufstätigkeit, ein Umzug der Familie, anfängliche Trennungsängste des Kindes, Sprachauffälligkeiten u.ä. –, und die mit den Kenntnissen und Fähigkeiten der Erzieherin relativ gut zu bewältigen sind.

Eltern sind oft dankbar für Anregungen in Erziehungsfragen, und so mancher Hinweis der Erzieherin wird positive Weichen stellen können. Gespräche mit partnerschaftlicher Orientierung, also ohne Beschuldigung und Bevormundung, können bei Eltern, die offen sind für pädagogische Fragen und einen entsprechenden Gedankenaustausch, manches in Bewegung setzen.

Bei tiefgreifenden Störungen sind Veränderungen jedoch nur schwer zu erreichen oder anzubahnen. Für die Erzieherin ist es wichtig, diesen Punkt zu erkennen und sich selbst nicht zu überfordern. Sie sollte überlegen, wie sie durch das Hinzuziehen dafür zuständiger Fachleute helfen und etwas verändern kann. Doch auch dieser Weg ist keinesfalls leicht. Erzieherinnen sind enttäuscht, wenn Eltern ihrem Rat, eine

Beratungsstelle zu konsultieren, nicht nachkommen oder wenn die Beratung, nachdem sich die Eltern dazu haben überreden lassen, nicht den gewünschten Erfolg zeigt.

Um angesichts gravierender Problemstellungen eigene Einflußmöglichkeiten besser einschätzen zu können, sollte sich die Erzieherin mit ein paar grundsätzlichen Überlegungen aus der therapeutischen Arbeit vertraut machen. Langatmige Überblicksdarstellungen über einzelne Therapieschulen erscheinen an dieser Stelle und in diesem Kontext nicht sinnvoll, es geht lediglich darum, die Erzieherin für bestimmte Grundprobleme und die Notwendigkeit einer differenzierten Sichtweise zu sensibilisieren.

Therapeutische Veränderungsmöglichkeiten

Die Veränderung von Menschen, das zeigt sich immer wieder, bleibt auch für entsprechend ausgebildete Fachleute eine schwierige und mühsame Sache. Dazu einige Gedanken aus der Familientherapie.

Eine inzwischen kaum noch überschaubare Anzahl von therapeutischen Schulen hat sich zum Ziel gesetzt, Menschen, die mit sich selbst und anderen nicht zurechtkommen, bei der Lösung ihrer Probleme zu helfen. Jede Theorie und jede Methode ist dabei mit der Frage befaßt, welche Faktoren einem solchen Veränderungsprozeß entgegenwirken und wo beraterisch-therapeutisches Helfen an seine Grenzen stößt. Ausgangspunkt ist die Beobachtung, daß Menschen – als Einzelperson ebenso wie als Familiensystem – einer Veränderung ihrer Verhaltens- und Beziehungsmuster erst einmal Widerstand entgegensetzen. Ehe der vielzitierte Leidensdruck nicht sehr quälend ist, wird kaum Bereitschaft gezeigt, sich den Problemen zu stellen. Aber selbst wenn diese Motivation gegeben ist, erweisen sich die bestehenden Gefühls- und Verhaltensmuster eines Menschen als sehr stabil.

Die einzelnen Therapieschulen versuchen durch verschiedene Theorien zu erklären, wie psychische Probleme entstehen, und haben die unterschiedlichsten Methoden entwickelt, um Veränderungsprozesse in Gang zu bringen.

Gerade bei Problemen und Störungen von Kindern hat die Erfahrung gezeigt, daß einzeltherapeutische bzw. nur auf das Kind konzentrierte Therapiemaßnahmen zu kurz greifen

Familientherapie

und nicht die gewünschten Erfolge bringen. So begann sich die Idee der Familientherapie zu entwickeln. Der Begriff Familientherapie bezeichnet dabei weder ein einheitliches Theoriengebäude noch ein einheitliches methodisches Vorgehen. Er beinhaltet eine Reihe von theoretischen Konzepten und Therapieschulen, die sich in einigen Aspekten gleichen und die in anderen voneinander abweichen. Die nachfolgende Darstellung stützt sich überwiegend auf Ausführungen von A. VON SCHLIPPE.

● Aus der **Psychoanalyse** ist eine Form von Familientherapie entstanden, die sich die Bearbeitung von bewußten und unbewußten Familienkonflikten zum Ziel gesetzt hat. Da diese Konflikte zum Teil weit in die Vergangenheit der Familie zurückreichen können, wird den Herkunftsfamilien der Ehepartner große Bedeutung geschenkt. Die Konflikte werden unter der sogenannten Mehrgenerationenperspektive gesehen und aufzulösen versucht, indem der Therapeut sein Augenmerk auf nicht bewältigte Trauerarbeit, Familiengeheimnisse oder geheime Aufträge und Delegationen an einzelne Mitglieder in der Generationenfolge richtet.

● Aus der **Systemtheorie und Kommunikationspsychologie** hat sich eine Richtung herauskristallisiert, die als strukturelle Familientherapie bezeichnet wird. Sie konzentriert sich auf die Familie als System und ist überwiegend an der Gegenwart orientiert. Sie fragt danach, wie das System einer Familie funktioniert bzw. warum es nicht funktioniert. Im Zentrum der Analyse stehen die Rollenverteilungen, Machtstrukturen, festgefahrenen Interaktionsmuster und paradoxen Momente in der Familie.

● Aus der **humanistischen Psychologie** (Gesprächstherapie, Gestalttherapie) ist die entwicklungsorientierte Familientherapie hervorgegangen, die geprägt ist von der Akzentuierung des Wachstumspotentials des Individuums und der Familie. Dieses Potential soll aktiviert werden und die Selbstentfaltung der einzelnen Familienmitglieder und die Kreativität und Offenheit der Familie ermöglichen. Verbesserung der

Kommunikationsfähigkeit und Stärkung des Selbstwertgefühls sind die vorrangigen Therapieziele.

Allen familientherapeutischen Richtungen gemeinsam ist der Grundgedanke, daß die Familie als System betrachtet wird, das in seiner Ganzheit eine andere Qualität besitzt als die Summe seiner Teile. Die Familie ist ein dynamisches System, das durch die Entwicklung und Veränderung seiner Mitglieder ständig in Fluß ist und gleichzeitig immer wieder einen Gleichgewichtszustand anstrebt. „Fließgleichgewicht" ist der Begriff, der diese beiden gegenläufigen, aber stets vorhandenen Prinzipien zu beschreiben versucht. Jede Familie funktioniert nach bestimmten, offenen oder geheimen Regeln, und jede Familie muß mit den Wachstumsbedürfnissen der einzelnen Familienmitglieder und dem Wunsch nach Zusammengehörigkeit umgehen.

Familie: ein dynamisches System

Eine Vielzahl von Faktoren macht das System kompliziert und störanfällig. Eine Familie besteht aus Einzelpersonen mit individuellen Persönlichkeiten, die über ihre Gefühlsbeziehungen und Verhaltensweisen miteinander in Verbindung stehen. Innerhalb des Systems existieren Subsysteme (Ehepartner-Subsystem, Geschwister-Subsystem) und Koalitionen (Mutter und Sohn, Vater und Sohn usw.). Jede Familie hat ihre jeweils eigenen Einstellungen, Werthaltungen und Familienideologien (Bei uns geht es immer harmonisch zu! Wir halten zusammen! usw.), und die Familienmitglieder richten darüber hinaus diverse Erwartungen aneinander (die Ehepartner aneinander, die Eltern an die Kinder). Das System unterhält Beziehungen nach außen und ist Einflüssen von außen ausgesetzt: Es steht in Wechselwirkung mit den Herkunftsfamilien der Ehepartner, Verwandten, Freunden, Bekannten, mit der Arbeitswelt und der Gesellschaft im allgemeinen.

Einen besonders nachhaltigen Einfluß auf ein Familiensystem haben die jeweiligen Herkunftsfamilien der Ehepartner. Sie prägen die Persönlichkeit des einzelnen und wirken entsprechend stark in die neue Familie hinein. Die Partner entstammen Familien mit unterschiedlichen Lebensstilen, Wertvorstellungen und Verhaltensmaßstäben und müssen nun diese beiden Systeme in irgendeiner Weise miteinander

vereinbaren. Je mehr sich die Familiennormen und Umgangs-
regeln widersprechen, umso schwerer gelingt eine Integration. Man geht davon aus, daß auch die Wahl des Ehepartners
von den Erfahrungen des einzelnen in seiner Herkunftsfamilie mitbestimmt ist, zum Beispiel von der Ehestruktur der
Eltern, den emotionalen Beziehungen zwischen ihm und den
Eltern, von Trennungs-und Verlusterfahrungen sowie der
Rangreihe in der Geschwisterposition.

Trägt man aus den verschiedenen Therapieschulen die Kriterien für eine gesunde, funktionsfähige Familie zusammen,
ergibt sich in etwa folgendes Bild:

Merkmale der gesunden Familie

Eine **gesunde Familie** ist ein flexibles, offenes System, das
mit den Entwicklungs- und Lebensphasen der Mitglieder angemessen umgehen kann. Sie schafft eine Balance von Nähe
und Distanz, das Gefühl der Zugehörigkeit und die Notwendigkeit persönlicher Freiräume stehen in einem ausgewogenen Verhältnis. Sie bietet Geborgenheit, ohne die
Durchsetzungsfähigkeit und Entwicklung zur Selbständigkeit zu behindern. Die Familienmitglieder haben keine unrea-
listischen, neurotischen Erwartungen aneinander, die Grenzen zwischen den Subsystemen und Generationen sind klar.
Das Eltern-Ehe-Subsystem ist abgegrenzt vom Subsystem
der Kinder, d. h. Eltern sind in der Lage, ihre Bedürfnisse in
der Beziehung zum erwachsenen Partner zu befriedigen.
Ebenso bestehen zwischen der Eltern- und der Großelternge-
neration eindeutige Grenzen. Die Familie kann mit verschiedenen Entwicklungsphasen – Geburt der Kinder, Ablösung
der Kinder vom Elternhaus – kreativ umgehen. Sie ist fähig,
Konflikte, Krisen und Verluste, die in der einen oder anderen
Form in jeder Familie auftreten, zu bewältigen. Sie ist kom-
munikationsfähig innerhalb des Systems und nach außen hin.
Die Kommunikation ist direkt, klar, kongruent, nicht anklagend und abwertend, die Äußerung von Gefühlen, neuen
Ideen, abweichenden Meinungen und Standpunkten ist erlaubt. Die Familienmitglieder haben ein stabiles Selbstwertgefühl und werden in ihrer persönlichen Entwicklung vom Familiensystem unterstützt.

Merkmale der neurotischen Familie

Eine **kranke, neurotische, nicht funktionsfähige Familie** ist dagegen ein starres System, das auf die Forderungen, die durch Entwicklung und Veränderung innerhalb und außerhalb des Systems an es herangetragen werden, nicht in einer konstruktiven Weise reagieren kann. Verhaltensregeln und Wertvorstellungen sind starr, Abweichungen der Mitglieder werden nicht geduldet. Das Gleichgewicht von Nähe und Distanz ist gestört: Entweder überwiegt die Distanz und es herrscht Kälte, Abweisung und Vernachlässigung, oder zu viel Nähe behindert die individuelle Entwicklung des einzelnen. Die Familienmitglieder haben unangemessene Erwartungen aneinander, insbesondere was die Erfüllung ihrer Wünsche im Gefühlsbereich betrifft, die Grenzen zwischen den Subsystemen und Generationen verwischen sich. Eltern machen Kinder zum Partnerersatz, wenn der Ehepartner ihre emotionalen Bedürfnisse nicht befriedigt; Großeltern drängen sich störend in das Familiensystem, wenn den Ehepartnern die Ablösung von ihren eigenen Eltern nicht geglückt ist.

Eine kranke Familie kann mit Veränderungen, wie sie sich durch die Entwicklung und letztendliche Trennung der Kinder ergeben, nicht umgehen. Neues und Ungewohntes machen angst und werden vermieden. Konfliktlösung und Krisenbewältigung scheitern an mangelnder Flexibilität und der Unfähigkeit, mit Gefühlen wie Wut, Trauer und Angst umzugehen.

Die Kommunikation nach außen hin ist gestört, die Familie isoliert sich und verschließt sich Einflüssen von außen. Der Umgang miteinander ist indirekt, unklar, nicht kongruent, anklagend und abwertend und das Selbstwertgefühl der einzelnen Familienmitglieder niedrig. Die Familie ist nicht in der Lage, günstige Bedingungen für die individuelle Entwicklung bereitzustellen, sondern behindert und schädigt die Wachstumsbestrebungen ihrer Mitglieder.

Dennoch zeichnet sich ein solches System durch relativ große Stabilität aus. Die Verhaltensmuster sind festeingefahren, jedes Familienmitglied hat eine bestimmte Funktion im System, das sich auf diese Weise sehr lange in einem Gleichgewicht halten kann, selbst wenn es noch so unbefriedigend ist.

**Verhaltensauf-
fälligkeit als
Ausdruck einer
Störung im
Familiensystem**

Droht dieses leidvolle, aber immerhin vertraute Gleichgewicht verloren zu gehen, reagiert häufig ein Kind mit einem Symptom. Die Verhaltensauffälligkeit des Kindes ist zum einen Ausdruck eines gestörten individuellen Entwicklungsprozesses, insofern als angeborene Temperamentslage, körperliche Krankheiten oder Besonderheiten in der Begabungsstruktur zu Problemen führen können, zum anderen verweist sie, aus der Sicht der Familientherapie, auch auf Störungen und Defizite im Familiensystem. Symptome entstehen nach dieser Denkweise dann, wenn es zu einem Konflikt kommt zwischen dem Bemühen der Familie, an der althergebrachten Struktur festzuhalten, und der Notwendigkeit, sich in Anpassung an eine neue Situation zu verändern. Das bisherige Gleichgewicht funktioniert nicht mehr, dennoch wird daran festzuhalten versucht. Wie der einzelne, so reagiert auch das Familiensystem mit Angst, wenn Veränderungen in seinen Gefühls-und Beziehungsstrukturen drohen.

Die Verhaltensauffälligkeit des Kindes hat für das System zunächst wieder eine stabilisierende Funktion. Die Familie muß sich um das Problem des „kranken" Kindes kümmern und die eigentliche Konfliktlage, zum Beispiel die gestörte eheliche Beziehung der Eltern, kann weiter unberücksichtigt bleiben. Die Familie will Hilfe – wegen des Symptoms –, aber sie will nichts an den zugrundeliegenden krankmachenden Konstellationen ändern, weil sie das als Bedrohung für ihre Stabilität und Überlebensfähigkeit erlebt. In Beratung und Therapie lautet die Botschaft an den Therapeuten meist: Wasch uns den Pelz, aber mach uns nicht naß! Hilf uns wegen des Symptoms, aber zwinge uns nicht zu Veränderungen in unseren Beziehungen – das macht uns angst.

Ein vereinfachtes Beispiel soll die theoretischen Ausführungen in einigen wesentlichen Aspekten konkreter und anschaulicher machen. Stellen wir uns vor, eine Familie muß aufgrund einer beruflichen Veränderung des Vaters umziehen.

Wie geht ein offenes Familiensystem mit der Situation um?

In einer gesunden, funktionsfähigen Familie tragen die beiden Ehepartner die Entscheidung gemeinsam. Sie sprechen offen miteinander über die damit verbundenen Erwartungen und Hoffnungen, aber auch Ängste und Bedenken. Sie sehen die Belastungen, die auf sie zukommen ebenso wie die positiven Aspekte eines Neuanfangs. Sie wägen ab und diskutieren, wie zu befürchtende Nachteile aufgefangen werden können. Sie wissen darum, daß die Veränderung einen Abschied von vertrauten Menschen bedeutet und mit Trauer verbunden sein wird. Die Eltern beziehen die Kinder altersentsprechend in ihre Vorbereitungen ein, unterstützen sie beim Abschiednehmen von den alten Freunden und bei der Eingewöhnung in das neue Umfeld. Auf der Grundlage ihrer Fähigkeit, sich über Probleme und Gefühle austauschen zu können, hat die Familie gute Chancen, die Schwierigkeiten der Umgewöhnungsphase zu bewältigen. Sie pflegte bisher viele soziale Kontakte und wird aufgrund ihrer Aufgeschlossenheit darauf vertrauen können, daß sie sich auch am neuen Wohnort wieder einen Freundes- und Bekanntenkreis schaffen kann. Das jüngste Kind ist zunächst im Kindergarten vielleicht etwas zurückgezogen, es leidet unter dem Verlust der gewohnten Umgebung und seiner Freunde. Die neue Kindergartengruppe verunsichert es etwas, aber nach wenigen Wochen wird diese Phase überwunden sein, zumal die Mutter den Gesprächskontakt und Austausch mit der Erzieherin sucht.

Wie reagiert ein geschlossenes System auf die neuen Umstände?
Mit großer Wahrscheinlichkeit fällt der Ehemann seinen Entschluß alleine, seine Partnerin fügt sich, weil es zu ihrer Rollendefinition von Frau gehört. Über Gefühle wird in der Familie kaum gesprochen, so daß sie, während sie sich nach den Wünschen und Zielen ihres Ehemannes richtet, ihre Gefühle von Ärger und Angst verdrängen muß. Da die Familie ziemlich zurückgezogen lebt und nur Kontakte zu Verwandten unterhält, fällt sie durch einen Umzug in ein soziales Vakuum. Aufgrund der bisherigen Abgrenzung und dem damit verbundenen Mangel an Erfahrungen im Aufbau von Kontakten bleibt die Familie isoliert. Für die Kinder ist es entsprechend schwer, sich in die neue Umgebung einzufinden. Die Familienmitglieder sind ausschließlich aufeinander bezogen, was nicht zuletzt aufgrund der unausgesprochenen negativen Gefühle, die durch den Umzug hervorgerufen werden, eine konfliktträchtige Situation erzeugt. Infolge der innerhalb des Systems geltenden, ungeschriebenen Regel „Wir sind eine harmonische Familie", muß dieses Konfliktpotential verleugnet und unterdrückt werden. In dem Maße, in dem das neue Lebensumfeld nicht als positive Herausforderung, sondern als Bedrohung erlebt wird, rückt die Familie enger zusammen und steigert damit die Spannung zwischen den Mitgliedern, vor allem zwischen den Ehepartnern. Das

jüngere Kind, von der Großmutter als Lieblingsenkel bisher sehr verwöhnt, fällt im Kindergarten durch destruktives und aggressives Verhalten auf. Die Mutter zeigt sich distanziert, bleibt bezüglich ihrer persönlichen Situation wortkarg und zieht eine deutliche Grenze um sich und die Familie. Das Problem im Kindergarten streitet sie entweder ab oder bagatellisiert es oder schiebt die Schuld anderen zu: Zu Hause gibt es überhaupt keine Probleme! Er ist halt ein richtiger Junge! Im alten Kindergarten gab es nie Schwierigkeiten!

Die Familientherapie hat das Denken in den klassischen Kategorien von Ursache und Wirkung aufgegeben. Sie ist der Ansicht, daß familiäre Prozesse und Beziehungsmuster angemessener durch Regelkreise dargestellt werden können. Nicht der dominante Ehemann „verursacht" die Unselbständigkeit seiner Ehefrau, und die passive Ehefrau „verursacht" nicht die Dominanz des Mannes. Die Verhaltensweisen der beiden Ehepartner bedingen einander – die Dominanz fördert die Passivität, die Passivität unterstützt die Dominanz usw. Die Schuld liegt nicht beim einzelnen, sondern der Fehler liegt im System, d.h. in der Wechselwirkung der Verhaltensweisen der beteiligten Personen. Es ist das Zusammenwirken beider Partner, das ein Ehesystem mit dieser spezifischen Rollenverteilung schafft.

Jedes Familienmitglied übernimmt im Familienverband eine ganz bestimmte Rolle und Funktion. Insofern sind auch Kinder nicht nur als passive Elemente des Systems zu sehen. Entsprechend ihrer Persönlichkeit reagieren sie auf annähernd gleiche Konflikte oder Konstellationen unterschiedlich. Dadurch beeinflussen sie wiederum ihre Eltern und provozieren bestimmte Verhaltensweisen. Folglich erhält auch die Frage der Schuld einen anderen Stellenwert.

Veränderungen machen dem gestörten Familiensystem angst

Es liegt auf der Hand, daß das höchst komplizierte familiäre Netz aus Motivationen, Bedürfnissen, Beziehungsmustern und Verhaltensweisen logisch-sachlichen Argumenten oder vernunftgesteuerten Ratschlägen nur bedingt zugänglich ist. Das System wehrt sich gegen Angriffe auf sein Gleichgewicht. Die alte Struktur, und sei sie noch so schwierig und schmerzhaft, ist immerhin etwas Vertrautes und somit Kalkulierbares. Jede Veränderung stellt einen Schritt in Neuland dar, der angst macht und ein Risiko in sich birgt.

Die Erfolge der verschiedenen Therapierichtungen basieren auf umfangreichem Wissen über die komplexen Zusammenhänge in einem Familiensystem, auf zeitaufwendigen Analysen und gut durchdachten Interventionen. Mit den Grenzen des Erreichbaren müssen sich auch Familientherapeuten auseinandersetzen.

Zusammen-
fassung

Was läßt sich aus unseren Überlegungen zur Situation der Eltern und zur Funktionsweise von Familiensystemen für die Zusammenarbeit der Erzieherin mit Eltern ableiten?

Das Engagement für das Kind muß sich mit einem Verständnis für die Eltern verbinden. Das Wissen um menschliche Motivationen und Verhaltensweisen, um die Eingebundenheit der Eltern in soziale und gesellschaftliche Bezüge und um die Verwobenheit der Familienmitglieder in ihrem System bilden die Grundlage für eine realistische Einschätzung der Kooperationsmöglichkeiten mit Eltern.

Die Erzieherin kann die Eltern nicht verändern oder sie zu etwas bewegen, was sie nicht selbst wollen, aber sie kann auf dem Hintergrund einer verständnisvollen Grundhaltung klar sein in ihrem Standpunkt und in ihren Aussagen. Die Erzieherin muß bleiben, was sie ist: eine qualifizierte Pädagogin mit persönlichem Engagement und professioneller Distanz. Aus der emotional gefärbten Anteilnahme am Kind und der Verantwortlichkeit, die aus ihrem berufsbedingten Fachwissen entspringt, kann sie den Eltern Beobachtungen mitteilen, Entwicklungstendenzen verdeutlichen, Gefahren aufzeigen, Hilfsmöglichkeiten anbieten. Sie muß vermeiden, sich sozusagen als die bessere Mutter oder der bessere Vater zu fühlen und den Eltern mit dieser Haltung gegenüberzutreten. Es gilt, die Grenzen der Familie zu sehen und zu akzeptieren und gleichzeitig zu wissen, in welchen Situationen eine gezielte, wohlüberlegte Grenzüberschreitung möglich, unter Umständen sogar unumgänglich notwendig ist (zum Beispiel im Falle von Kindesmißhandlung und sexuellem Mißbrauch). Mit zunehmender Berufserfahrung wird sich die Erzieherin sicherer bewegen auf diesem schwierigen Terrain.

> Im Zweifelsfall sollte sie kollegiale und fachliche Unterstützung durch ihr Team und durch Fortbildungen und Supervision in Anspruch nehmen. Ebenso wichtig ist, daß sie sich immer auch auf die Möglichkeiten besinnt, die sie im Kontext mit dem Kind während der Kindergartenzeit hat. Selbst wenn umfassende Lösungen nicht zu erreichen sind, kann sie an die Ressourcen, an die positiven Entwicklungstendenzen und Wachstumskräfte des Kindes anknüpfen.

3. Problemgespräche mit Eltern

3.1. Äußere Bedingungen

Zeit und Ruhe

Ein gutes Gespräch braucht Zeit und Ruhe. Kommunikation zwischen Tür und Angel ist eine nützliche Sache, wenn es darum geht, Kontakt zu Eltern zu knüpfen und zu pflegen. Sie ist nicht die Methode der Wahl für Problem-und Konfliktlösung. Wird an die Erzieherin beim Bringen oder Abholen des Kindes ein schwerwiegendes Problem herangetragen, sollte sie ihre grundsätzliche Bereitschaft zeigen, auf das Anliegen einzugehen, dann aber einen Gesprächstermin vereinbaren.

Gesprächs-termin vereinbaren

Die Art und Weise dieser Vereinbarung, das sollte der Erzieherin bewußt sein, kann erste Weichen für das nachfolgende Gespräch stellen. Denn bereits in dieser kurzen Sequenz lassen sich zwei wichtige Punkte guter Gesprächsführung verwirklichen: Die Erzieherin kann Einfühlung und Verständnis zeigen und gleichzeitig den eigenen Standpunkt deutlich machen und auf gewissen Notwendigkeiten bestehen.

Die nachfolgenden Beispiele stellen keine verbindlichen Musterlösungen dar, sondern sind Lösungsversuche, die in Fortbildungsgruppen und Supervisionen in Rollenspielen meist in mehreren Schritten von den Teilnehmerinnen entwickelt wurden. Sie wurden für die schriftliche Darstellung lediglich sprachlich etwas „geglättet". Es gibt weder Patentrezepte noch Standardformulierungen. Die Wortwahl soll mit der

Persönlichkeit und der Haltung der Erzieherin in Einklang stehen und auf den jeweiligen Gesprächspartner und die konkrete Situation abgestimmt sein.

Beispiel 1:

Mutter:
„Sagen Sie mal, Frau K., wie läuft es mit Anna eigentlich bei Ihnen in der Gruppe? Zu Hause ist sie seit einigen Wochen unerträglich. Sie attackiert aus heiterem Himmel ihren kleinen Bruder, und mich provoziert sie pausenlos. Ich weiß gar nicht mehr, was ich machen soll."

Die Erzieherin entscheidet sich nicht für aktives Zuhören, weil sie wegen einer für diesen Tag mit den Kindern geplanten größeren thematischen Arbeitseinheit unter Zeitdruck steht. Sie hat die Mutter von Anna bisher als interessierte, etwas ruhige Frau erlebt und hat das Gefühl, daß es ihr sehr wichtig wäre, sich über Veränderungen im Verhalten der Tochter auszutauschen. Sie antwortet der Mutter:

„In der Gruppe gibt es keine größeren Schwierigkeiten mit Anna, aber mir ist aufgefallen, daß sie nicht mehr so ausgeglichen ist wie früher. Ich kann mir schon vorstellen, daß Sie zu Hause Probleme mit ihr haben. Jetzt während der Bringzeit ist es recht unruhig bei uns, und wir haben heute noch viel vor mit den Kindern. Lassen Sie uns einen Termin für ein ausführlicheres Gespräch vereinbaren und gemeinsam überlegen, wie wir Anna helfen könnten. Wie wäre es mit übermorgen?"

Beispiel 2:

Herr M. bringt seinen Sohn Markus in das Gruppenzimmer. Während Markus noch an der Hand des Vaters steht, beginnt sich dieser ziemlich aufgebracht bei der Erzieherin zu beklagen: „Markus hat gestern erzählt, daß er in der Bauecke nicht hat mitspielen dürfen und von einem Jungen geschlagen worden ist. Was war denn da schon wieder los?"

Die Erzieherin ermuntert Markus zum Spielen und geht mit dem Vater ein paar Schritte auf den Flur hinaus. Ihre Antwort bezieht sich nur auf die Inhaltsebene und vernachlässigt die Selbstoffenbarungs- und Beziehungsebene, also den gefühlsmäßigen Teil der Äußerung:

„Nun, das stimmt nicht so ganz. Markus hat dem Jungen etwas zerstört, und dann gab es einen handfesten Streit zwischen den beiden." Der Vater reagiert verärgert:

„Jetzt geben Sie Markus die Schuld! Ich habe ohnehin das Gefühl, daß Sie sich nicht genügend um ihn bemühen und zu wenig auf ihn eingehen."

Die Erzieherin begreift, daß sie von der Inhaltsebene auf die Beziehungsebene wechseln muß. Die Selbstoffenbarung („Ich bin sehr wütend") und die Beziehungsbotschaft („Ich bin unzufrieden mit Ihnen") des Vaters sind nun unüberhörbar geworden. Sie bemüht sich, trotz der Kränkung durch den persönlichen Angriff, nicht in eine Verteidigungshaltung zu geraten. Für sie steht fest, daß sie sich zu diesem Zeitpunkt nicht auf eine Diskussion einlassen möchte.

„Oh, ich glaube, das ist nicht nur der Vorfall von gestern, der Sie verärgert. Es klingt so, als ob Sie schon längere Zeit nicht recht zufrieden wären mit unserer Arbeit. Dann ist es wohl wichtig, daß wir uns mal Zeit nehmen und darüber sprechen, was Sie stört. Hier auf die Schnelle und vor den Kindern ist das nicht günstig. Was halten Sie von nächster Woche, Donnerstag? Vielleicht kann Ihre Frau zu dem Gespräch mitkommen."

Dringlichkeit abschätzen Die Erzieherin muß in solchen Augenblicken abschätzen, wie dringend das Anliegen der Eltern ist. Legt sie einen Termin in den nächsten Tagen fest oder will (und kann) sie sich gleich Zeit nehmen? Wenn eine Mutter oder ein Vater sehr aufgebracht oder aufgeregt sind, kann es, wenn es die personelle Besetzung erlaubt, angezeigt sein, sie sofort zu einem Gespräch ins Büro zu bitten. Auch wenn sie spürt, daß es die Eltern sehr große Überwindung gekostet hat, sie überhaupt anzusprechen, wird sie von einem Aufschub des Gesprächs möglichst absehen. In der Regel aber ist es vertretbar und sinnvoll, das Problem zunächst als solches zu akzeptieren und einen späteren Gesprächstermin festzulegen. Sie wird signalisieren: „Ich höre Ihr Problem, ich akzeptiere Ihre Gefühle, ich nehme Sie ernst. Die Angelegenheit ausführlicher zu bereden ist mir aber im Augenblick nicht möglich." Die Erzieherin hat dann – ebenso wie die Eltern – die nötige Zeit, sich auf das Gespräch vorzubereiten und sich darauf einzustellen.

Erzieherinnen kennen alle die Sogwirkung, die entsteht, wenn Eltern unvermittelt ein Problem ansprechen, und sie spüren die Gefahr, in wenig fruchtbare Gespräche hineingezogen zu werden. Um nicht unhöflich und unkooperativ zu erscheinen, sind sie dennoch oft versucht, sich auf unergiebige Unterhaltungen einzulassen. Sie sollten es sich erlauben, selbstbewußt eine Grenze zu ziehen und die Bedingungen durchzusetzen, die sie im Interesse der Sache für richtig halten. Je überzeugter sie selbst davon sind, daß sie sich dieses Recht herausnehmen dürfen, umso eher wird es der Gesprächspartner akzeptieren. Oft müssen Erzieherinnen aber auch lernen, daß es unter Umständen notwendig ist, ihren Standpunkt ein zweites oder gar drittes Mal zu wiederholen.

Selbstverständliche Voraussetzung für konzentrierte und produktive Gespräche mit Eltern ist, daß dafür ausreichend Platz innerhalb der Dienstzeit der Erzieherin vorgesehen ist. Wenn Elternarbeit die Freizeit einschränkt, wird das der Motivation, sich solchen meist strapaziösen und belastenden Situationen zu stellen, nicht gerade förderlich sein. Einer der anspruchsvollsten und schwierigsten Teilbereiche der Arbeit muß auch fester Bestandteil der Arbeitsplatzbeschreibung sein – mit allen notwendigen praktischen Konsequenzen.

Je nach konkreter Problemstellung ist auch zu überlegen, ob eventuell die Leiterin oder eine Kollegin (Kinderpflegerin) aus der Gruppe mit an dem Gespräch teilnehmen soll.

Nicht jedes „Problem", das sei hier am Rande und zu Zwecken der Abgrenzung erwähnt, muß zu einem Gespräch führen.

Mutter (amüsiert, gelassen):

„Was war denn gestern zwischen Melanie und Angelika los? Sind sie wieder mal aneinander geraten?"

Erzieherin:

„Ja, es gab ein Riesen-Gerangel in der Puppenecke. Melanie ist dann beleidigt abgezogen."

Mutter:

„Sie war zu Hause noch verärgert darüber. Wir kennen das ja. Die beiden haben es schwer miteinander, aber sie können auch nicht voneinander lassen." (Lacht und verabschiedet sich)

Die Erzieherin kann vom Verhalten der Mutter ablesen, daß es sich in diesem Fall um eine Zwischen-Tür-und-Angel-Kommunikation handelt. Solange sich die Auseinandersetzungen der beiden Kinder im normalen Rahmen von Streit und Aussöhnung halten, und die Muter das in eben dieser Weise einordnet, besteht kein Anlaß für ein Gespräch.

Wenn die Erzieherin von sich aus ein Gespräch mit Eltern wünscht, tragen Inhalt und Form ihrer Einladung natürlich genauso entscheidend zur Beziehungsdefinition bei. Klingt sie hier unsicher und zögerlich, schwächt sie von vornherein ihre Position für das anstehende Gespräch. Tritt sie den Eltern zu autoritär und fordernd gegenüber, erzeugt sie Abwehr und Widerstand und schafft damit schlechte Voraussetzungen für die Besprechung ihres Anliegens.

Eine gut formulierte Aufforderung zu einem gemeinsamen Gespräch orientiert sich an folgenden Richtlinien:

**Gesprächsauf-
forderung**

- Eine klare Ich-Botschaft senden über das Anliegen.
- Eine Begründung geben in einer sachlichen, nicht anklagenden, möglichst positiven Formulierung.
- Sich nicht dazu verleiten lassen, das Problem schon bei der Gesprächsvereinbarung anzudiskutieren.
- Höflich, aber bestimmt auf seinem Wunsch bestehen.

Beispiel 3

Die Erzieherin macht sich Sorgen wegen Verhaltensauffälligkeiten bei einem Kind, das täglich mit dem Bus in den Kindergarten gebracht wird. Die Mutter hat sie nur bei der Anmeldung und am ersten Kindergartentag kurz kennengelernt. Da sie keine direkte Möglichkeit hat, mit ihr ins Gespräch zu kommen, muß die Erzieherin telefonisch Verbindung mit ihr aufnehmen.
Erzieherin:
„Ich finde es schade, Frau R., daß wir uns seit dem ersten Kindergartentag nicht mehr gesehen haben. Florian fährt ja mit dem Bus. Während ich andere Mütter beim Bringen und Abholen treffe, haben wir gar keinen Kontakt zueinander."
Mutter, besorgt:
„Gibt es denn Probleme mit Florian? Hat er etwas angestellt?"
Die Erzieherin will sich am Telefon auf keine inhaltliche Diskussion einlassen:
„Nein, nein, hat er nicht. Es ist nur so, daß wir unsere Arbeit mit den einzelnen Kindern immer wieder einmal überdenken und uns fragen,

wie wir sie am besten fördern können. Und da ist es natürlich wichtig, uns mit den Eltern auszutauschen. Was halten Sie davon, uns nächste Woche zu einem Gespräch zu treffen?"
Mutter, widerstrebend:
„Naja, ich habe wenig Zeit, ich arbeite im Betrieb meines Mannes mit. Ist es denn so schlimm mit Florian? Können wir das nicht gleich jetzt telefonisch machen?"
Erzieherin:
„Gerade weil wir uns sonst nie sehen, möchte ich mir mehr Zeit nehmen, und im direkten Kontakt ist es auch viel persönlicher und angenehmer. Versuchen wir doch einen Termin zu finden, der Ihnen paßt."
Die Mutter klingt etwas zugänglicher:
„Nach 16 Uhr ginge es am besten ..."

Beispiel 4

Zwei Mütter haben sich beim Elternbeirat darüber beklagt, daß in den einzelnen Gruppen bezüglich Vorschulerziehung sehr unterschiedlich gearbeitet wird. Der Elternbeirat hat sich an den Träger gewandt, der die Beschwerde an Frau W., die Leiterin des Kindergartens, weitergibt. Frau W. ist nicht sehr glücklich über diese Art der Kommunikation und spricht Frau G., eine der beiden beschwerdeführenden Mütter, gleich am nächsten Tag an.
Leiterin:
„Guten Tag, Frau G., gut, daß ich Sie heute sehe. Herr K., unser Träger, hat mir gestern erzählt, daß Sie und Frau B. mit unserer Vorschulerziehung nicht zufrieden sind. Mir ist es wichtig, daß wir uns einmal in Ruhe darüber unterhalten."
Mutter:
„Ihr Stil und Ihr Vorgehen sind in Ordnung, aber in der Gruppe meiner Tochter, bei Frau N., wird die Schulvorbereitung sehr vernachlässigt. Ich habe mit dem Elternbeirat gesprochen und der ist meiner Meinung!"
Leiterin:
„Wenn Sie an der Arbeit etwas auszusetzen haben, betrifft das mich als Leiterin und vor allem die Erzieherin, die die Gruppe führt. Deshalb möchte ich gerne von Ihnen selbst die einzelnen Kritikpunkte hören – sinnvollerweise zusammen mit meiner Kollegin. Dann können wir uns damit auseinandersetzen und überlegen, ob sich da nicht eine Lösung finden läßt, mit der alle einverstanden sind."
Mutter, ausweichend:

„Ich finde, das ist die Aufgabe des Elternbeirates."
Leiterin, freundlich, aber bestimmt:
„Ich muß jetzt in meine Gruppe, Frau G., aber ich meine, es wäre das beste, uns zu viert zu treffen und das ausführlich zu diskutieren. Wenn Probleme über so viele Ecken verhandelt werden, kommt es nur zu Mißverständnissen und Unstimmigkeiten. Laden Sie Frau L., die Elternbeiratsvorsitzende, zu dem Gespräch ein, wenn Sie möchten. Paßt Ihnen Dienstag, 17 Uhr? Ich sage dann auch meiner Kollegin Bescheid."

Ein gutes Gespräch braucht einen angemessenen Rahmen und sollte unter angenehmen äußeren Bedingungen stattfinden können. Das Büro des Kindergartens bzw. das Zimmer der Leiterin, hoffentlich groß genug für eine Sitzgruppe (egal ob Sessel oder Stuhl), steht in der Regel für solche Zwecke zur Verfügung. Gespräche am Schreibtisch schaffen eine ungleiche und ungünstige Ausgangsposition. Durch die damit verbundene Abgrenzung und Distanzierung werden persönlich-menschlicher Kontakt und die Verwirklichung eines partnerschaftlichen Verhältnisses erschwert. Die in der Gesprächsführung bei Einzelgesprächen klassischerweise empfohlene Über-Eck-Sitzordnung und eine kreisförmige Anordnung bei mehreren Gesprächsteilnehmern hat sich bewährt.

Ein darüber hinaus freundlicher und liebevoll gestalteter Raum trägt zu einer positiven Gesprächsatmosphäre bei.

3.2. Problemanalyse und Zielsetzungen

Vorbereitung von Gesprächsinhalt und -ziel

Je weniger Berufserfahrung die Erzieherin hat und je unsicherer sie sich angesichts von Problem- und Konfliktgesprächen mit Eltern fühlt, umso wichtiger ist eine sorgfältige Vorbereitung. Selbst wer schon viel Erfahrung und Routine hat im Umgang mit Eltern, beschäftigt sich notwendigerweise mit den Inhalten und Zielen eines bevorstehenden Kontaktes.

Zwar läßt sich der Ablauf im Detail nicht planen, da die Reaktionen des Gesprächspartners unvorhersehbar sind, die Erzieherin kann sich allerdings Gedanken machen über Ziele und Teilziele. Wenn sie mit gewissen Vorgaben in das Gespräch geht, fällt es ihr leichter, sich auf den Raum zwischen diesen Orientierungslinien, d.h. auf den freien Fluß der Kommunikation und auf ihr Gegenüber einzulassen. Eine gute Vorstrukturierung gibt Sicherheit und wirkt einer ängstlich-verkrampften Haltung entgegen, die denjenigen befällt, der ohne roten Faden ein schwieriges Gespräch beginnt. Sie schützt vor dem Gefühl von Hilflosigkeit und Lähmung, das Erzieherinnen so formulieren: „Ich habe die Sache nicht mehr in der Hand. Alles entgleitet mir. Ich fühle mich meinem Gesprächspartner ausgeliefert und von ihm überwältigt." Anhand konkreter Einzelfallbeispiele wollen wir demonstrieren, wie ein Gespräch durch eine sorgfältige Problem- und Zielanalyse vorstrukturiert und geplant werden kann. Probleme im zwischenmenschlichen Umgang ähneln sich und haben doch jeweils ihre ganz besonderen Nuancen. Darauf angemessen reagieren zu können, macht eine souveräne Gesprächsführung aus.

Die nachstehenden Analysen sollen der Erzieherin vor allem ins Gedächtnis rufen, daß man mit starren Erklärungsmustern dem einzelnen Menschen und der individuellen Familie nicht gerecht werden kann, und daß Gespräche nicht mit vorgefertigten Kommunikationsschablonen geführt werden können. Die immer neue und offene Auseinandersetzung mit dem jeweiligen Gesprächspartner und den eigenen Gefühlen und Reaktionsweisen ist Grundlage einer erfolgreichen Kommunikation und Problembewältigung.

Die Beispiele, die wir bereits im vorangegangenen Abschnitt über die äußeren Bedingungen inhaltlich kurz angerissen haben und die hier weiter bearbeitet werden, sind nicht als Ideallösungen oder Patentrezepte zu sehen. Sie standen in Fortbildungen und Supervisionsgruppen zur Diskussion und sollen exemplarisch verdeutlichen, daß ein konstruktives und zielorientiertes Gespräch eine kritische Beschäftigung mit der anstehenden Problematik auf der Inhalts- und Beziehungsebene voraussetzt. Für die Analyse der Problem- und Konfliktsituationen greifen wir als Strukturierungshilfe wieder auf das Kommunikationsquadrat zurück.

3.2.1. Eine Mutter braucht Rat

Problem: Ratsuchende Eltern

Zwei Monate nach Kindergartenbeginn im Herbst beklagt sich eine Mutter bei der Erzieherin, daß sich das Verhalten ihrer Tochter Anna in negativer Weise verändert hat und fragt nach entsprechenden Beobachtungen im Kindergarten.

„Sagen sie mal, Frau K., wie läuft es mit Anna eigentlich bei Ihnen in der Gruppe? Zu Hause ist sie seit einigen Wochen unerträglich: Sie attackiert aus heiterem Himmel ihren kleinen Bruder und mich provoziert sie pausenlos. Ich weiß gar nicht, was ich mit ihr machen soll!"

Analyse auf den vier Mittei-lungsebenen

Analysieren wir die Botschaft der Mutter auf den vier Mitteilungsebenen:

● Was teilt sie auf der Inhaltsebene mit?

Sie berichtet von negativen Verhaltensweisen der Tochter, die seit ein paar Wochen auftreten: Streit mit dem Bruder und Provokationen gegen ihre eigene Person. Sie möchte von der Erzieherin wissen, ob es in der Gruppe ähnliche Probleme gibt.

● Was teilt sie auf der Selbstoffenbarungsebene mit?

Sie gesteht ein, Schwierigkeiten zu haben mit ihrem Kind. Je nach Tonfall wird sie Ärger auf Anna oder Hilflosigkeit ausdrücken.

● Was teilt sie auf der Beziehungsebene mit?

Sie signalisiert der Erzieherin, daß sie ihr Vertrauen entgegenbringt, daß sie ihr gegenüber Schwierigkeiten zugeben kann und darf. Sie hält die Erzieherin darüber hinaus für eine kompetente Ratgeberin.

● Was teilt sie auf der Appellebene mit?

Zunächst möchte sie von der Erzieherin eine Rückmeldung über Annas Verhalten im Kindergarten. Hinter diesem explizit formulierten Appell ist zudem die Aufforderung hörbar: „Geben Sie mir einen Rat! Sagen Sie mir, wie ich mit dem Problem umgehen soll!"

Planung des Gesprächs

Als Ordnungsschema für die Planung und Vorbereitung des Gesprächs sind nachstehende Fragen hilfreich:

1. Inhaltsebene

Was will die Erzieherin der Mutter sagen?

● Mitteilungen über Annas Verhalten im Kindergarten

Die Mutter wünscht Informationen: Hat sich Anna in der Gruppe verändert?

Wenn ja, in welcher Weise?

Die Erzieherin trägt ihre Beobachtungen über das Kind zusammen. Anna ist das zweite Jahr in der Gruppe. Wie war sie, als sie in den Kindergarten kam? Wie hat sie sich kognitiv, sozial und emotional entwickelt? Da die Mutter von Schwierigkeiten im Umgang mit dem Bruder berichtet, zieht die Erzieherin vor allem das soziale Verhalten des Mädchens in Betracht. Wie ist ihre Stellung in der Gruppe? Kann sie sich behaupten oder wird sie gemieden oder ausgeschlossen? Gab es in der letzten Zeit in der Gruppe Veränderungen? Besondere Vorkommnisse? Die Mutter klagt über Provokationen. Wie verhält sich Anna gegenüber der Erzieherin und der Kinderpflegerin?

Nach einem Austausch mit der Kinderpflegerin zieht die Erzieherin ihr Resumee:

Sie hat Anna als eher zurückhaltendes, aber ausgeglichen wirkendes Kind kennengelernt, das sozial gut in die Gruppe integriert ist. Am liebsten spielt sie allerdings mit zwei Mädchen, mit denen sie eng befreundet ist. Marco, ein großer kräftiger Junge, macht sich öfters einen Spaß daraus, dieses Dreiergespann zu necken und zu ärgern. Für die Mädchen ist das lästig, aber in ihren Abwehrversuchen sind sie durchaus erfolgreich. Zum Ende des vergangenen Kindergartenjahres hatte die Kinderpflegerin gekündigt. Anna hing sehr an ihr, kommt aber auch mit der Nachfolgerin gut zurecht. Seit September ist sie etwas reizbar, hat eine geringere Frustrationstoleranz und ist sprunghafter in ihrem Spielverhalten. Alarmierend war diese Veränderung im Kindergarten bisher nicht.

● Vermutungen über Annas Verhalten zu Hause

Die Erzieherin hat die Mutter als aufgeschlossene Frau erlebt, die sich manchmal etwas unsicher und zaghaft verhält. Durch das zweite Kind wirkt sie belasteter als früher. Der Vater, der Anna morgens hin und wieder bringt, strahlt Ruhe und Freundlichkeit aus. Das zweite Kind wurde geboren, kurz nachdem Anna in den Kindergarten kam und ist jetzt ein Jahr alt. Die Erzieherin vermutet, daß Annas verändertes Verhalten vor allem damit zusammenhängt, daß der kleine Bruder altersentsprechend aktiver, mobiler und präsenter und damit unbequemer geworden ist für seine Schwester. Vielleicht spielen auch Annas Erfahrungen mit Marco in der Gruppe eine gewisse Rolle. Trotz dieser Hypothesenbildung will sich die Erzieherin aber nicht festlegen und offen bleiben für alle Informationen der Mutter, die eventuell Hinweise geben auf andere Ursachen.

2. Selbstoffenbarungsebene

Was sagt die Erzieherin über sich selbst aus?

Dieser Aspekt ist relativ schwer faßbar und nicht ohne weiteres vorzubereiten. Auf dieser Ebene bringt die Erzieherin zum Ausdruck, daß sie als kompetente und persönlich beteiligte Fachkraft Annas Entwicklung verfolgt und entsprechend detaillierte Beobachtungen liefern kann. Sie vermittelt zudem, daß sie über entwicklungspsychologisches Wissen verfügt und bereit ist, sich zu Annas familiärer Situation Gedanken zu machen, sich zu engagieren und zu einer Lösung der Schwierigkeiten beizutragen.

Darüber hinaus zeigt sie, zum Teil unbewußt, verschiedene Seiten ihrer Persönlichkeit und ihrer momentanen Stimmungslage. Sie gibt Auskunft darüber, wie sie allgemein auf Menschen zugeht – neugierig, offen, Gefühle zeigend oder reserviert, distanziert, fassadenhaft – und wie sie sich in der aktuellen Gesprächssituation fühlt. Freut sie sich über den Austausch mit der Mutter oder ist sie unsicher, genervt oder belästigt angesichts der Bitte um Rat?

Die Erzieherin arbeitet erst seit zwei Jahren und fühlt sich im Kontakt mit Eltern häufig noch etwas unwohl und „zu jung". Sie besinnt sich auf ihre fachliches Wissen und ihre bisherigen positiven Erfahrungen mit Eltern. Die gründliche Beschäftigung mit dem Problem gibt ihr zusätzliche Sicherheit für das Gespräch.

3. Beziehungsebene

Was hält die Erzieherin von der Mutter?
Wie definiert sie ihre Beziehung zu ihr?

● Was hält die Erzieherin von der Mutter?

Hegt die Erzieherin Sympathie oder Antipathie gegen sie? Woran macht sich die Antipathie fest?

Wie erlebt sie die Mutter? Als erzieherisch engagierte Frau, die ihre Kinder sehr ernst nimmt und nichts falsch machen möchte und daher ein Gespräch sucht?

Als fordernde und jammernde Frau, die keine Konsequenzen aus Erkenntnissen zieht?

Als jemanden, der schnell verunsichert ist, sich selbst wenig zutraut und Hilfe braucht?

In unserem Beispiel schätzt die Erzieherin die Mutter als sympathische, reflexionsbereite und bemühte Frau, die in der aktuellen Situation etwas überfordert wirkt und um Unterstützung bittet.

● Wie definiert die Erzieherin die Beziehung?

Die Beziehungsdefinition, mit der die Erzieherin derjenigen der Mutter gegenübertritt, ergibt sich aus ihrer gefühlsmäßigen Reaktion auf diese Frau, aus ihrem Menschenbild und ihrem beruflichen Rollenverständnis. Die Mutter will Information, Rat und Unterstützung von der Erzieherin. Kann und will die Erzieherin das Gewünschte geben? Sieht sie das Beziehungsangebot und den Appell der Mutter

– als Vertrauensbeweis?
– als Ausdruck von Überforderung und Ratlosigkeit?
– als Versuch, sie in Beschlag zu nehmen und Verantwortung abzuschieben?
– als ein Klagen, das sie schon öfters bei der Mutter gehört hat, dem aber kein ernsthafter Wille zum Nachdenken und keine Veränderungsbereitschaft zugrundeliegen?
– als Vorwand für das Sprechenkönnen über ein gravierenderes Problem?

Unterschiedliche Beziehungsdefinitionen

Die beiderseitigen Beziehungsdefinitionen können sich ganz oder nur teilweise entsprechen oder einander zuwiderlaufen.

● Einander widersprechende Beziehungsdefinitionen:

Die Mutter will Rat und Unterstützung – eine besonders unter dem Vertrauensaspekt grundsätzlich positive Beziehungsdefinition. Die Erzieherin jedoch hat die Erfahrung gemacht, daß die Mutter keine Konsequenzen aus Anregungen und Einsichten zieht, und meidet aus diesem Grunde das Gespräch. Sie vereinbart keinen Gesprächstermin, sondern versucht, die Mutter mit einer kurzen Erklärung („Das ist eine Entwicklungsphase, die schnell vorübergeht") abzuwehren.

Beziehungsstruktur:
Mutter: Ich brauche Hilfe!
Erzieherin: Ich will Ihnen nicht (mehr) helfen!

● Übereinstimmende Beziehungsdefinitionen:

Die Erzieherin hat ein offenes Ohr für die Sorgen der Mutter. Sie gibt ihr die gewünschten Informationen und Ratschläge.

Beziehungsstruktur:
Mutter: Ich bin ratlos, Sie sind kompetent!
Erzieherin: Sie sind ratlos, ich bin kompetent!

● Teilweise übereinstimmende Beziehungsdefinitionen:

Die Erzieherin geht verständnisvoll auf die Mutter und ihre Schwierigkeiten ein. Sie ermutigt die Mutter, das Problem zu analysieren und weitgehend selbst nach einer Lösung zu suchen. Sie bringt ihre Beobachtungen und Erfahrungen aus dem Kindergarten ein, gibt, wenn nötig, Anstöße und Anregungen und überlegt, wie sie in ihrem Rahmen Lösungswege der Mutter unterstützen kann.

Beziehungsstruktur:
Mutter: Ich habe ein Problem!
Erzieherin: Sie haben ein Problem. Ich möchte Ihnen helfen, selbst eine Lösung zu finden und, soweit es mir möglich ist, zu deren Realisierung beitragen.

In unserem Fall freut sich die Erzieherin über die positive Beziehungsdefinition der Mutter. Es fällt ihr leicht, ihrer Gesprächspartnerin mit Wertschätzung und Interesse zu begegnen. Sie hat keine negativen Vorerfahrungen mit ihr und sieht eine gute Chance, durch gemeinsame Bemühungen Anna bei der Überwindung der augenblicklichen Schwierigkeiten helfen zu können.

4. Appellebene

Was will die Erzieherin bei der Mutter erreichen?

Je nach Gesprächsstadium und Gesprächsentwicklung sind verschiedene Appelle denkbar, die, wenngleich nicht in diesem Wortlaut formuliert, sinngemäß in ihren Aussagen mitschwingen:

- Lassen Sie uns das Problem in Ruhe und Ausführlichkeit betrachten und nach Ursachen forschen.
- Versuchen Sie, das Problem als schwierige, aber normale Entwicklungsphase zu sehen.
- Vertrauen Sie auf Ihre Fähigkeiten, mit dieser anstrengenden Phase umgehen zu können.
- Achten Sie auf Möglichkeiten, die kritischen Situationen zu entschärfen.
- Überfordern Sie sich nicht und sorgen Sie für Entlastung für sich selbst.

Im Anschluß an die Situations- und Problemanalyse hält die Erzieherin ihre Überlegungen zur Vorstrukturierung des Gesprächs fest:

Ich gebe der Mutter zunächst Gelegenheit, das Problem ausführlich zu schildern. Ich bringe ihr Aufmerksamkeit und Verständnis entgegen (aktives Zuhören), wiegle nicht ab und versuche nicht, sie oberflächlich zu trösten. Ich liefere keine vorschnellen Hypothesen und Ratschläge, nehme ihr Anliegen ernst und unterstütze sie bei der Suche nach Hintergründen und Erklärungsmöglichkeiten. Mit Interpretationen halte ich mich zurück. Zu gegebenem Zeitpunkt berichte ich von meinen Beobachtungen im Kindergarten und begründe, warum es für mich bisher noch keinen Grund zur Besorgnis gab.

Ich warte ab, ob sich durch die Ausführungen der Mutter meine Vermutung bezüglich Geschwisterrivalität bestätigt oder ob sich Anhaltspunkte dafür ergeben, daß andere Ursachen, zum Beispiel familiäre Probleme, für Annas Verhaltensänderung verantwortlich sind. Sollte sich durch das Gespräch meine Hypothese der Geschwisterrivalität erhärten, werde ich, falls die Mutter nicht ohnehin von selbst darauf stößt, diesen Aspekt betonen. Ich begleite sie bei ihren Überlegungen zu einem konstruktiven Umgang mit dem Problem und erläutere ihr, was ich im Kindergarten tun kann, um Anna bei der Bewältigung ihrer Schwierigkeiten zu helfen.

Ich vereinbare mit der Mutter ein weiteres Treffen in einigen Wochen, bei dem wir uns über die zwischenzeitliche Entwicklung austauschen können. Ein Teilziel ist für mich erreicht, wenn die Mutter sich nach der gemeinsamen Problemanalyse ermutigt fühlt, mit den Schwierigkeiten gelassener umzugehen. Sollte sich keine Entspannung einstellen, werde ich die Mutter im nächsten Gespräch auf die Hilfsangebote von Beratungsstellen hinweisen. Falls bei mir die Vermutung entsteht, daß Annas Verhalten nicht nur Ausdruck einer konfliktreichen, aber durchaus normalen Entwicklungsphase, sondern einer schwierigen Familiensituation ist, werde ich diese Möglichkeit unter Umständen schon beim ersten Treffen einbringen – vorausgesetzt, der Kontakt zur Mutter entwickelt sich im Gespräch gut. Immerhin hat sie mit ihrer Botschaft eine gewisse Bereitschaft signalisiert, sich helfen zu lassen.

Die Erzieherin macht sich ausdrücklich noch einmal die Gefahrenpunkte bewußt, auf die es in diesem Gespräch zu achten gilt:

- Keine eigenen Einschätzungen und Interpretationen liefern, ehe die Mutter ausführlich erzählen konnte.
- Reflexionsprozesse der Mutter fördern und nicht durch vorschnelle Ratschläge unterbinden.
- Sich durch die eigene Sichtweise des Problems nicht zu sehr festlegen und offen bleiben für andere Informationen und Hinweise.
- Verhindern, daß die Mutter durch Ratschläge in die Position einer hilflosen und unfähigen Frau gedrängt wird.
- Sich – da um Verständnis und Unterstützung bemüht – zum richtigen Zeitpunkt abgrenzen können, wenn im Gespräch schwerwiegendere Probleme sichtbar werden. Es sollte nicht die Erwartung geweckt werden, daß in diesem

Rahmen persönliche Schwierigkeiten in einem therapeutischen Sinne zu lösen wären.

Das Gespräch zwischen der Erzieherin und der Mutter verläuft sehr zufriedenstellend. Es bestätigt sich, daß Anna eine Phase starker Eifersucht auf ihren Bruder durchlebt. Hinzu kommt, daß der Vater beruflich für ein halbes Jahr die Woche über auswärts tätig und nur am Wochenende zu Hause ist. Die Kinder vermissen ihn ebenso wie seine Frau, die er am Abend durch seine Beschäftigung mit den Kindern bisher spürbar entlastet hatte.

Die Mutter fühlt sich erleichtert, weil die Erzieherin die Schwierigkeiten zum einen als Ausdruck einer normalen Geschwisterrivalität betrachtet, zum anderen als naheliegende Folge der veränderten Familiensituation einordnet. Durch das Gespräch gelangt sie zu dem Ergebnis, daß sie durch einen möglichst ruhigen und gelassenen Umgang mit den Geschwisterkonflikten am ehesten zu deren Überwindung beitragen kann. Sie nimmt sich vor, mehr Aufmerksamkeit auf die positiven Phasen zu lenken, Anna verstärkt Lob und Zuwendung zu gewähren und, soweit sich das arrangieren läßt, öfter mit ihr alleine etwas zu unternehmen. Für die Monate, in denen ihr Mann wenig zu Hause ist, will sie sich mit Freundinnen und Bekannten um eine gegenseitige Kinderbeaufsichtigung kümmern, so daß sie zwischendurch ein bißchen freie Zeit für sich selbst hat.

Die Erzieherin ihrerseits macht in der Gruppe die Ankunft eines Geschwisters und Geschwisterrivalität zum Thema (Bilderbuch, Gesprächskreis). Sie behält die Konflikte zwischen Anna und ihren Freundinnen und Marco im Auge und achtet auf Gelegenheiten, in denen sie Anna Aufmerksamkeit und Anerkennung schenken kann.

Nach einigen Wochen macht die Mutter einen relativ zufriedenen und zuversichtlichen Eindruck. Ein zweites längeres Gespräch hält sie nicht mehr für nötig.

3.2.2. Ein Vater hat eine Beschwerde

Problem: Eltern-beschwerde

Ein Vater nimmt einen konkreten Vorfall, einen Streit zwischen seinem Sohn und einem anderen Jungen zum Anlaß, seine Unzufriedenheit mit der Erzieherin zu äußern. Er hat den Eindruck, das Kind werde nicht angemessen behandelt.

„Markus hat gestern erzählt, daß er in der Bauecke nicht hat mitspielen dürfen und von einem Jungen geschlagen worden ist. Was war denn da schon wieder los? ... Jetzt geben Sie Markus die Schuld! Ich habe ohnehin das Gefühl, daß Sie sich nicht genügend um ihn bemühen und zu wenig auf ihn eingehen."

Betrachten wir seine Mitteilung im Hinblick auf die vier Aspekte von Kommunikation.

Analyse auf den vier Mitteilungsebenen

● Was teilt der Vater auf der Inhaltsebene mit?
Er gibt die Information weiter, die ihm sein Sohn tags zuvor geliefert hat: Markus durfte in der Bauecke nicht mitspielen und wurde von einem Jungen geschlagen. Darüber hinaus ist der Vater der Meinung, mit Markus werde im Kindergarten falsch umgegangen.

● Was teilt er auf der Selbstoffenbarungsebene mit?
Er ist wütend – auf den anderen Jungen und vor allem auf die Erzieherin. Er zeigt sich aber auch besorgt, will seinen Sohn verteidigen und schützen.

● Was teilt er auf der Beziehungsebene mit?
Er stellt die Erzieherin zur Rede – „Was war denn schon wieder los?" – und zieht sie zur Verantwortung: „Warum haben Sie zugelassen, daß Markus ausgeschlossen und geschlagen wurde?" Er definiert die Beziehung nicht durch Wertschätzung und Partnerschaftlichkeit. Vielmehr besteht sein Einstieg in den Versuch einer Konfliktlösung darin, Vorwürfe auszusprechen und die Struktur „Ich bin im Recht, Sie sind im Unrecht" herzustellen.

● Was teilt er auf der Appellebene mit?
Vordergründig will er von der Erzieherin über den Vorfall des vergangenen Tages informiert werden. Im Prinzip aber verlangt er eine Rechtfertigung: „Wie konnten Sie dulden, daß Markus geschlagen und aus der Bauecke vertrieben worden ist?" Dahinter sichtbar werden die übergreifenden Forderungen: „Lassen Sie nicht zu, daß meinem Sohn Unrecht geschieht! Gehen Sie in Zukunft so mit ihm um, wie ich es möchte!"

Wie soll nun die Erzieherin auf den vier Mitteilungsebenen reagieren?

Strukturierung des Gesprächs

Die Strukturierung des Gesprächs ist in diesem Falle nicht nur wegen der aktuellen Konfliktlage schwieriger als bei unserem ersten Beispiel, sondern auch, weil es bereits eine Vorgeschichte gibt:

Markus, knapp fünf Jahre alt, ist das zweite Jahr im Kindergarten, den die Eltern, die außerhalb der Stadt wohnen, deshalb ausgewählt haben, weil er in der Nähe ihrer Arbeitsstellen liegt. Er wurde mit 3 Jahren und 6 Monaten aufgenommen und hatte von Anfang an große Schwierigkeiten. Er wirkte durch die Gruppe überfordert, fügte sich schlecht ein und konnte sich mit nichts beschäftigen. Er hielt sich ausschließlich in der Bauecke auf, wo es wegen seines aggressiven und destruktiven Verhaltens regelmäßig zu Streitigkeiten mit anderen Kindern kam. Die Erzieherin hatte zunächst das Gefühl, Markus sei noch nicht reif für den Kindergarten, ließ sich aber angesichts der Berufstätigkeit der Mutter erweichen, den Jungen zu behalten. Die Großmutter, die Markus bisher betreut hatte, war inzwischen aus gesundheitlichen Gründen nicht mehr in der Lage, sich um den Enkel zu kümmern. Als sich die Situation in der Gruppe nach einem halben Jahr immer noch nicht gebessert hatte, fand erneut ein Gespräch mit den Eltern statt. Diese berichteten, Markus beklage sich zu Hause darüber, daß andere Kinder ihn vom Spiel ausschließen würden. Auf die Rückmeldung der Erzieherin über die Schwierigkeiten des Kindes gingen die Eltern kaum ein, sondern vertraten den Standpunkt, im Laufe der Zeit würde sich bei Markus alles positiv entwickeln. Zu Hause gäbe es schließlich keinerlei Probleme mit ihm. Von einem Kindergarten sei doch wohl zu erwarten, so die unüberhörbare Polemik, daß er die Integration eines Kindes in die Gruppe leisten könne! Es entstand der Eindruck, die Eltern würden bei Klagen von Markus über den Kindergarten Partei für ihn und gegen die Erzieherin ergreifen. Im Gespräch zeigten sie sich unzugänglich, der Vater dominierte sehr stark, seine Frau kam kaum zu Wort.

Die zweite Jahreshälfte blieb unverändert schwierig, die Erzieherin empfand Markus phasenweise als große Belastung für sich und die Gruppe. Kontakt mit den Eltern hatte sie dennoch nicht mehr aufgenommen, vielmehr darauf gehofft, daß es nach den großen Ferien besser laufen würde. Inzwischen war es Februar geworden.

1. Inhaltsebene

Ausgangspunkt des Gesprächs ist eine Beschwerde des Vaters über einen konkreten Vorfall, aber auch über die Situation des Kindes im Kindergarten allgemein. Die Erzieherin ist aufgefordert, Informationen aus ihrer Perspektive zu liefern.

Sie vergegenwärtigt sich nicht nur das aktuell zur Diskussion stehende Ereignis, sondern trägt alle Beobachtungen zusammen, die sie gewonnen hat, seit Markus in der Gruppe ist. Sie sichtet ihre Notizen und bespricht sich mit der Kinderpflegerin. Was fällt bei Markus hinsichtlich seiner intellektuellen, emotionalen und sozialen Entwicklung auf? Wo gibt es Schwierigkeiten? Wie sehen diese ganz konkret aus? Anhand von Beispielen läßt sich vieles leichter und überzeugender erläutern als durch globale Aussagen. Hierfür ist wichtig, daß die Erzieherin gelernt hat, Verhalten in Abhängigkeit von bestimmten Situationsbedingungen zu beobachten.

Um das Gespräch konstruktiv führen zu können, besinnt sie sich auf die Stärken und Fähigkeiten des Kindes und überlegt sich, welche Fortschritte – und mögen sie noch so geringfügig sein – sich abzeichnen. Jede Erzieherin kennt das Phänomen, daß sich bei schwierigen Kindern das Negative und Problematische derart in den Vordergrund drängt, daß es die positiven Aspekte völlig überdeckt. Oft muß sie ganz bewußt einen Schritt zurücktreten, um einen längeren Zeitraum zu überblicken. Wie war das Kind am Anfang, wie verhält es sich jetzt? Wo werden Wachstumstendenzen und positive Ansätze sichtbar?

● Beobachtungen im Kindergarten
Markus ist noch immer auf die Bauecke fixiert. Zu anderen Spielen, zum Basteln und Malen ist er nur mit Mühe anzure-

gen und fällt dann durch seine Ungeschicklichkeit und Langsamkeit auf. Auch beim Turnen wirkt er unbeholfen und unsicher. Im Stuhlkreis zeigt er sich desinteressiert und stört. Sein aggressives Verhalten ist für die Gruppe belastend, fast täglich attackiert er ohne ersichtlichen Grund andere Kinder. Er hat keinen Freund, sucht bestenfalls die Nähe von Jüngeren. Auf Frustrationen, Verbote und Einschränkungen reagiert er mit heftigen Wutausbrüchen.

Indem die Erzieherin ihre Beobachtungen sammelt, wird ihr manches deutlicher als bisher. Markus vermittelt den Eindruck eines stark verunsicherten Kindes, das seine mangelnden Fähigkeiten im kognitiven, motorischen und sozialen Bereich durch ein betont forsches, zum Teil überdrehtes, clownhaftes Verhalten zu kompensieren versucht. Er will im Mittelpunkt stehen, ständig der erste sein und zeichnet sich durch eine äußerst geringe Frustrationstoleranz aus. Seine Stärken liegen im Umgang mit Konstruktionsmaterial und seinem technischen Wissen. Der Erzieherin und Kinderpflegerin gegenüber ist er oft sehr hilfsbereit. Markus ist Außenseiter und Sündenbock, dennoch gibt es Kinder in der insgesamt gut zu führenden Gruppe, die immer wieder auf ihn zuzugehen bereit sind.

● Vermutungen über Hintergründe
Über die Familie weiß die Erzieherin wenig, nicht zuletzt deshalb, weil diese ca. zehn Kilometer vom Kindergarten entfernt wohnt. Markus ist ein Einzelkind, das vor dem Kindergarten halbtageweise von der Großmutter betreut worden ist. In den beiden Gesprächen im Vorjahr hielten die Eltern Distanz. Das Ehepaar präsentierte sich als ungleich: Der Vater wortreich, wortgewandt und dominant, die Mutter unsicher, überwiegend schweigend oder ihren Mann bestätigend. Die Erzieherin wünscht sich Informationen über das Verhalten von Markus zu Hause, seine Spielmöglichkeiten mit andern Kindern, über die Erziehungsstile der Hauptbezugspersonen. Sie vermutet, daß der Junge nur selten Kontakt hat zu Kindern, daß der Vater, ein Ingenieur, ihn intellektuell einseitig stark fordert und überfordert (technisches Wissen), die

Mutter weich und nachgiebig ist und beide ihn als Einzelkind verwöhnen und in den Mittelpunkt stellen.

2. Selbstoffenbarungsebene

Wir wissen inzwischen, daß dieser Aspekt am wenigsten leicht vorzubereiten ist. Was die Erzieherin von sich zeigt, wie offen, überzeugend und stimmig sie dem Vater gegenübertreten kann, hängt von ihrer Persönlichkeit, ihrem beruflichen Selbstverständnis und ihren Einstellungen und Gefühlen gegenüber dem Elternpaar ab. Um zu vermeiden, daß die mit diesem Problemfall verknüpften Emotionen in einer ihr nicht bewußten und unkontrollierbaren Weise ihren Ausdruck finden, sollte sie sich folgende Fragen stellen:

● Was bedeutet für mich eine Konfliktsituation?
Was geschieht bei mir, wenn ich kritisiert und angegriffen werde? Fühle ich mich verärgert, wütend, verletzt, ängstlich, verunsichert, schuldbewußt? Trifft es mich in meinem Selbstwertgefühl? Kränkt es mich in meinem Stolz? Sehe ich mich in meinen beruflichen Fähigkeiten in Frage gestellt?

● Wie erlebe ich die konkrete Situation?
Habe ich Angst vor der Konfrontation mit dem Vater? Angst, ihm und seiner Redegewandtheit nicht gewachsen zu sein? Fühle ich mich eingeschüchtert und unterlegen? Oder reizt er mich zum Kampf? Bin ich froh, daß es endlich zu dieser Szene und damit zu einem Gespräch kommt, das seit geraumer Zeit ansteht?

Die Erzieherin, seit vielen Jahren in ihrem Beruf tätig, charakterisiert sich selbst als sehr nachgiebig und harmoniebedürftig. Aus Angst vor Konflikten schluckt sie lieber, als daß sie die Auseinandersetzung suchen würde. Sie ist jetzt allerdings ziemlich verärgert, weil sie so lange klein beigegeben, passiv auf Veränderung gehofft und die Schwierigkeiten in der Gruppe so lange ertragen hat. Bezüglich der Behandlung von Markus hat sie sich, davon ist sie überzeugt, nichts vorzuwerfen. Obwohl er sie oft hilflos macht, kann sie den Jungen gut leiden. Nicht zuletzt aufgrund eines ihrer Antipathie gegen den Vater entspringenden Mitgefühls – „Der Junge hat es schwer genug mit so einem Vater" – hat sie sich besonders um ihn bemüht.

3. Beziehungsebene

● Was hält die Erzieherin von den Eltern?
Die Erzieherin gesteht sich ein, dem Vater gegenüber Antipathie zu empfinden. Sein arrogantes und selbstherrliches Verhalten hat sie bisher gegen ihn eingenommen. Sie erlebt den Mann als sehr von sich überzeugt und nicht bereit, den anderen mit seiner Meinung zu hören. Sie glaubt, daß er zwar besorgt ist um seinen Sohn, erzieherisch aber gravierende Fehler macht. Vermutlich ist er einseitig leistungsorientiert und fordernd, bezüglich Verhalten und Selbständigkeit zu nachgiebig und verwöhnend.

Die Mutter sieht sie als schwache Persönlichkeit, die ihr einerseits leid tut, die sie aber auch ein wenig verachtet, weil sie sich ihrem Mann völlig unterzuordnen scheint.

● Wie definiert sie die Beziehung?
Der Vater hat die Beziehung ungleichgewichtig definiert. Er signalisiert: „Ich halte Sie für inkompetent. Ich nehme mir heraus, Ihnen Vorwürfe zu machen und Ihnen Schuld zuzuweisen."

Die Erzieherin sieht sich einem Angriff ausgesetzt. Mit welcher Beziehungsdefinition will sie reagieren? Der bisherige Verlauf der Zusammenarbeit hat Spuren hinterlassen. Seit über einem Jahr gibt es erhebliche Schwierigkeiten mit dem Kind, und ihre wenigen Versuche, mit den Eltern in ein konstruktives Gespräch zu kommen, sind kläglich gescheitert. Sie hat schließlich mehr oder weniger resigniert, sich aber, insbesondere an Tagen, an denen es mit Markus in der Gruppe schlecht lief, sehr frustriert gefühlt. Dem ausweichenden und unkooperativen Verhalten der Eltern ist sie zu lange mit Einlenken, Abwarten und einer vagen Hoffnung begegnet. Indem sie sich gegen die Situationsbeschreibung des Vaters – mit Markus ist alles in Ordnung, Sie sind als Erzieherin unfähig – nicht nachdrücklich gewehrt hat, ist sie in die Position der Unterlegenen geraten. Wie kann sie nun mit der aktuellen Beschuldigung des Vaters so umgehen, daß sich wenigstens jetzt neue Weichen stellen lassen?

Theoretisch sind wieder mehrere Kombinationen der beiderseitigen Beziehungsdefinitionen denkbar.

● Einander widersprechende Beziehungsdefinitionen:

Der Vater äußert Unzufriedenheit. Er erwartet, daß er Recht bekommt und die Erzieherin sich auf seine Vorstellungen und Wünsche einläßt. Sie ist es, aus seiner Sicht, die etwas verändern soll. Die Erzieherin aber verwahrt sich gegen seine Beziehungsdefinition, läßt ihrem lange aufgestauten Ärger freien Lauf und antwortet auf die Beschuldigung mit einem Gegenangriff.

Beziehungsstruktur:
Vater: Sie können mit meinem Kind nicht umgehen!
Erzieherin: Markus ist verhaltensgestört, weil Sie Fehler in seiner Erziehung machen!

● Übereinstimmende Beziehungsdefinitionen:

Die Erzieherin läßt sich einschüchtern, gibt klein bei und schafft es nicht, sich mit ihrem Standpunkt gegen den Vater zu behaupten.

Beziehungsstruktur:
Vater: Sie behandeln mein Kind falsch!
Erzieherin: Vielleicht bin ich wirklich zu wenig auf ihn eingegangen. Sagen Sie mir, wie ich mit ihm umgehen soll. Ich werde mich in Zukunft noch mehr bemühen.

● Modifizierte Beziehungsdefinition:

Die Erzieherin akzeptiert den Angriff zunächst und ist bereit, auf den Ärger des Vaters einzugehen. Sie ist aber nicht gewillt, die Abwertung ihrer Person hinzunehmen, die in seiner Beziehungsdefinition zum Ausdruck kommt. Sie möchte in einer ihm gleichrangigen Position den Konflikt in einer konstruktiven Weise lösen.

Beziehungsstruktur:
Vater: Sie gehen mit meinem Kind nicht richtig um!

Erzieherin: Ich höre, daß Sie verärgert sind. Ich will mich mit Ihrer Unzufriedenheit auseinandersetzen. Aber ich möchte ernst genommen und als menschlich gleichwertig und beruflich kompetent betrachtet werden. Ich möchte den Konflikt mit Ihnen in einer vernünftigen, sachlichen und partnerschaftlichen Weise zum Wohle von Markus lösen. Dazu ist es notwendig, daß Sie auch meine Beobachtungen und Einschätzungen anhören und überdenken.

Bei der Bewältigung von Konfliktsituationen spielen Lerngeschichte und Wesensart eine große Rolle. Eine zurückhaltende, introvertierte Erzieherin hat es mit einem dominanten Gesprächspartner zwangsläufig (noch) schwerer als eine lebhafte und durchsetzungsfähige Persönlichkeit, und wer auf mehr Lebens- und Berufserfahrung zurückgreifen kann, wird mit Beschwerden und Kritik potentiell souveräner umgehen können als eine junge Berufsanfängerin.

Die Erzieherin in unserem Beispiel ist entschlossen, sich gegen die Beziehungsdefinition zwar spät, nun aber mit Nachdruck zur Wehr zu setzen. Da sie ihre Chancen, sich gegen den Vater zu behaupten, als recht schlecht beurteilt und der Vater mehrmals den Erziehungsstil des Kindergartens insgesamt als zu streng und einengend kritisiert hatte, erwägt sie, beim Gespräch die Leiterin hinzuzuziehen.

4. Appellebene

Was möchte die Erzieherin bei den Eltern erreichen?
- Nehmen Sie zur Kenntnis, daß wir Markus helfen wollen und versuchen Sie, unsere Bemühungen zu unterstützen und mit uns zusammenzuarbeiten.
- Nehmen Sie zur Kenntnis, daß Markus in einigen Bereichen Schwierigkeiten hat.
- Geben Sie mir Informationen über das Verhalten von Markus zu Hause und über Ihr Erziehungsverhalten.
- Tragen Sie Konflikte mit mir aus und beziehen Sie nicht vor dem Kind gegen mich Stellung.
- Überfordern Sie Ihr Kind nicht im intellektuellen Bereich, fördern Sie Kontakte zu anderen Kindern und verwöhnen Sie es nicht.

● Ihre Strategie für das Gespräch:
Ich lasse dem Vater zunächst genügend Raum, seine Unzufriedenheit zu äußern (aktives Zuhören), gehe nicht zu früh in eine Verteidigungsposition und arbeite nicht mit Gegenangriffen. Durch meine detailliert und interpretationsfrei geschilderten Beobachtungen will ich die Eltern dann aber darauf aufmerksam machen, daß sich Markus aufgrund von Verhaltensdefiziten unwohl fühlt und sie anregen, über mögliche Ursachen nachzudenken. Schuldzuweisungen versuche ich zu vermeiden, im Vordergrund steht meine Sorge um das Kind (Ich-Botschaften). An geeigneter Stelle erläutere ich das pädagogische Konzept des Kindergartens und bringe meine Fachkompetenz zum Ausdruck. Ich wappne mich gegen den Anspruch, das Problem durch ein einziges Gespräch lösen zu wollen. Als ein Teilziel sehe ich es an, dem Vater Gelegenheit zu geben, seinen Unmut auszudrücken, mich um ein Verständnis seiner Sichtweise zu bemühen und ihm zu zeigen, daß es nicht um Angriff und Beschuldigung, sondern um Kooperation gehen sollte. Es wäre schon einiges erreicht, wenn ich ihn sensibilisieren könnte für die Gedanken der Vorschulpädagogik in ihrer Vielseitigkeit und Vielschichtigkeit, und wenn er anerkennen könnte, daß die Kinderpflegerin und ich ein echtes Interesse an der Lösung der Schwierigkeiten haben und alles tun wollen, um das Kind in seiner Entwicklung zu fördern. Es sollte dem Vater allerdings auch klar werden, daß der Kindergarten alleine das Problem nicht lösen kann. Informationen über das Verhalten von Markus zu Hause sind wünschenswert, aber sicher nur mit Vorsicht und Fingerspitzengefühl zu erhalten. Vielleicht gelingt es mir, die Mutter verstärkt in das Gespräch einzubeziehen, indem ich sie direkt anspreche.

● Mögliche Gefahrenpunkte im Gespräch:
- in die Verteidigungsposition geraten
- mit Gegenangriffen reagieren
- sich vom Vater einschüchtern und überrollen lassen
- seinen Standpunkt nicht mit genügend Selbstbewußtsein und Nachdruck darlegen.

Durch die sorgfältige Vorbereitung, die in einer Supervisionsgruppe begleitet und unterstützt wird, verläuft das Gespräch insofern positiv, als eine weitere Verhärtung der Fronten vermieden werden kann. Der Vater erlebt, daß sich der Kindergarten bezüglich seines Sohnes Gedanken macht und bestrebt ist, ihn bei der Integration in die Gruppe zu unterstützen. Trotzdem beharrt er darauf, daß Markus nicht „richtig" gefördert werde. Wenn es tatsächlich Defizite, die er selbst nirgends entdecken könne, gäbe, müßte sie der Kindergarten beheben; auf einen Anteil ihres erzieherischen Verhaltens an den Schwierigkeiten lassen sich die Eltern nicht ein.

Es wird ein weiteres Gespräch nach ca. vier Wochen vereinbart. In der Zwischenzeit konfrontiert der Vater, erneut im Beisein des Jungen, die Erzieherin wiederholt mit Beschwerden zu konkreten Konflikten zwischen Markus und anderen Kindern.

Beim zweiten Gespräch hat die Erzieherin den Eindruck, auf der Stelle zu treten. Der Vater ist zwar emotional ruhiger, behauptet aber nach wie vor, daß es mit seinem Sohn keine Probleme gäbe und nur sie nicht mit ihm zurechtkäme. Sie schlägt dem Vater vor, eine psychologische Beratungsstelle einzuschalten und begründet es vorrangig damit, daß sie und ihre Kollegin mit ihrem Latein am Ende wären und für eine verantwortliche und erfolgversprechende pädagogische Betreuung von Markus Rat und Hilfe bräuchten. Eher widerstrebend willigen die Eltern ein, nicht zuletzt in der Hoffnung, von der Beratungsstelle die Bestätigung zu erhalten, daß das Kind ganz in Ordnung und nur die Erzieherin unfähig sei.

Die Zusammenarbeit zwischen Eltern, Kindergarten und Erziehungsberatungsstelle trägt zu einer gewissen Entspannung der Situation bei. Trotz der Skepsis der Eltern nimmt Markus an einer Spieltherapie teil, mit Vater und Mutter werden regelmäßig Gespräche vereinbart. Die Erzieherin arbeitet in der Supervisionsgruppe (Supervisorin und Beratungsstelle sind voneinander unabhängig) an ihrer Neigung, Konflikte zu vermeiden und erkennt, daß auch sie im Umgang mit Markus oft zu unsicher und unklar war. Sie setzt sich darüber hinaus mit ihren Gefühlen gegenüber dem Vater auseinander und bemüht sich, seine Sichtweise als das Ergebnis lebensgeschichtlicher Erfahrungen zwar nicht gutzuheißen, aber zu verstehen und zu akzeptieren. Da die Eltern zu wenig Bereitschaft zu einer offenen Auseinandersetzung mit ihrem Erziehungsverhalten zeigen und Therapie und Beratung vorzeitig beenden, kann nicht so viel erreicht werden, wie es für die Entwicklung des Jungen erstrebenswert gewesen wäre. Letztlich hatten sie sich nur mit einer Beratung einverstanden erklärt, weil es „der Kindergarten wollte". Es war für sie ein Zugeständnis „um des lieben Friedens willen", bzw. weil der Druck der Ereignisse zu groß geworden war.

Das Verhalten von Markus in der Gruppe und seine Konzentrationsfähigkeit beim Spielen beginnen sich etwas zu verbessern, dennoch sieht die Erzieherin immer noch erhebliche Unsicherheiten und Defizite. Zu Beginn des neuen Kindergartenjahres wird Markus abgemeldet. Der Vater zieht damit die Konsequenz aus seiner wiederholt geäußerten Unzufriedenheit mit der Erzieherin und dem pädagogischen Konzept des Kindergartens.

Das Beispiel zeigt, daß nicht in jedem Fall eine optimale Lösung zu erreichen ist. Immerhin konnten durch mehr Bestimmtheit und Klarheit von seiten der Erzieherin auch die Eltern eine eindeutigere Position beziehen, nachdem deutlich wurde, daß die gegensätzlichen Vorstellungen und Erwartungen nicht vereinbar waren.

3.2.3. Die Erzieherin macht sich Sorgen um ein verhaltensauffälliges Kind

**Problem-
gespräch:
Verhaltensauf-
fälligkeiten**

Verhaltensauffälligkeiten und Entwicklungsrückstände sind ein häufiges Problem im Kindergarten und stehen entsprechend oft im Mittelpunkt von Fortbildungsseminaren und Supervisionen. Die Erzieherin beobachtet, daß ein Kind nicht zurechtkommt in der Gruppe oder ihm manche Fertigkeiten noch fehlen. Sie möchte Hintergründe und Hilfs- und Veränderungsmöglichkeiten erkunden und sucht den Kontakt zu Eltern. Für die Planung und Strukturierung solcher

Gespräch als Ich-Botschaft konzipieren

Begegnungen und die emotionale Einstimmung darauf sollte sie sich vergegenwärtigen, daß unter kommunikationspsychologischem Aspekt **sie** ein Problem hat und das Gespräch als Ich-Botschaft zu konzipieren ist.

Aufgrund der Parteilichkeit für das Kind neigt die Erzieherin zu Schuldzuweisungen an die Eltern. Den Tenor solcher Gespräche, den mehr oder minder laut mitschwingenden Unterton machen denn auch meist Du-Botschaften aus: Ihr Kind ist verhaltensauffällig, weil Sie .../weil Sie nicht ...! Der elterliche Anteil an den Verhaltensauffälligkeiten des Kindes, der so offensichtlich zu sein scheint, muß jedoch differenziert betrachtet werden.

Keine pauschalen Schuldzuweisungen an Eltern

In der Entwicklungsgeschichte solcher Kinder tauchen zum Beispiel häufig Geburtstraumata, schwere Krankheiten oder Schicksalsschläge in der Familie (Krankheit, Tod) auf. Die Tatsache, daß Mütter und Väter durch ihr Verhalten die Persönlichkeitsentwicklung des Kindes in entscheidender Weise prägen, darf nicht dazu verleiten, das Problem der Verhaltensstörungen auf eine simple Frage elterlicher Schuld zu reduzieren. Auch das Kind beeinflußt durch seine Wesensart und Eigenheiten die Gefühle und das Verhalten der Erwachsenen. Eltern, die ein krankes und ein gesundes, ein lebhaftes und ein ruhiges oder ein robustes und ein sensibles Kind haben, wissen von diesen Wechselwirkungen zu berichten. Werden Eltern nur als Täter und nicht auch als Opfer ihrer eigenen Lerngeschichte und Lebenssituation und als Beteiligte an Interaktionsprozessen gesehen, bei denen jeder jeden beeinflußt, und mangelt es an wohlwollendem Verständnis für ihre Nöte, kann eine sinnvolle Zusammenarbeit nicht gelingen (vgl. Kap. 2.3.).

Was möchte die Erzieherin im Falle einer Verhaltensauffälligkeit durch ein Gespräch den Eltern vermitteln?

1. Inhaltsebene

Beobachtungen über das Kind sammeln

Die Erzieherin bereitet sich sorgfältig und umfassend auf das Gespräch vor, zieht Beobachtungen und Notizen über Verhaltensweisen, Entwicklungsdefizite und -fortschritte des

Kindes heran und rekapituliert vorhandene Daten und Fakten über das familiäre Umfeld. Sie ist informiert über institutionelle Hilfsangebote vor Ort, so daß sie, wenn es der Gesprächsverlauf erforderlich machen sollte, darauf zurückgreifen kann.

2. Selbstoffenbarungsebene

Sie weiß, daß in jedem Gespräch ihre Persönlichkeit und ihre Gefühle, die in Zusammenhang mit dem konkreten Fall stehen, eine entscheidende Rolle spielen und das Gespräch beeinflussen.

3. Beziehungsebene

Die Erzieherin prüft ihre emotionale Einstellung zum Gesprächspartner und ihre Definition der Beziehung zu ihm. In Kontakten, in denen sie Eltern auf Verhaltensauffälligkeiten oder Entwicklungsrückstände hinweisen möchte, sollte diesem Aspekt viel Aufmerksamkeit geschenkt werden. Sie begibt sich hier insofern auf eine Gratwanderung, als ihrer beruflichen und begrenzten Verantwortung für das Kind die persönliche und umfassende Verantwortung der Eltern gegenübersteht. Die Erzieherin sieht sich als Fachkraft, die durch ihre Ausbildung den Eltern in pädagogischen und entwicklungspsychologischen Fragen in der Regel (oft konfliktträchtige Ausnahme: Eltern sind selbst pädagogische/psychologische Fachleute!) Wissen voraus hat, die sich aber auch bewußt ist, daß sie in diesem Bereich auf hochsensible Grenzen der Privatsphäre und Eigenverantwortlichkeit trifft (vgl. Kap. 2.3.).

Ungleichgewicht in der Beziehungsebene

Die Interaktion zwischen Erzieherin und Eltern beinhaltet also sowohl bezüglich Fachlichkeit als auch Verantwortlichkeit in jeweils unterschiedlicher Richtung ein gewisses Ungleichgewicht. Auf einen Nenner gebracht könnte die Beziehungsdefinition aus der Sicht der Erzieherin so lauten:

– Ich habe durch meine pädagogischen und entwicklungspsychologischen Kenntnisse und Erfahrungen in mancher Hinsicht einen Wissensvorsprung.

– Durch meinen beruflichen Auftrag bin ich innerhalb eines bestimmten Rahmens verantwortlich für eine möglichst positive Entwicklung des Kindes. Sie als Eltern tragen aber die letztendliche Verantwortung für sein Wohl.

– Ich möchte auf der Basis einer partnerschaftlichen Begegnung meine Fachkompetenz einbringen und mit Ihnen gemeinsam über Schwierigkeiten und Probleme nachdenken.

– Aufgrund meines Fachwissens kann ich Ihnen Beobachtungen, Rückmeldungen und Anregungen geben und auf Hilfsangebote hinweisen – ob Sie dies annehmen, ist Ihre Entscheidung.

4. Appellebene

Bei Problemanalysen in Fortbildungsgruppen erleben Erzieherinnen oft, daß sie sich zu wenig darüber im klaren sind, was sie eigentlich durch das Gespräch mit den Eltern erreichen wollen. Im Vordergrund steht der überwiegend sehr emotional geprägte Wunsch, dem Kind schnell und umfassend zu helfen. Bei Eltern Verhaltensänderungen zu erreichen oder sie für den Besuch einer Beratungsstelle zu gewinnen, ist gerade für einen ersten Kontakt meist ein zu hoch gestecktes Ziel. Bei der Frage „Was will ich durch das Gespräch bewirken?" sollte zunächst in kleineren Schritten gedacht werden. Eltern für die Problemlage zu sensibilisieren, ihre Wahrnehmung für die Schwierigkeiten des Kindes ebenso wie für seine positiven Seiten zu schärfen, die Einsicht in Zusammenhänge zwischen kindlichem Verhalten und Entwicklungsgeschichte, Lebensumständen und Erwachsenenverhalten vorsichtig anzubahnen – all das sind Prozesse, die Zeit brauchen und nur allmählich zu einer Einstellungs- und Verhaltensänderung führen. Auf der Appellebene wird die Erzieherin in etwa diese Botschaften übermitteln:

Kleine Ziele setzen

– Erzählen Sie aus Ihrer Sicht über Entwicklungsgeschichte und Verhalten des Kindes – das hilft mir, das Kind besser zu verstehen und die Situation angemessener zu beurteilen.

– Nehmen Sie meine Rückmeldungen und Beobachtungen zur Kenntnis – hoffentlich ohne sich dadurch angegriffen zu fühlen.

– Lassen Sie uns gemeinsam überlegen, welche Hilfe und

Unterstützung das Kind braucht, was Sie tun können und was ich beitragen kann.

Fassen wir diese Vorüberlegungen zusammen, ergibt sich für das Gespräch als Grobstruktur folgende Ich-Botschaft:
„Ich mache mir Sorgen um Ihr Kind. Mir gefällt an ihm, daß ..., aber ich sehe auch, daß ihm ... noch schwerfällt. Ich fürchte, daß es dadurch ... und ich möchte mit Ihnen darüber sprechen, wie wir ihm gemeinsam helfen können. Für mich ist es auch wichtig zu erfahren, wie Sie Ihr Kind erleben."

In der Interaktion selbst werden natürlich Ich-Botschaften im Sinne einzelner Aussagen und aktives Zuhören einander abwechseln.

**Gefahren-
punkte**

Als Gefahrenpunkte bei Gesprächen über Verhaltensauffälligkeiten gelten:

- die Eltern mit ausschließlich negativen Rückmeldungen überrollen;
- ihnen Vorwürfe machen und ihnen signalisieren, daß man sie für schlechte Eltern hält;
- sie unter Druck setzen und ihnen Veränderungen abverlangen, die sie nicht leisten können.

**Verständliche,
nicht verletzen-
de Aussagen
an die Eltern**

Wichtig sind inhaltlich durchdachte, abgewogene und verständliche Aussagen in einer für die Eltern nicht verletzenden und beschuldigenden Formulierung. Von einem einzigen Gespräch sollte sich die Erzieherin noch keine sofortige, durchschlagende Lösung erwarten. Oft ist erst der Aufbau eines tragfähigen Kontaktes notwendig. Voraussetzung dafür ist Verständnis für den Lebenshintergrund und das Weltbild der Eltern. Probleme im menschlichen Bereich zu lösen

**Den Eltern
Anstöße geben**

braucht viel Zeit, Geduld und spezielle Kenntnisse. Die Erzieherin kann versuchen, Anstöße zu geben für solche Entwicklungsprozesse. Sie kann auf Schwierigkeiten des Kindes aufmerksam machen, sachlich auf zu erwartende Konsequenzen hinweisen (was nicht gleichbedeutend ist mit Drohungen!) und Lösungsansätze mit den Eltern erarbeiten. Realistischerweise wird sie sich darauf einstellen, daß sie sich ihrem Ziel nur über mehrere Gespräche annähern kann. Eltern, die sich angegriffen oder mißverstanden fühlen, werden sich dem Anliegen der Erzieherin und weiterer Treffen verschließen.

Je mehr Erfahrung die Erzieherin in der Zusammenarbeit mit Müttern und Vätern hat, umso flexibler kann sie sich in ihrem Kommunikationsverhalten auf die Erfordernisse des jeweiligen Problems und die Persönlichkeit der Eltern einstellen. Sie spürt, wann sie dem Gesprächspartner besonders verständnisvoll und entlastend begegnen und wann sie mit ihren Appellen eindringlicher werden muß. Als Grundregel gilt, daß sie in letzterem Fall die Intensität ihrer Ich-Botschaften steigern, nicht aber auf Du-Botschaften zurückgreifen sollte.

Rücksprache im Team

Idealerweise arbeitet die Erzieherin in einem Team, in dem sie Schwierigkeiten mit einem Kind in die regelmäßig stattfindenden Besprechungen einbringen kann. Durch Fragen, Anregungen und Bedenken der Kolleginnen wird sie eventuelle Fehler und Lücken in ihrer Gesprächsplanung entdecken und falsche Erwartungen korrigieren können. Sie gewinnt konkretere Vorstellungen über ihre Zielsetzungen und mehr Sicherheit für die Gesprächsführung. Ein offenes und kooperationsfähiges Team, das sich Zeit nimmt für solche Diskussionen, ist hier eine wertvolle Hilfe. Fehlt diese Unterstützung oder erweist sich der Fall als besonders schwierig, kann Supervision durch Psychologen oder Sozialpädagogen in Anspruch genommen werden.

Pädagogische Möglichkeiten im Kindergarten ausschöpfen

Für den Umgang mit verhaltensauffälligen Kindern gibt es sozusagen zwei Schienen. Zum einen versucht die Erzieherin durch geeignete Spiel- und Beschäftigungsangebote Entwicklungsdefizite zu verringern und auf verbaler und nonverbaler Ebene das kindliche Verhalten zu korrigieren. Zum anderen ist sie bestrebt, durch den Kontakt mit den Eltern Hintergründe und Ursachen der Verhaltensprobleme besser zu verstehen und positive Veränderungen im Umfeld des Kindes in die Wege zu leiten. Nun ist jedoch nicht zu bestreiten, daß manche Eltern aufgrund ihrer Lebensumstände den pädagogischen Vorstellungen und Idealen der Erzieherin kaum oder gar nicht zugänglich sind. Gerade wenn die Erzieherin an Widerstand oder Gleichgültigkeit scheitert, gewinnt die Frage nach ihrem Handlungsspielraum im Kindergarten an Bedeutung.

Supervision kann helfen, diese Chancen deutlicher zu erkennen und auszuschöpfen und den täglichen Leidensdruck etwas zu mildern. Lassen sich die ursächlichen Bedingungen für die Verhaltensauffälligkeiten des Kindes nicht beeinflussen, dann sollte die Erzieherin ihre Möglichkeiten nicht über-, aber auch keinesfalls unterschätzen.

Selbstverständlich gibt es Situationen, die die Erzieherin unter extrem starken Handlungsdruck setzen. Aber selbst bei Verdacht auf Kindesmißhandlung und sexuellen Mißbrauch hat es wenig Sinn, durch übereilte Konfrontationen Lösungen erzwingen zu wollen. Dennoch sollte die Erzieherin schnell reagieren und sich bei Jugendamt, Kinderschutzbund oder Erziehungsberatungsstellen Rat holen, wo sie ihr Problemkind zunächst anonym vorstellen kann. Es ist in solchen Fällen dringend Hilfe notwendig für das Kind und die Familie, aber nur Interventionen und Hilfsangebote, die mit dafür zuständigen Fachleuten sorgfältig vorbereitet und abgestimmt sind, versprechen Aussicht auf Erfolg.

Abschließend ein Beispiel aus der Fallarbeit in einer praxisbegleitenden Gruppe:

Der fünfjährige Florian ist seit einigen Monaten im Kindergarten und fällt durch eine Reihe von Defiziten auf: feinmotorische und sprachliche Probleme, große Unselbständigkeit, Konzentrationsschwierigkeiten, motorische Unruhe. Er kennt weder Farben noch Mengen, und oft rätselt die Erzieherin, ob er ihre Anweisungen nicht hören will oder sie nicht versteht. Im Kontakt mit ihr und der Kinderpflegerin ist er sehr anhänglich, er sucht die Nähe zu anderen Kindern und zeigt ein ausgeprägtes Interesse an Tieren. Insgesamt sieht sie bei dem Jungen einen erheblichen Entwicklungsrückstand.

Die Informationen über das Elternhaus sind spärlich. Die Familie wohnt etwas abseits in einem kleinen Ort, wo der Vater einen Handwerksbetrieb führt. Florian ist ein Nachzügler, sein Bruder ist sechzehn, seine Schwester vierzehn Jahre alt. Bei der Anmeldung wirkte die Mutter zurückhaltend und angespannt, die Gelegenheit zu einem Vorbesuch nahm sie nicht wahr.

Die Erzieherin fühlt sich angesichts des bevorstehenden Gesprächs, zu dem sie die Mutter telefonisch eingeladen hat, etwas unsicher, weil sie kaum etwas über die Familie weiß. Sie befürchtet, daß es schwierig sein wird, eine vertrauensfördernde Beziehung zu Frau

R. aufzubauen. Obwohl sie sich bezüglich Florian große Sorgen macht, nimmt sie sich vor, langsam an die Sache heranzugehen und nichts zu überstürzen. So möchte sie erst einmal in Erfahrung bringen, ob der Mutter Florians Auffälligkeiten überhaupt bewußt sind, bzw. wie sie dazu steht.

Fast unvermeidbar stellt sie vorläufige Vermutungen an: Hat Frau R. zu wenig Zeit für Florian? Wurde er bisher vernachlässigt und zu wenig gefördert? Fehlt es der Mutter an Problembewußtsein? Lehnt sie das Kind ab? Wird es als Nesthäkchen zu wenig zur Selbständigkeit erzogen? Gab es Krankheiten, die zum Entwicklungsrückstand beigetragen haben könnten?

Die Erzieherin weiß, daß sie ihrem Anliegen nur schadet, wenn sie der Mutter vorwurfsvoll oder beschuldigend gegenübertritt. Sie hofft vielmehr, durch eine angenehme und akzeptierende Gesprächsatmosphäre es der Mutter zu erleichtern, von sich und ihrer Lebenssituation zu erzählen. Hierauf mit Verständnis und Anteilnahme zu reagieren, schafft die Grundlage für eine konstruktive Zusammenarbeit.

Hinsichtlich dessen, was sie der Mutter durch das Gespräch mitteilen möchte, setzt sie sich realistische Ziele:

– Rückmeldung über Florians Verhalten im Kindergarten: Betonung der positiven Aspekte; behutsame Rückmeldung über die Bereiche, in denen er Schwierigkeiten hat.

– Hinweis, wie wichtig es ist, die Zeit zu nutzen und Florian bei der Entwicklung seiner Fähigkeiten zu helfen.

Der Gesprächsbeginn könnte so aussehen:

Erzieherin: Guten Tag, Frau R.! Schön, daß Sie es sich einrichten konnten, heute zu kommen.

Mutter: Ich verstehe gar nicht, warum Sie mich extra herbestellt haben! Machen Sie das denn mit den Müttern von allen Kindern?

E: Nun, die Zusammenarbeit zwischen Kindergarten und Eltern ist ein wesentlicher Grundgedanke bei uns. Und zu Beginn des Kindergartenjahres beobachten wir besonders die neuen Kinder in unseren Gruppen, damit wir in den Spiel- und Förderangeboten möglichst gut auf sie eingehen können. Da hilft es natürlich, wenn wir die Eltern kennenlernen und uns mit ihnen austauschen können.

M: Stimmt denn irgendetwas nicht mit Florian?

E: Er hat sich recht gut eingewöhnt in den wenigen Monaten, aber mein Eindruck ist, daß er in manchen Bereichen noch Schwierigkeiten hat. Wie erleben Sie ihn denn zu Hause?

M: Er ist ziemlich lebhaft, ständig in Bewegung und viel draußen.

E: Drinnen spielt er nicht so gerne?

M: Nein, und ich glaube, meiner Schwiegermutter, die ihn ja meistens betreut, ist das nur recht, wenn er draußen ist und sich austobt. Er ist wohl oft sehr anstrengend für sie.

E: Mhm, ich kann mir schon vorstellen, daß die Oma ganz schön gefordert ist durch Florians Temperament.

M: Ja, das ist sie bestimmt. Aber sie läßt ihm eben auch zuviel durchgehen. Immer wieder sage ich ihr, sie soll nicht so nachgiebig sein und ihm Grenzen setzen. Sie verwöhnt ihn, nimmt ihm alles ab und jammert dann, daß sie ihm nicht gewachsen ist.

E: Ihnen wäre es lieber, wenn sie etwas strenger mit ihm wäre.

M: Auf jeden Fall. Nur hilft da all mein Reden nichts. Schließlich kann ich froh sein, daß meine Schwiegermutter sich um das Kind kümmert. Mein Mann braucht mich im Betrieb, ich sitze am Telefon und erledige den Schreibkram.

E: Das ist für Sie sicher sehr anstrengend – die Arbeit und die drei Kinder!

M: Die beiden Älteren sind bereits ziemlich selbständig, nur der Florian ist noch ein Problem.

...

Am Ende des längeren Gesprächs kann die Erzieherin folgendes Resumee ziehen:

Die Mutter macht auf sie einen verbitterten und gestreßten Eindruck. Gegen die Schwiegermutter hat sie einen schweren Stand, der Ehemann ist stark in seinem Betrieb engagiert, hält die Mitarbeit seiner Frau für selbstverständlich und Erziehung für Frauensache. Frau R. fühlt sich überlastet und leidet unter Schuldgefühlen – gegenüber der Schwiegermutter, weil sie merkt, daß die alte Frau überfordert ist, und gegenüber dem Kind, weil es zu kurz kommt. Sie ärgert sich über den Erziehungsstil der Großmutter und ist dennoch auf sie angewiesen. Frau R. läßt anklingen, daß Florian ein nicht mehr gewünschtes Kind war.

Sie wehrt nicht ab, als ihr die Erzieherin die Schwierigkeiten des Jungen im Kindergarten schildert. Offensichtlich weiß sie um die Probleme, hat sie aber bisher wegzuschieben versucht. Sie wirkt verunsichert und resigniert und möchte wissen, was sie tun kann, um Florian zu helfen. Sie scheint sich bewußt zu sein, daß sie sich mehr mit ihrem Sohn beschäftigen müßte – und erschöpft sich in einer Auflistung der Faktoren, die ihr das unmöglich machen.

Obwohl es der Erzieherin, wie sie später in der Fortbildungsgruppe berichtet, schwerfällt zu verstehen, daß Frau R. den Jungen der Großmutter überläßt statt sich selbst um ihn zu kümmern, bemüht sie sich um eine nichtwertende Haltung. Sie vermeidet Vorwürfe (Sie sind eine schlechte Mutter, weil Sie Ihr Kind vernachlässigen!), setzt sie nicht unter Druck (Sie müssen sofort aufhören zu arbeiten!) und moralisiert nicht (Ihr Kind müßte Ihnen doch wichtiger sein als alles andere!). Sie bagatellisiert allerdings auch nicht die Defizite des Kindes und gibt ihrer Besorgnis Ausdruck. Sie streicht heraus, was ihrer Meinung nach für Florians Entwicklung wichtig ist: liebevolle Zuwendung, ruhige Umgebung, geduldige Anregung zum Malen, Basteln und zu anderen konzentrationsfördernden Beschäftigungen, Verhaltenssteuerung durch Grenzsetzung und Konsequenz, das Stellen altersgemäßer Anforderungen im Hinblick auf Selbständigkeit.

Die Erzieherin fühlt sich fast gelähmt durch die von Überlastung und Resignation gekennzeichnete Lebenslage der Frau in einem Familiensystem mit vielen Problempunkten. Immerhin hat sie den Eindruck, daß sich die Mutter ein Stück weit geöffnet und es durchaus erleichternd erlebt hat, über sich zu sprechen. Frau R. formuliert den Vorsatz, pro Tag wenigstens eine Stunde weniger zu arbeiten und bittet um konkrete Anregungen und Vorschläge für Spiele und Übungen, die sie mit Florian machen kann. Eher beiläufig erwähnt die Erzieherin die Angebote von Beratungsstellen, falls es ihnen beiden nicht in ausreichendem Maße gelingen sollte, Florians Entwicklung positiv zu beeinflussen.

In den nächsten Monaten ruft Frau R. hin und wieder von sich aus im Kindergarten an. Sie bemüht sich mehr um Florian und freut sich über kleine Fortschritte, die auch in der Gruppe sichtbar werden. Insgesamt bleibt die Situation sehr belastend und unbefriedigend, und die Erzieherin ist skeptisch, ob die positiven Ansätze der Mutter ausreichen, da sich an der prinzipiellen Problemkonstellation nichts ändert. Sie wendet sich dem Jungen einzeln zu, so oft sie kann und achtet bei ihm besonders auf Konsequenz.

Zum Ende des Kindergartenjahres ist Frau R. nach einem zweiten ausführlichen Gespräch bereit, ihren Sohn bei einer Logopädin vorzustellen. Zwar stöhnt sie über den damit verbundenen Zeitaufwand und das Unverständnis von Schwiegermutter und Ehemann, aber die Beobachtung der letzten Monate, daß sich Florian bei entsprechender Zuwendung und Anregung weiterentwickelt, sind nun doch ein Anreiz für sie. Da die Logopädin eng mit der psychologischen Beratungsstelle zusammenarbeitet, erhofft die Erzieherin durch die Sprachbehandlung eine Weichenstellung für weitere Maßnahmen.

3.2.4. Die Erzieherin erfährt von einer indirekten Beschwerde

In unserem Beispiel beklagten sich zwei Mütter beim Elternbeirat über die unterschiedliche Art der Vorschulerziehung in den einzelnen Gruppen. Der Elternbeirat wandte sich mit dem Problem an den Träger, der es an die Leiterin des Kindergartens weitergab.

Während in der Theorie stets betont wird, daß die Qualität zwischenmenschlicher Beziehungen von einer fairen, offenen und transparenten Kommunikation profitiert, bietet die Praxis ein anderes Bild. Wenig ermutigende Erfahrungen mit Konflikten und entsprechend tiefsitzende Ängste tragen dazu bei, daß diese Form der Kommunikation eher eine Seltenheit ist.

Unzufriedenheit und Probleme werden nicht direkt geäußert und angesprochen und bahnen sich, da sie durch Schweigen nicht beseitigt und bewältigt werden können, andere Ausdruckskanäle. Ein altbekannter Weg besteht darin, sich mit seinem Unmut nicht an denjenigen zu wenden, der ihn hervorgerufen hat, sondern sich bei einem Dritten Luft zu machen und sich dort über den eigentlich Gemeinten zu beklagen. Eine Lösung stellt dieses Vorgehen nicht dar, auch wenn in der Regel über kurz oder lang die Beschwerde an das Ohr ihres Adressaten dringt – meist in verzerrter Form und Mißverständnissen Vorschub leistend. Und derjenige, der auf dem Umweg über andere informiert wurde, empört sich seinerseits wieder bei einem Dritten über die Mitmenschen, die nur indirekt kommunizieren! Alles in allem: Es wird viel geredet an der jeweils falschen Stelle und, außer einer von Mißtrauen und Verärgerung geprägten Atmosphäre, nichts erreicht.

Die Mitarbeiterinnen im Kindergarten machen diese Erfahrung, entsprechend der Einbindung ihrer Institution in vielfältige Bezüge, auf verschiedenen Ebenen. Eltern üben Kritik hinter dem Rücken der Erzieherin, bilden Koalitionen, äußern beim Elternbeirat Unzufriedenheit, beschweren sich beim Träger, der Elternbeirat verhandelt unter Ausschluß der Erzieherinnen mit dem Träger – es gibt hier genügend Beispiele indirekter Kommunikation, die für Verwirrung und schlechte Stimmung sorgt. So sehr Erzieherinnen unter solchen Konstellationen leiden, so sehr scheuen sie sich, diesem fragwürdigen Kommunikationsstil aktiv etwas entgegenzusetzen und in beherzter Weise die Probleme und die Art, in der mit ihnen umgegangen wird, offenzulegen. Nicht selten wird aus Angst vor Konfrontation und Streit abgewartet, bis die Situation am Ende derart verfahren und unübersichtlich ist, daß sie kaum noch lösbar erscheint. Natürlich ist nicht zu leugnen, daß indirekte Beschwerden eine recht komplizierte Angelegenheit sein können, da durch die Einbeziehung von Dritten, vor allem, wenn sie einer anderen hierarchischen Ebene angehören, die Beziehungsebene schwierig wird und die Struktur des Gesamtsystems mit seinen Machtverhältnissen berücksichtigt werden muß.

Kommunikationspsychologisch hat die Erzieherin das Problem. **Sie** stört sich an dieser Art von Kommunikation, fühlt sich unwohl, verunsichert oder verärgert. Folglich ist es **Initiative ergreifen** an ihr, im Sinne einer Ich-Botschaft die Initiative zu ergreifen und den Kommunikationsstil zum Thema zu machen:

„Ich bin enttäuscht/verärgert/verwundert, daß Sie sich mit Ihrem Problem nicht an mich gewandt haben. Auf diese Weise habe ich keine Gelegenheit, Ihnen meinen Standpunkt und meine Argumente darzulegen, und wir haben keine Chance, die Sache gemeinsam zu klären und zu lösen."

Nach einer höflichen, aber bestimmten Einladung zu einem Gespräch bereitet sich die Erzieherin sowohl inhaltlich als auch gefühlsmäßig auf das Treffen vor. Sie analysiert die indirekt empfangene Nachricht auf den vier Kommunikationsebenen und zieht daraus Schlußfolgerungen für ihre eigene Botschaft.

1. Inhaltsebene

Worum geht es bei der Beschwerde? Was ist Thema? Meist handelt es sich um mehr oder weniger grundlegende Aspekte und Prinzipien der Arbeit, mit denen Eltern nicht einverstanden sind: Öffnungszeiten, pädagogisches Konzept – zu viel oder zu wenig Vorschulerziehung, zu starre oder zu lockere

Regeln – Fragen gesunder Ernährung, Anzahl und Art der Gestaltung von Festen usw. Einzelheiten und Hintergründe der Kritikpunkte sind aus der indirekten Botschaft nur ansatzweise zu entnehmen.

Die Erzieherin möchte detailliert die Gründe für die Unzufriedenheit erfahren. Hier ruhig und mit aktivem Zuhören auf den Gesprächspartner einzugehen, setzt Überlegungen zu folgenden Fragen voraus:

Eigenen Standpunkt klären

Welchen Standpunkt vertrete ich bezüglich des zur Diskussion stehenden Inhalts? Habe ich ein klares Konzept, das ich selbstbewußt vertreten kann? Habe ich genügend Argumente und kann ich sie überzeugend formulieren?

2. Selbstoffenbarungsebene

Beschwerden lassen, wie könnte es anders sein, auf Ärger, Mißmut und ähnliche Gefühle schließen. Mit das Bedeutsamste, was der Sender der Botschaft von sich zeigt, ist jedoch, daß er die direkte Konfrontation und Auseinandersetzung scheut bzw. umgehen möchte und gegebenenfalls lieber „Mächtigere" auf seine Seite zu ziehen versucht. Das kann auf Unsicherheit, „Schutzbedürftigkeit" und Konfliktangst ebenso wie auf ein starkes Macht- und Durchsetzungsstreben hinweisen.

Gefühle klären

Auch die Erzieherin offenbart Gefühle. Ihre Enttäuschung und Verärgerung werden in ihrer Botschaft ebenso mitschwingen wie eventuelle Unsicherheit und Ängstlichkeit. Sie wird sich allerdings bemühen, durch eine sachliche Analyse der Konfliktlage eine gewisse innere Distanz zu schaffen, die verhindert, daß sie von ihren Emotionen überwältigt wird. Günstigerweise strahlt sie vor allem Selbstvertrauen, Offenheit und Festigkeit aus, gegebenenfalls auch die Bereitschaft zu Selbstkritik, zum Überdenken und Infragestellen der eigenen Position und zum Aufgreifen von Anregungen.

3. Beziehungsebene

Was hält der Sender der Botschaft von demjenigen, den sie betrifft? Er ist offensichtlich nicht nur unzufrieden mit ihm, sondern drückt, indem er ihn bei seiner Beschwerde übergeht, bewußt oder unbewußt auch eine Geringschätzung seiner Person aus.

Wie definiert er die Beziehung? Er vermeidet den direkten Kontakt, sagt aber dennoch eine ganze Menge über die Beziehung aus:

„Ich nehme mir das Recht, mich bei anderen über dich zu beklagen und dich damit bloßzustellen. Dir selbst gebe ich keine Gelegenheit, dich zu meinen Vorwürfen zu äußern. Ich begegne dir nicht mit Wertschätzung und Achtung und vertraue nicht auf unser beider Fähigkeit, den Konflikt gemeinsam erfolgreich zu lösen."

Beziehungs-
definition
korrigieren

Indem die Erzieherin den Konflikt offen anspricht, korrigiert sie die Beziehungsdefinition ihres Interaktionspartners. Sie signalisiert, daß sie diese nichtpartnerschaftliche Kommunikationsstruktur nicht akzeptieren will und hält ihre Vorstellungen einer partnerschaftlichen Beziehungsdefinition dagegen.

4. Appellebene

Da der am Konflikt beteiligte Partner nicht direkt angesprochen wird, enthält die Botschaft auch keinen unmittelbaren Appell an ihn. Dieser richtet sich vielmehr an den Dritten: „Ergreife für mich Partei! Ziehe meinen Kontrahenten zur Rechenschaft und hilf mir, meinen Standpunkt durchzusetzen." Als impliziten Appell an den Betroffenen kann man heraushören: „Unterwirf dich bedingungslos meinen Vorstellungen. Sieh ein, daß ich im Recht bin."

Offene Diskus-
sion fordern

Der Appell der Erzieherin demgegenüber lautet: „Stell dich der Auseinandersetzung mit mir. Laß uns das Problem offen diskutieren. Nimm meine Argumente zur Kenntnis – so wie ich deine zur Kenntnis nehmen will."

Bei Beschwerden über Dritte geht es letztlich immer um folgende Punkte:

● Sich mit dem Inhalt der Kritik auseinandersetzen, also eine sachliche Diskussion kompetent führen können, d.h.

- den Sender der Botschaft das Problem aus seiner Sicht darstellen lassen und ihm zuhören;
- seine Vorwürfe auf „Wahrheitsgehalt" hin überprüfen;
- die eigene Position sachlich darstellen.

● Durch eine veränderte Beziehungsdefinition
  - die eigene Position stärken bzw. sich gegen die Mißachtung durch den Interaktionspartner verwahren;
  - sich Einschüchterungsversuchen widersetzen und zeigen, daß man ein offenes Gespräch nicht scheut;
  - eine Annäherung der Standpunkte, das Aushandeln einer allseitig akzeptablen Lösung als Ziel anstreben.

Der Verlauf solcher Diskussionen und die Erfolgsaussichten hängen von vielen Faktoren ab: Wie stichhaltig ist die Beschwerde der Eltern? Wie verhält sich die Leiterin, wenn eine Mitarbeiterin zurecht kritisiert oder unbegründet angegriffen wird? Wie selbstkritisch, reflexionsbereit und kompromißwillig sind die Konfliktpartner? Welche Rolle spielen Elternbeirat und Träger bei der Durchsetzung von Interessen? Welche Machtverhältnisse (ein Vater im Elternbeirat bekleidet eine herausragende gesellschaftliche Position, Elternbeirat und Träger sind privat oder beruflich verbunden usw.) erschweren eine partnerschaftliche Interaktion?

Indirekte Beschwerden und Machtstrukturen

In Fortbildungen breitet sich oft der Eindruck aus, daß hier mehr Fragen offen bleiben als Lösungen gefunden werden können. Da hört man dann mitunter den bitteren Kommentar, daß wohl der beste Kommunikationsstil gegen verhärtete Machtstrukturen und verkrustete Institutionen nichts ausrichten könne. Demgegenüber steht die selbstkritische Einsicht der Erzieherinnen, daß sie durch ihre Zaghaftigkeit ganz gewiß nicht zu einer Veränderung bestehender Verhältnisse beitragen. Wer sich von bestimmten Interaktionsmustern einschüchtern lasse und ihnen nichts entgegensetze, brauche sich nicht zu wundern, wenn er zum „Opfer" werde. „Wenn wir als kompetente Fachfrauen ernst genommen werden wollen, müssen wir uns auch so verhalten!" Über destruktive Kommunikationsmuster wie indirekte Beschwerden zu sprechen, stellt einen entscheidenden Schritt in diese Richtung dar.

Auf eine indirekte Beschwerde mit offener Kommunikation zu reagieren, erfordert souveränen Umgang mit den eigenen Gefühlen und eine Portion Mut. Kritik erleben wir fast immer als Angriff und Kränkung, zumal wenn sie über Dritte, eventuell sogar Vorgesetzte, hinterbracht wird. Sich mit solchen Beziehungs-und Machtkonstellationen auseinanderzusetzen, die eigene Position zu überdenken, berechtigte Kritikpunkte annehmen und konstruktiv aufgreifen zu können, sich aber auch gegen überzogene Forderungen zur Wehr zu setzen, verlangt in hohem Maße fachliche und persönliche Sicherheit.

Indirekte Beschwerde als Prüfstein für Beziehungen

Was solche Situationen darüber hinaus oft besonders schwierig macht, ist die Tatsache, daß eine indirekte Beschwerde zu einem Prüfstein für bestehende Beziehungsstrukturen werden kann, indem durch sie unter Umständen seit langem bestehende Schwachstellen angeführt und offengelegt werden

Es dürfte der Leiterin in unserem Beispiel relativ leicht fallen (insofern als ihre Rolle/ihre Position klar ist), die Mutter direkt anzusprechen, wenn das Thema Vorschulerziehung im Team nicht umstritten und die Beziehung zum Träger spannungsfrei ist. Dann wird sie souverän der indirekten Kommunikation der Mutter ihr positives Gegenmodell präsentieren können: „Ich gehe Probleme ohne Umwege an. Ich setzte mich mit den am Konflikt Beteiligten direkt auseinander. Ich habe einen Standpunkt, den ich vertreten kann. Ich wünsche mir eine gemeinsame Konfliktlösung." Was aber, wenn dieses Thema teamintern mit Spannungen belegt ist? Wenn also zum Beispiel tatsächlich nach unterschiedlichen Konzepten gearbeitet wird und darüber immer wieder Streitigkeiten ausbrechen? Wenn die Leiterin selbst der Meinung ist, die Kollegin schenke der Förderung zu wenig Beachtung und führe die Gruppe zu sehr nach dem laissez-faire-Prinzip? Wenn der Elternbeirat grundsätzlich an den Erzieherinnen vorbei mit dem Träger verhandelt und dieser gegen die Erzieherinnen Partei für die Eltern ergreift?

Es liegt auf der Hand, daß die Sache dann komplizierter wird. Eine indirekte Beschwerde macht in diesem Fall nicht

primär eine unmittelbare Auseinandersetzung mit den Eltern, sondern erst einmal eine interne Diskussion notwendig.
Die Leiterin müßte ihre Ich-Botschaft an die Kollegin richten: „Frau G. hat sich beim Elternbeirat über zu wenig Vorschulerziehung in deiner Gruppe beklagt und der hat die Angelegenheit dem Träger unterbreitet. Da hat sie wohl einen
wunden Punkt in unserem Team getroffen. Wir diskutieren ja
schon lange darüber, ob es gut ist, wenn wir so unterschiedlich arbeiten. Für mich ist dieses Gerede hinter unserem Rük-
ken schlimm, und ich meine, wir sollten mit solchen Beschwerden direkter umgehen. Wie wollen wir uns jetzt in dieser Situation verhalten?"

Gestaltet sich die Zusammenarbeit mit dem Träger schwierig, gilt es, an klaren Beziehungsstrukturen zu arbeiten. Die
Leiterin wird ihm, gerade wenn er zur Parteilichkeit neigt, signalisieren, daß sie Konflikte lieber mit den unmittelbar Betroffenen lösen möchte. In kleinen und wohlüberlegten, aber
beharrlichen Schritten versucht sie, der ungünstigen Beziehungsdefinition entgegenzuwirken statt sich ihr zu fügen.
Entsprechenden Befürchtungen und Durchsetzungsängsten
sei entgegengehalten, daß in der Regel derjenige, der sich in
angemessener Weise zu behaupten versteht, nicht Ablehnung
erntet, sondern Achtung und Respekt.

Beispiel:

In unserem bereits in groben Zügen vorgestellten Beispiel handelt es
sich um eine recht schwierige Konstellation. Der Kindergarten liegt in
einem Stadtteil, in dem überwiegend Familien der gehobenen Mittel-
schicht wohnen. Die Eltern sind engagiert und anspruchsvoll. Sie überwachen regelrecht die „Leistungen" der verschiedenen Gruppen und
erzeugen eine von massivem Konkurrenzdenken geprägte Atmosphäre. Den Träger erleben die Erzieherinnen als schwach. Er versucht, es
allen recht zu machen, stellt sich aber, wenn er zu stark unter Druck gerät, im Zweifelsfall auf die Seite der Eltern. Vom Team verlangt er dann,
deren Wünschen nachzugeben und alle Erwartungen zu erfüllen. Diese Dynamik hat dazu geführt, daß Elternbeirat und einzelne Mütter und
Väter sich verstärkt an den Träger wenden, wenn sie mit etwas unzufrieden sind oder etwas durchsetzen möchten. Das Klima zwischen

Kindergarten und Elternschaft hat dadurch beträchtlich gelitten. Die Erzieherinnen sind über die ständig neu auftauchenden Forderungen verärgert und ziehen sich zurück, die Eltern erleben das Team als zunehmend unkooperativ. Besagte Kollegin macht in der Tat etwas weniger Vorschulerziehung, das Team jedoch duldet individuelle Akzentsetzungen in der Arbeit und sieht darin kein Problem. Ermutigt durch Supervision will Frau W., die vor knapp einem Jahr die Leitung übernommen hat, nun versuchen, diese festgefahrenen, von ihrer Vorgängerin „vererbten" Muster in Zukunft öfter und konsequenter zu durchbrechen. Sie möchte die indirekte, über den Träger laufende Kommunikation in direkte Gespräche mit den Eltern umlenken.

Ganz bewußt schlägt sie für das von ihr initiierte Treffen die Konstellation Mutter und Elternbeiratsvorsitzende einerseits und Leiterin und Erzieherin andererseits vor, um eine zahlenmäßige und hierarchische Ausgewogenheit herzustellen. Ganz deutlich bemerkt sie, als sie auf einem gemeinsamen Gespräch besteht, ein Zurückweichen und eine gewisse Verunsicherung der Mutter. Diese Beobachtung bestärkt sie in der Vermutung, daß sich die Eltern oft gegenseitig in ihren Emotionen hochschaukeln, weil keine korrigierenden Argumente der „anderen Seite" zugelassen werden. Frau W. hält es daher für wichtig, die einzelnen Eltern zur direkten Auseinandersetzung zu zwingen, da sie auf diese Weise mehr in die Pflicht genommen werden. Es ist erfahrungsgemäß relativ einfach zu sagen, was man nicht will, aber sehr viel schwieriger, festzulegen, was man sich konkret wünscht.

Das Gespräch verläuft recht turbulent und für die Erzieherinnen ziemlich anstrengend. Geduldig hören sie sich alle Kritikpunkte an, versuchen, Hintergründe für die Unzufriedenheit aufzuspüren, sprechen über ihre Arbeitskonzepte und lassen nicht locker, wenn es darum geht, die beiden Mütter zur Formulierung konkreter Vorstellungen zu bewegen. Während die Unzufriedenheit eher diffus bleibt, wird im Gespräch immer deutlicher spürbar, daß die Atmosphäre unter den Eltern von einem extremen Leistungs- und Konkurrenzdenken beherrscht ist. Als die Leiterin diesen Eindruck verbalisiert, tritt erstmals auf seiten der Mütter ein betroffenes Schweigen ein. Zögernd beginnen sie, über ihre Ängste zu sprechen und den Leistungsdruck, den sie speziell in ihrem nachbarlichen Umfeld erleben. Abschließend überlegen die vier Frauen gemeinsam, ob diese Problematik nicht über Vorträge auf Elternabenden zu thematisieren wäre. Referenten könnten etwa Beiträge liefern zur Diskussion um das rechte Maß von Forderungen an Kinder und die Gefahren einer Überforderung sowie um sinnvolle Methoden der vorschulischen Förderung.

Die Erzieherinnen haben durch die Unterredung eine Annäherung an die Mütter erlebt und fühlen sich ermutigt, diese Form der Kommunikation weiterzuverfolgen. Das Problem der dafür notwendigen Zeit und Energie dämpft ihren Optimismus etwas, ebenso wie das Wissen, daß sie letztlich eine gesellschaftliche Grundhaltung gegen sich haben und unvermeidbar an ihre Grenzen stoßen werden.

Zusammen-
fassung

Problemgespräche mit Eltern gehören zum Arbeitsalltag im Kindergarten. So wie die Erzieherin immer wieder auf jedes der ihr anvertrauten Kinder individuell eingehen muß, wird sie sich im Konfliktfall auch mit den Eltern situations- und persönlichkeitsbezogen auseinandersetzen müssen.

Die perfekte Lösung für bestimmte Problemkonstellationen gibt es nicht. Die speziellen Rahmenbedingungen des Kindergartens, die Persönlichkeit und Erwartungshaltung der Eltern, die Persönlichkeit und das Rollenverständnis der Erzieherin und die daraus resultierende Beziehungsdynamik geben jeder Konfliktsituation ihr besonderes Gepräge.

Überlegungen zum eigenen Rollenverständnis, den Möglichkeiten und Grenzen der pädagogischen Arbeit im Vorschulbereich und die Auseinandersetzung mit den eigenen Werthaltungen, Einstellungen, Gefühlen und Verhaltensweisen sind für eine erfolgreiche Problemlösung ebenso notwendig wie kommunikationspsychologische Kenntnisse. Eine sorgfältige Problemanalyse und eine realistische Zielsetzung schaffen die Voraussetzung für das Gelingen schwieriger Gespräche mit Eltern. Die Erzieherin wird dabei immer im Spannungsfeld von einfühlendem Verständnis und angemessener Selbstbehauptung, von Engagement und Abgrenzung ihren Weg suchen müssen.

IV. Konfliktbewältigung im Team

Funktionierendes Team: Kooperation und Rückhalt

Wie wir mehrfach hervorgehoben haben, ist die erzieherische Aufgabe im vorschulischen Bereich aufgrund vielschichtiger Erwartungen von Eltern und Gesellschaft anspruchsvoller geworden. Die wachsende Zahl verhaltensauffälliger Kinder und die damit verbundene Zusammenarbeit mit der Familie machen die tägliche Arbeit schwieriger und anstrengender. Erzieherinnen und Kinderpflegerinnen fühlen sich fachlich und menschlich stark gefordert und sind mehr denn je auf Kooperation und kollegiale Unterstützung in einem Team angewiesen.

Ein funktionierendes Team bietet seinen Mitgliedern Rückhalt für die Probleme der täglichen Praxis, trägt in hohem Maße zu Berufszufriedenheit und Leistungsfähigkeit bei und prägt die Atmosphäre des gesamten Kindergartens in positiver Weise.

In Fortbildungen und Supervisionen zeigt sich jedoch, daß die Realität oft anders aussieht. Offene oder verdeckte Spannungen beeinträchtigen nicht nur Arbeitsfreude und Zusammenarbeit, sondern auch das psychische Wohlbefinden der Mitarbeiterinnen mitunter so nachhaltig, daß davon die Stimmung in der Gruppe, die Beziehung zu den Eltern und – im schlimmsten Fall – auch das Privatleben tangiert werden.

Realität: Team als Streßfaktor

Statt die dringend notwendige Entlastung und Stärkung zu gewähren, wird das Team selbst zu einem zusätzlichen Streßfaktor, der viel Energie bei den Mitarbeiterinnen bindet.

Der konstruktive Umgang mit Konflikten ist, zum Wohle der einzelnen Erzieherin und der Einrichtung, eine ständige Herausforderung für jedes Team.

1. Konflikt und Konfliktangst

Entgegen vorherrschenden Erwartungen oder Wunschvorstellungen hat ein funktionierendes Team nichts mit immerwährender Harmonie zu tun. Menschliches Zusammenleben ist ohne Konflikte nicht denkbar – und auch nicht erstrebenswert. Konflikt heißt wörtlich „Zusammenstoß". Und in der Tat: In Partnerschaft, Ehe, Familie, in Freundschaften, Gruppen, Teams und Organisationen treffen geradezu zwangsläufig individuelle Persönlichkeiten aufeinander, deren unterschiedliche Fähigkeiten, Neigungen, Temperamentslagen und Bedürfnisse nicht immer miteinander in Einklang stehen. Erst in diesem Spannungsfeld widerstreitender Interessen und Positionen wird Entwicklung für den einzelnen und das Ganze möglich.

Das Fehlen von Konflikten ist also eher ein Warnsignal: Verdrängte und verleugnete Konflikte lassen ein System unlebendig und starr werden. Sie verhindern seine Veränderung und machen es unfähig, sich neuen Anforderungen anzupassen. Nicht ein konfliktfreies Team sollte man sich also wünschen, sondern ein Team, das seine notgedrungen auftretenden Meinungsverschiedenheiten und Interessengegensätze in befriedigender, d. h. entwicklungsfördernder Weise zu lösen vermag.

Konflikte als Entwicklungschance

In der Praxis freilich stößt man, aller wohlklingenden Theorie zum Trotz, auf eine weitverbreitete Angst vor Konflikten. Die meisten Menschen erleben unterschiedliche Standpunkte und Bedürfnisse als bedrohlich. Eine Chance darin zu entdecken fällt ihnen schwer. Sie meiden Konflikte und sind nur selten in der Lage, Probleme konstruktiv zu lösen – weil sie es offensichtlich nicht gelernt haben. Da in der Familie und später in Schule und Ausbildung kaum brauchbare Konfliktlösungsstrategien vorgelebt werden, verbinden sich mit dem Aufeinanderprallen gegensätzlicher Meinungen und Interessen nahezu immer Mißverständnis, Kampf, Niederlage und Dauerkonflikt. Von frühester Kindheit an ist Konflikt verknüpft mit negativen Gefühlen wie Wut und Ärger und der leidvollen Erfahrung von Demütigung und Kränkung. Gerade aber diese Erfahrungen in der Auseinandersetzung mit Eltern und Geschwistern bestimmen nachhaltig unser späteres Konfliktverhalten – nicht nur in Freundschaften und Liebesbeziehungen, sondern auch in Strukturen, in denen Hierarchie und Autorität eine Rolle spielen.

In der Praxis: Konfliktangst und Konfliktvermeidung

So ist es nicht verwunderlich, daß man Unangenehmes und Konfliktträchtiges erst einmal lieber unter den Teppich kehrt – von einer Lösung kann dabei allerdings nicht die Rede sein.

Denn Konflikte lassen sich zwar verdrängen und vermeiden, nicht aber aus der Welt schaffen: Sie werden sich, über kurz oder lang, an der einen oder anderen Stelle, in mehr oder minder versteckter Form bemerkbar machen. Ungelöste Konflikte führen in menschlichen Beziehungen – sei es privat oder beruflich – zu Distanziertheit, mangelnder Offenheit und zu indirektem Ausdruck von Frustration und Ärger. Ein Teil der Persönlichkeit bleibt unterdrückt, Entwicklungsmöglichkeiten kommen nicht zur Entfaltung. Bei ungelösten Spannungen in einem Kollegenteam breitet sich Unzufriedenheit aus, Leistungsfähigkeit und Freude an der Arbeit nehmen ab. Feindseligkeiten stören das Betriebsklima, es wird genörgelt, intrigiert und getratscht. Oder Zuflucht gesucht bei indirekten Lösungen: häufiges Kranksein, Krankfeiern, Schwangerschaft, Kündigung oder gar Ausstieg aus dem Beruf.

Konsequenz: Frustration, Ärger oder indirekte Lösungen

Der Preis für verdrängte Konflikte ist offensichtlich hoch und doch überwiegt die Angst vor der Auseinandersetzung. Das zeigt sich auch in Fortbildungsveranstaltungen zu Teamarbeit und Konfliktbewältigung, in denen sich die Erzieherinnen nur vorsichtig und zögernd an das Thema herantasten. Meist nennen sie bei der Anfangsfrage nach den Gründen für eine Teilnahme an dem Kurs und den mitgebrachten Erwartungen eher Unverfängliches. Der Tenor lautet: In meinem Team gibt es keine Schwierigkeiten und Konflikte, aber ich möchte mich für den Fall des Falles rüsten. Erst wenn die Gruppenmitglieder sich etwas näher kennengelernt haben und die Atmosphäre locker und vertrauensfördernd ist, werden aktuelle Problemsituationen, eigene Betroffenheit und Hilflosigkeit in die Diskussion eingebracht.

Das Bedrohliche von Konflikten läßt sich in solchen Gruppen recht gut durch eine kurze Übung ins Bewußtsein holen:

Übung

Die Kursteilnehmerinnen werden aufgefordert, die Augen zu schließen und an eine noch andauernde oder vergangene Konfliktsituation aus ihrem Leben zu denken und sich auf die aufsteigenden Bilder, Worte und Empfindungen einzulassen. Anschließend sollen sie versuchen, auf einem Blatt Papier durch Farben und Formen die soeben aktivierten Gefühle zu veranschaulichen. Eckige Formen und aggressive Farben, aber auch düstere, depressive Elemente beherrschen die meisten Bilder und, was das Bedeutsamste ist, die Stimmung der Gruppe verändert sich sehr stark. Die Auswertungsrunde verläuft schleppend, Bedrückung und Lähmung machen sich breit. Die Erzieherinnen sind überrascht, daß sich so schnell und eindringlich die Emotionen hervorrufen lassen, die sie aus Konfliktsituationen kennen. Konflikte erzeugen Spannung, Angst, körperliches Unwohlsein, Beklemmung, Enge, Lähmung, Hilflosigkeit, Resignation, aber auch Aufgeregtheit, Nervosität und Wut (Rückmeldungen von Teilnehmerinnen). Dabei ist es nicht nur das unmittelbare Erleben eines Konflikts, das negative Empfindungen hervorruft, sondern bereits das Erinnern, das intensive Sich-Vergegenwärtigen verursacht Unbehagen. Es wird deutlich, welche Energien im Spiel sind: die erdrückende Macht des Konflikts, die eventuell dadurch provozierte Wut und die entsprechende Kraft, die für eine Unterdrückung und Verdrängung notwendig ist.

„Es ist weniger schwierig, Probleme zu lösen, als mit ihnen zu leben", meint Pierre Teilhard de Chardin. Wenn er damit ausdrücken wollte, daß es mühsam ist, mit Problemen zu leben, hat er sicherlich recht. Ob es leichter ist, sie zu lösen, sei dahingestellt. Der Psychologe würde wohl eher sagen: Es ist gesünder und entwicklungsfördernder, Probleme zu lösen, als sie mit sich herumzuschleppen – aber das erfordert Mut, Anstrengung und Wissen.

2. Das Team im Kindergarten

Team: Gruppe von Personen mit gemeinsamer Aufgabe

Ein Team ist eine Gruppe von Personen, die an einer gemeinsamen Aufgabe, einem gemeinsamen Projekt arbeiten. Im Kindergarten bilden die Erzieherin, die Kinderpflegerin und die Praktikantin ein Team, dessen Auftrag darin besteht, eine Gruppe von Kindern nach bestimmten Kriterien und Richtlinien zu betreuen.

Bezogen auf den Kindergarten als Ganzes ist dies nur ein Teilteam. Alle Mitarbeiterinnen der Einrichtung konstituieren ein Gesamtteam.

Rangordnung

Kindergartenteams haben, wie alle Teams, eine bestimmte Rangordnung, die sich aus Unterschieden in Ausbildung, Qualifikation und Erfahrungsstand ergibt:

Leiterin, Erzieherin, Kinderpflegerin, Berufspraktikantin, Vorpraktikantin.

Wie stark diese Hierarchie ausgeprägt ist, variiert in den einzelnen Teams. Manche Einrichtungen sind stark leitungszentriert, in anderen tritt die Leiterin als solche so gut wie nicht in Erscheinung. Hier besteht man nachdrücklich auf der strikten Abgrenzung Erzieherin – Kinderpflegerin, dort ist, vor allem in der konkreten Arbeit, kaum etwas davon spürbar.

Kindergartenteams = (fast) reine Frauenteams

Kindergartenteams sind, bis auf wenige Ausnahmen, reine Frauenteams. Was das, unabhängig von der Erfahrung, die Kinder durch dieses Faktum machen, für die fachliche und menschliche Zusammenarbeit bedeutet, welche Vor- und Nachteile das mit sich bringt, wäre umfassendere Überlegungen und Untersuchungen wert. Ein Aspekt wird häufig in Gruppen diskutiert: Erzieherinnen müssen nicht mit männlichen Kollegen konkurrieren. Vielfach aber sehen sie zwischen der öffentlichen Geringschätzung des Berufsstandes sowie der nicht sehr schlagkräftigen berufsständischen Interessenvertretung und dem Fehlen von Männern im Arbeitsfeld Kindergarten einen Zusammenhang. Männer, vermuten viele Erzieherinnen, würden sich nicht soviel gefallen lassen und aktiver für eine Aufwertung des Berufsbildes kämpfen.

Dem Team im Kindergarten kommt in mehrfacher Hinsicht eine nicht zu unterschätzende Bedeutung zu. Das pädagogische Konzept des Kindergartens beispielsweise, Inhalte und Formen der Elternarbeit, die Gestaltung von Festen und Gemeindeaktivitäten sind, zumindest im Idealfall, Angelegenheiten, die von allen Mitarbeiterinnen mitgetragen werden sollen. Zudem ist es, neben der Qualität der Arbeit in den einzelnen Gruppen, vor allem die Gesamtatmosphäre eines Kindergartens, die sein Image nach außen hin prägt – und diese Atmosphäre hängt ganz wesentlich ab von den Beziehungsqualitäten im Team.

Vorbildfunktion für Kinder und Eltern

Sowohl das Teil- als auch das Gesamtteam üben eine wichtige Vorbildfunktion für Kinder und Eltern aus. Wie kann ein

Team Kindern glaubwürdig vermitteln, daß Zusammenarbeit eine zwar schwierige, aber lohnende Sache ist, daß das konstruktive Austragen von Meinungsverschiedenheiten und das Aushandeln von Kompromissen Bestandteile kreativen Problemlösens sind, wenn zwischen den Mitarbeiterinnen Spannungen, Streitigkeiten oder latente Konflikte herrschen.

Die Kooperation in Gruppen ist selten konfliktfrei und oft mühsam. Dennoch steht außer Zweifel, daß das schöpferische und leistungsfördernde Potential einer Gruppe und die Befriedigung, die die Teammitglieder aus einer positiven Zusammenarbeit schöpfen können, einen hohen Gewinn darstellen. In helfenden und erzieherischen Berufen, in denen die Mitarbeiterinnen nicht nur intellektuell, sondern auch emotional sehr stark involviert sind, ist ein unterstützendes Team besonders wichtig. Pädagogisches Handeln ist losgelöst von der Persönlichkeit, den Erfahrungen und Wertvorstellungen der Erzieherin nicht denkbar. Probleme in der täglichen Praxis berühren folglich immer die ganze Person. Diskussionen zwischen Kolleginnen über grundlegende Fragen erzieherischer Arbeit und der Erfahrungsaustausch über Schwierigkeiten im Umgang mit Kindern und Eltern ermöglichen ständiges Lernen und die in diesem Beruf stets wünschenswerte Weiterentwicklung.

Jedes Kindergartenteam besteht, mit ganz wenigen Ausnahmen, aus Teil- und Gesamtteam, hat eine formale Hierarchie, umfaßt ausschließlich Frauen und muß mehr oder minder ausdrücklich festgelegte Aufgaben erfüllen.

Darüber hinaus sind die Teams sehr unterschiedlich. Es gibt:
- Junge, ältere und altersgemischte Teams;
- Teams mit viel Wechsel und solche, die schon lange in gleicher Besetzung zusammenarbeiten;
- große und kleine Teams;
- Teams mit Ordensschwestern;
- Teams mit übereinstimmenden pädagogischen Vorstellungen und
- Teams, deren Mitglieder in dieser Hinsicht recht unterschiedlich denken und handeln.

Jede Mitarbeitergruppe ist ein einmaliges Team mit individu-ellen Besonderheiten, die sich aus den Persönlichkeiten der einzelnen Mitglieder und dem sozialen Umfeld (Eltern, Gemeinde, Träger) ergeben. Ist der Elternbeirat kooperativ und engagiert oder nur fordernd und kritisch? Oder versucht er gar, sich mit dem Träger gegen den Kindergarten zu verbünden? Bestehen zum Träger gute Beziehungen oder ist das Verhältnis von Mißstimmigkeiten und Auseinandersetzungen überschattet? Diese Faktoren beeinflussen das Klima im Team, das Beziehungsgefüge der Mitarbeiterinnen und die daraus resultierende Dynamik. Ebenso bleibt, wie bereits erwähnt, der „innere Zustand" eines Teams nicht ohne Auswirkungen nach außen hin. Ob harmonisch oder spannungsreich, er prägt das System Kindergarten, das in Wechselwirkung mit anderen Systemen oder Vertretern von Systemen (Elternbeirat, Pfarrer, Gemeinde) steht. Für die Bearbeitung von Konflikten ist es daher oft notwendig, das Team im größeren Kontext seines Umfelds zu sehen. Differenzen der Mitarbeiterinnen mit der Leitung etwa können unter Umständen nur verstanden werden, wenn die Beziehung der Leiterin zum Träger, die Stellung des Trägers im örtlichen politischen Gefüge und die Position des Kindergartens in der Gemeinde bzw. im Stadtteil mit in Betracht gezogen werden.

3. Gibt es das ideale Team?

Die Übung „Stummes Bauen" (VOPEL) ist ein Kooperations-spiel ohne verbale Kommunikation, durch das sich einige Aspekte aufzeigen lassen, die zu einer Beantwortung dieser Frage beitragen können.

Übung:

Es werden für das etwa zwanzigminütige Spiel Gruppen von vier bis sechs Teilnehmerinnen gebildet. Jede Gruppe erhält zehn Bögen Zeichenpapier, Klebstoff und den Auftrag, aus dem verfügbaren Material, ohne miteinander zu sprechen, gemeinsam etwas herzustellen. Das Produkt muß nur eine Bedingung erfüllen – es soll möglichst hoch sein.

Die Aufgabe macht viel Spaß, bereitet aber, aufgrund der Schwächen des Materials und des Sprechverbots, auch eine Reihe von Frustrationen.

Durch das Spiel erfährt zunächst jede Teilnehmerin etwas über ihr Verhalten in der Gruppe: Übernehme ich die Führung oder warte ich lieber ab, bis andere die Initiative ergreifen? Kämpfe ich um die Durchsetzung und Realisierung meiner Ideen oder füge ich mich den Vorstellungen der anderen? Wie fühle ich mich, wenn ich mit einer Idee nicht zum Zuge gekommen bin? usw.

Neben den Rollendifferenzierungen (Führer, Gefolgsleute, Rivalen, Gegenspieler, Verbündete) zeichnen sich immer auch eine bestimmte Gruppenatmosphäre und ein bestimmter Arbeitsstil ab. Da gibt es etwa:

● das kämpferische, ehrgeizige Team
● das ruhige, harmonische Team
● das selbstgenügsam-spielerische Team
● das besonnen und planmäßig vorgehende Team
● das spontan und einfach drauflos arbeitende Team.

Während der Auswertung, bei der die fertigen Papierkonstruktionen im Plenum präsentiert und die Erfahrungen aller Erzieherinnen gesammelt werden, tauchen, bezogen auf die Gruppe, fast zwangsläufig zwei Fragen auf:

● Welches Team ist das optimale?
● Wie wäre die Übung verlaufen, wenn die Gruppen sich in anderer Zusammensetzung gebildet hätten?

3.1. Jedes Team hat seine Besonderheiten

Wie das Spiel verlaufen wäre, wenn sich die Teilnehmerinnen anders konstelliert hätten, wird in jedem Kurs ein Geheimnis bleiben. Sicher aber ist, daß andere Bauwerke entstanden und andere Gruppenprozesse in Gang gekommen wären. Zwei starke Führerpersönlichkeiten spalten das Team vielleicht in zwei Fraktionen, die sich gegeneinander durchzusetzen versuchen, oder die beiden rivalisieren, während sich der Rest der Gruppe zurückzieht. Sind die dominanten Personen in verschiedenen Gruppen, entstehen möglicherweise zwei leiterzentrierte Teams – oder aber die restlichen Gruppenmitglieder verbünden und wehren sich gegen den Führungsanspruch. Oder die eine Gruppe akzeptiert die Dominanz, während die andere revoltiert.

Spezifische Gruppeneigenschaften nicht bewerten

Jede Gruppe ist aufgrund der Wechselwirkung zwischen Individuum und Gruppe anders. Die Einzelpersönlichkeiten schaffen ein in dieser Konstellation einmaliges Team, aber gerade auch diese spezifische Zusammensetzung wirkt sich auf das Verhalten der Mitglieder aus.

Die Frage nach der „optimalen Gruppe" ist entsprechend schwer zu beantworten. Das Herausarbeiten der verschiedenen Gruppeneigenschaften und -stile sollte vielmehr zu der Erkenntnis führen, daß solche Bewertungen problematisch und wenig hilfreich sind.

Nicht ein Team ist schlecht und das andere gut, sondern jedes Team hat seine jeweiligen Besonderheiten, mit denen kreativ umgegangen werden muß. Ehrgeizige Gruppen bringen tatsächlich oft das höchste Gebilde zustande, bergen aber das Risiko, daß Führungspersonen zu dominant werden oder das ganze Team am Ende enttäuscht ist, weil das Ziel zu hoch gesteckt und nicht realisierbar war (sprich: die kühne Konstruktion bricht zusammen!). Das harmonische Team fühlt sich wohl und zufrieden, sein Werk wirkt meist solide und gediegen, läßt allerdings unter Umständen die Spannung, den gewissen „Pep" vermissen. Das selbstgenügsam-kreative Team findet oft zu überaus witzigen und spielerischen Lösungen, bleibt unbeirrt von Konkurrenzkämpfen – und läuft Gefahr, da ganz in sich versunken, an der gestellten Aufgabe vorbeizuarbeiten (Motto: Hauptsache, wir haben unseren Spaß!).

Jedes Team hat seine Stärken und Schwächen, seine Vor- und Nachteile. Was durch die gruppendynamische Übung in spielerischer Weise demonstriert werden konnte, läßt sich auch auf die Teammerkmale übertragen, die wir vorhin aufgeführt haben.

Nehmen wir den schlichten Faktor „Größe eines Teams". In einer größeren Gruppe stecken potentiell mehr schöpferische Reserven, viele Ideen können Planungen erleichtern und beschleunigen – im negativen Fall aber auch erschweren. Unüberwindbare Meinungsverschiedenheiten blockieren Entscheidungsprozesse; insgesamt ist mehr Absprache und Koordination notwendig. Was die zwischenmenschliche Seite betrifft, sind die Mitarbeiterinnen in einem großen Team nicht auf Gedeih und Verderb aufeinander angewiesen, es gibt mehr Ausweichmöglichkeiten für Kontakte. Der Nachteil liegt darin, daß sich durch die Aufspaltung in Untergruppen und Koalitionen der Zusammenhalt verringert.

Ein kleines Team dagegen ist vielleicht weniger kreativ, aber familiärer, übersichtlicher, und Vorstellungen und Wünsche der Mitarbeiterinnen sind leichter miteinander zu vereinbaren. Bestehen Antipathien, gibt es kaum ein Ausweichen in Teilgruppen. Das wiederum kann eine heilsame Konfrontation erzwingen oder auf ein schnelles Auseinanderbrechen des Teams hinauslaufen.

Manche Teams erleben verschiedene Altersstufen als eine Bereicherung für alle Beteiligten. Andere leiden oder zerbrechen daran, wenn diese Altersunterschiede, zum Beispiel gekoppelt mit starker Leiterinnenzentrierung und einander widersprechenden pädagogischen Vorstellungen, zu unüberbrückbaren Gegensätzen führen.

Personelle Veränderungen im Team können beleben, neue Wege eröffnen und das Erstarren in Routine verhindern. Zu häufiger Wechsel hingegen bedeutet meist eine Belastung.

Unterschiedliche pädagogische Konzepte regen Diskussionen an und tragen zu einer Klärung der Standpunkte und zu einer Weiterentwicklung der Mitarbeiterinnen bei – oder sie spalten und zerstörten ein Team.

3.2. Jedes Team hat seine Entwicklungsrichtung

Es ist eine alte Weisheit, daß alles seine zwei Seiten hat oder, mit anderen Worten: Jede positive Eigenschaft birgt die Gefahr, sich in ihrer extremen Ausprägung in eine negative Eigenschaft zu verkehren. SCHULZ VON THUN (1991, 2) hat dieses Prinzip des dialektischen Denkens auf den Bereich der Persönlichkeitsentwicklung und der zwischenmenschlichen Interaktion übertragen. Der Grundgedanke lautet: Jede positive Eigenschaft (jeder Wert, jedes Prinzip) muß durch eine positive Gegeneigenschaft (Gegenwert, Gegenprinzip) ausbalanciert sein, wenn sie nicht in eine negative Eigenschaft abgleiten soll.

Werte- und Entwicklungsquadrat nach Schulz von Thun

Durch das sogenannte Werte- und Entwicklungsquadrat läßt sich das Gemeinte anschaulich darstellen. SCHULZ VON THUN beginnt mit einem einfachen Demonstrationsbeispiel:

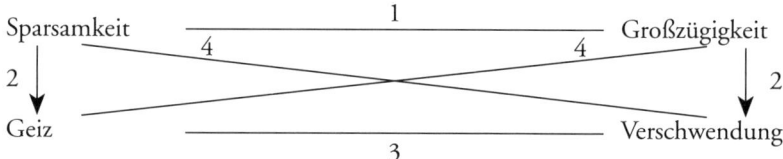

(nach SCHULZ VON THUN, 1991, 2 S. 39ff.)

Wenn Sparsamkeit nicht durch Großzügigkeit ergänzt wird, verkommt sie zu Geiz, ebenso wie Großzügigkeit ohne das Gegengewicht der Sparsamkeit in Verschwendung ausartet.

Zur Erläuterung der Beziehungen zwischen den Eckpunkten des Wertequadrats:

1: Positives Spannungs- bzw. Ergänzungsverhältnis
2: Übertreibung der positiven Eigenschaft in ihr negatives Extrem
3: Schwanken zwischen den negativen Extremen oder die Überwindung eines Unwerts durch einen anderen Unwert
4: Gegensatz zwischen einem Wert und Unwert bzw. die Entwicklungsrichtung, die von einem Unwert wegführt

Der optimale Zustand besteht in einer Balance aus Sparsamkeit und Großzügigkeit. Fehlt diese Ausgewogenheit, ist also ein negativer Pol vorherrschend, sollte die Entwicklung entlang der Diagonale in Richtung auf den entgegengesetzten Wert hin verlaufen. Um es im Rahmen unseres Beispiels auszudrücken: Der Geizige muß Großzügigkeit lernen, der Verschwenderische Sparsamkeit. Das Wertequadrat ist in diesem Sinne auch ein Entwicklungsquadrat.

Konfrontation contra Harmonie Unsere Überlegungen zu kämpferischen und harmonischen Teams lassen sich durch folgendes Werte- und Entwicklungsquadrat zusammenfassen:

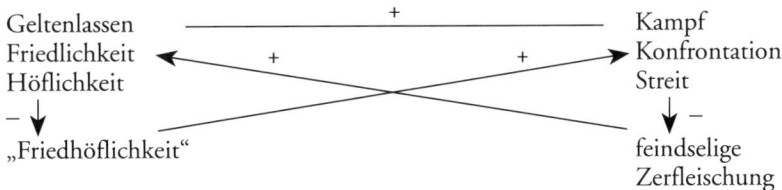

(nach SCHULZ VON THUN, S. 47)

Wünschenswert ist ein Team, das beide Werte verwirklichen und sich trotz gegenseitiger Achtung auch einmal hart auseinandersetzen kann. Eine Arbeitsgruppe ohne Meinungsverschiedenheiten verliert ihre Lebendigkeit, ständiger Kampf endet in Destruktivität. „Friedhöfliche" Teams sollten sich fragen, ob ihre Ruhe und Harmonie nicht mit der Angst vor Kontroversen und damit verbundenen Veränderungen zu tun hat. Für aggressive Teams dagegen ist die Entwicklungsrichtung eine andere: Die Mitglieder müssen eine tolerante und akzeptierende Haltung zueinander anstreben.

Veränderung contra Stillstand Ein häufiger Konfliktpunkt in Teams ist der Wunsch nach der Einführung von neuen Ideen und dem Festhalten an Althergebrachtem.

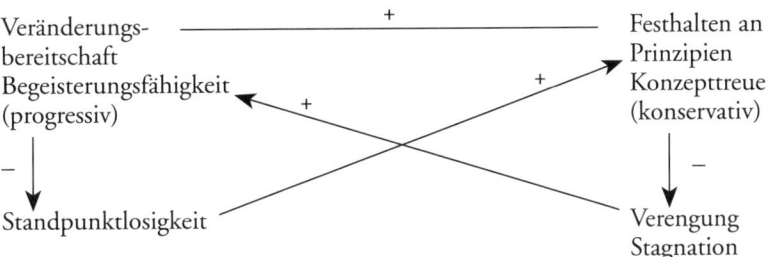

Das Wertequadrat zeigt die Gefahren beider Positionen. Begeisterung für Neues kann zu Standpunktlosigkeit, das Beharren auf Prinzipien zu Stillstand und Scheuklappen-Denken führen. Teams, die immer auf der Jagd nach Neuem sind, sollten erkennen, daß das Festhalten an Konzepten auch etwas Positives und Haltgebendes, Neues hingegen oft nur ein kurzlebiger modischer Trend sein kann. Teams, die sich gegen jegliche Veränderung sperren, müßten demgegenüber lernen, das Ausscheren aus dem Ewig-Gleichen und Schon-immer-so-Praktizierten nicht als gleichbedeutend mit dem Aufgeben bewährter Grundsätze, sondern als eine Bereicherung für die Arbeit zu sehen.

Die Antwort auf die Frage nach dem idealen Team läßt sich in etwa so zusammenfassen:

Auch wenn eine gewisse Typisierung von Arbeitsgruppen vorgenommen werden kann, stellt jedes Team ein System dar, das durch die Persönlichkeit der einzelnen Mitglieder, durch die sich daraus ergebenden Beziehungen und die Wechselwirkung mit dem sozialen Umfeld in jeweils einmaliger Weise charakterisiert ist. Ein Team ist dann ein gutes Team, wenn es seine Stärken bewußt nutzen kann, seine Schwächen erkennt und sich über die Entwicklungsrichtung im klaren ist, die es im Umgang mit diesen Schwächen einschlagen muß.

4. Konfliktpunkte im Kindergarten

Die Liste der Wünsche, die in Kursen zum Thema Konfliktbewältigung geäußert werden, ist meist lang:

- Ideen für Teambesprechungen.
- Welche Erfahrungen gibt es mit Hierarchien?
- Wie macht man es, daß sich jeder verantwortlich fühlt?
- Wie kann ich dienstliche Forderungen durchsetzen, notwendige Anweisungen wirkungsvoll geben?
- Wie kann ich die Einhaltung von Absprachen erreichen?
- Wie kann ich sachlich Kritik üben?
- Gibt es eine Aussprache ohne Streit?

- Wie vermeide ich das Verschleppen von Konflikten?
- Wie verhalte ich mich, wenn hinter meinem Rücken geschimpft wird?
- Eltern beschweren sich über den schlechten Arbeitsstil einer Kollegin. Was soll ich tun?
- Die Leiterin gewährt uns Mitarbeiterinnen zu wenig Mitsprache.
- Die Leitung hat ganz andere Vorstellungen von Vorschulerziehung als ich.
- Wir haben keine Teambesprechung.

Die Aufzählung verweist auf allgemeine Konfliktquellen in Teams und auf typische Problempunkte im Kindergarten – und auf eine weit verbreitete Unkenntnis und Unsicherheit bezüglich Konfliktbewältigung.

Konfliktquellen im KiGa

Ein Ordnungsversuch führt zu folgender Systematisierung von Konfliktsituationen und -konstellationen im Kindergarten:

Hierarchische Strukturen

1. Die hierarchische Gliederung des Teams in Leiterin, Erzieherinnen, Kinderpflegerinnen und Berufspraktikantinnen:
   - Die Leiterin beklagt, daß Erzieherinnen/Kinderpflegerinnen zu wenig Verantwortung übernehmen und zu wenig Engagement zeigen.
   - Erzieherinnen/Kinderpflegerinnen sind unzufrieden, weil ihnen von der Leitung zu wenig Entscheidungsfreiraum und Selbständigkeit zugestanden wird.
   - Dienstvorschriften werden nicht erfüllt.
   - Absprachen werden nicht eingehalten.
   - Es bilden sich Koalitionen in der Mitarbeitergruppe – gegeneinander oder gegen die Leiterin.

Individuelle Unterschiede

2. Die individuellen Unterschiede in Persönlichkeit und Arbeitsstil der Mitarbeiterinnen:
   - Unterschiedliche Vorstellungen bezüglich Gruppenführung, Umgang mit den Kindern, Gestaltung des Tagesablaufs usw.
   - Rivalitäten, Eifersucht, Feindseligkeiten, Antipathien.
   - Berührungsängste und Verständnisschwierigkeiten zwischen Ordensleuten und Laien.

- Schlechter Arbeitsstil, mangelnde Berufseignung.
- Persönliche Probleme von Mitarbeiterinnen (häufige Krankheit, Sucht, psychische Probleme, familiäre Belastungen und Krisen).

Veränderungen 3. Veränderungen im Team:
- Die neue Leiterin stellt Altbewährtes oder Alteingefahrenes in Frage und möchte Neuerungen einführen.
- Eine neue Mitarbeiterin hält sich nicht an die Regeln und Gepflogenheiten, die in der Gruppe vorherrschen.

Konflikte sind Bestandteil des Lebens und treten in jedem menschlichen System auf. Entscheidend für eine Bewältigung sind drei Dinge:
- das Wissen um Möglichkeiten der Konfliktvermeidung,
- die Kenntnis von Konfliktlösungsmodellen,
- die Fähigkeit zur konkreten Teamkonflikt-Analyse.

5. Möglichkeiten der Konfliktvermeidung und Konfliktlösung

Wenngleich Konflikte, definiert als Aufeinanderprallen unterschiedlicher Meinungen und Interessen, in Privatleben und Arbeitswelt geradezu selbstverständlich und für die Entwicklung von Individuum und Gruppe unabdingbar sind, so ist es doch vorrangiges Ziel, das Austragen dieser Gegensätze zu erleichtern bzw. zu verhindern, daß aus diesen Auseinandersetzungen Streitigkeiten, Dauerzerwürfnisse und verhärtete Fronten entstehen. In den nächsten Abschnitten sollen einige Gesichtspunkte aufgezeigt werden, die in diesem Sinne zur Konfliktvermeidung und -lösung beitragen können.

5.1. Partnerschaftliche Grundhaltung und Kommunikation

Zusammenarbeit in einem Team ist keine Beratungs- oder Therapiesituation, sondern von den Erfordernissen des Ar-

**Partnerschaft-
liche Grundhal-
tung**

beitsalltags, von den beruflichen Aufgaben und unterschiedlichen Meinungen, Eigenschaften und Fähigkeiten der Mitarbeiter geprägt. Die partnerschaftliche Grundhaltung, die wir in Kap. II.2. ausführlicher dargestellt haben, schließt Differenzen und Konflikte keineswegs aus. Was sie nahelegt, ist die grundsätzliche Achtung vor dem Mitmenschen und die Toleranz gegenüber seiner Andersartigkeit. Angestrebt wird die Balance zwischen den eigenen Wünschen und den Bedürfnissen der anderen, zwischen dem Verständnis für den Mitmenschen und der Durchsetzung berechtigter eigener Interessen.

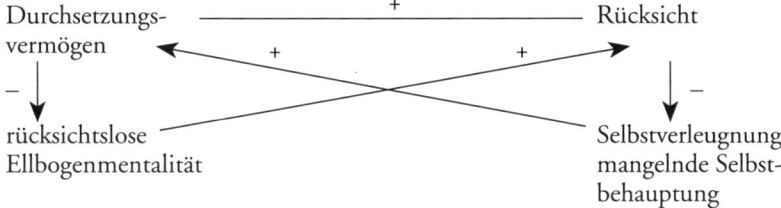

(nach SCHULZ VON THUN, 1991, 2, S. 55)

**Kommunika-
tionsstil: Akti-
ves Zuhören
und Ich-Bot-
schaften**

„Aktives Zuhören" und „Ich-Botschaften" haben wir als Merkmale eines Kommunikationsstils kennengelernt, der zur Verwirklichung dieses Bemühens beiträgt (vgl. Kap. II.4.). An dieser Stelle sollen die beiden Gesprächsmittel noch einmal aufgegriffen und speziell in ihrer Bedeutung für die Konfliktvermeidung und -lösung im Team herausgestellt werden.

Aktives Zuhören ist Zeichen eines respektvollen Umgangs miteinander und von daher konfliktvermeidend. Wenn Gesprächspartner einander ernst nehmen und ihre Gefühle, Gedanken und Standpunkte wechselseitig verstehen und akzeptieren, wird eine gute Basis geschaffen für die Bewältigung unvermeidbarer Konflikte. Aktives Zuhören schafft eine vertrauensvolle Atmosphäre und fördert durch die Anregung der Eigeninitiative Problemlösung in einem früheren Stadium. Mit aktivem Zuhören wird dem anderen Verständnis entgegengebracht und ihm Raum gelassen für die Darlegung seiner Schwierigkeiten. Ohne ihn zu drängen oder mit guten Ratschlägen zu bevormunden, kann er häufig darin unterstützt werden, selbst Lösungen zu entwickeln.

Beispiel:

Eine Erzieherin, die seit ein paar Monaten in einem großen Kindergarten arbeitet, beklagt sich bei einer Kollegin über die Leiterin.

E: „Mir kommt es so vor, als ob Frau B. regelrecht hinter mir her wäre. Ständig erkundigt sie sich nach meiner Arbeit mit den Kindern und wie ich mit den Eltern zurechtkomme."

K: „Und dir geht das sichtlich auf die Nerven, ja?"

E: „Mehr als das! Vor allem frage ich mich inzwischen, was das zu bedeuten hat. Traut sie mir nicht zu, daß ich meine Arbeit ordentlich mache? Oder ist sie so neugierig und muß alles kontrollieren? Aber bei euch macht sie das doch auch nicht, oder?"

K: „Sie will bei mir schon hin und wieder wissen, wie es so läuft, aber das ist ziemlich selten. Dich verunsichert ihr Verhalten auf jeden Fall."

E: „Ja, total. Und es ärgert mich! Ich bin doch keine Anfängerin!"

K: „Sie trifft dich auch in deinem Stolz."

E: „Mhm. Hast du denn eine Erklärung?"

K: „Du fragst *mich*, warum *sie* sich dir gegenüber so verhält?"

E (lacht): „Du meinst, warum ich sie nicht selber frage? Tja, ich weiß auch nicht so recht. Vielleicht habe ich Angst, daß sie wirklich etwas auszusetzen hat und mich kritisiert."

K: „Du erwartest Negatives?"

E: „Hmm, irgendwie schon. Aber warum eigentlich? Und wenn schon – dann wüßte ich wenigstens, was Sache ist!"

Die Erzieherin ist verunsichert durch das Verhalten der Leiterin. Durch das Gespräch mit der Kollegin wird ihr deutlich, daß sie ein Problem hat, zu dessen Lösung sie selbst die Initiative ergreifen muß.

Die Unterredung mit der Leiterin bringt Klärung. Die Erzieherin hat eine Gruppe übernommen, mit der die Vorgängerin im Hinblick auf Kinder und Eltern Schwierigkeiten hatte. Die Leiterin wollte die neue Mitarbeiterin zunächst nicht mit Vorinformationen negativ beeinflussen. Stattdessen hat sie sich vorgenommen, die Entwicklung in der Gruppe aufmerksam zu verfolgen, um der Kollegin gegebenenfalls Unterstützung geben zu können. Daß das als Kontrolle und Mißtrauen erlebt werden würde, hatte sie nicht in Erwägung gezogen.

Denkbar wäre, daß die Kollegin im vorab skizzierten Gespräch über die Vorgeschichte der Gruppe informiert und damit eine Erklärung für das Verhalten der Leiterin liefert.

Höchstwahrscheinlich würde das die Unsicherheit der Erzieherin nicht gänzlich beseitigen können - es ist immerhin nur eine Vermutung. Wirkliche Aufklärung schafft allein ein Gespräch mit der Leiterin selbst. Und es trägt zu einer positiven Beziehungsdefinition bei: Wir sprechen Unstimmigkeiten an und schaffen damit Kontakt und Nähe (statt durch Schweigen und stillen Ärger Distanz). Wir vertrauen unserer Kommunikationsfähigkeit.

Aktives Zuhören ist hilfreich in bestimmten Phasen von Team- und Konfliktgesprächen:

Wenn hartnäckige Einwände und Widerstände gegen Vorschläge kommen, wenn Ärger und Unzufriedenheit geäußert werden oder Gesprächspartner bei sachlicher Kritik in eine sehr gefühlsgeladene Verteidigungshaltung gehen, sollte aktiv zugehört werden. Das verständnisvolle Eingehen auf die Emotionen des anderen trägt zur Entspannung der Situation bei und fördert – im Gegensatz zu unnachgiebigem Beharren auf der eigenen Position – die Chancen für eine gegenseitige Annäherung.

Ich-Botschaften dagegen helfen bei der angemessenen Durchsetzung eigener Interessen und Bedürfnisse. Mit ihnen können Probleme in der gemeinsamen Arbeit und im Umgang miteinander in sozial verträglicher Weise thematisiert werden. Die Mitarbeiterin, die Schwierigkeiten hat mit einer Kollegin, oder die Leiterin, die unzufrieden ist, weil z. B. Regeln, Vereinbarungen und Dienstvorschriften nicht eingehalten oder bestimmte Aufgaben vernachlässigt werden, haben jeweils ein Problem, zu dessen Lösung von ihnen die Initiative ergriffen werden muß.

Das Senden einer Ich-Botschaft ist der sprachliche Ausdruck der Fähigkeit, fair und offen Kritik zu üben. Es ist für niemanden angenehm, auf Verhaltensweisen angesprochen zu werden, durch die sich ein anderer gestört fühlt, aber indem die Ich-Botschaft die Kritik nicht an der Person, sondern an konkreten Verhaltensweisen festmacht, ist sie nicht abwertend und weniger verletzend. In einem frühen Stadium unerwünschtes Verhalten nicht beschuldigend und in bezug zu sich selbst anzusprechen, kann manches Problem relativ schnell bereinigen. Der Adressat der Ich-Botschaft erhält

Kritik an konkreten Verhaltensweisen festmachen

eine klare Rückmeldung über sein Verhalten und dessen Auswirkungen, der Sender der Ich-Botschaft kann seine Unzufriedenheit loswerden und verhindert damit, daß sie sich zu
Ärger aufstaut.

Nicht: „Deine Schlampigkeit ist fürchterlich. Wenn wir alle
so wären wie du, würden wir hier im Chaos versinken!"
Sondern: „Ich wünsche mir, daß du im Materialschrank mehr
auf Ordnung achtest. Es nervt mich, wenn ich die Sachen
nicht finde, die ich brauche."

Ich-Botschaften sind ein guter Einstieg in Konfliktgespräche. Ich-Botschaften senden heißt, Verantwortung für sich
selbst zu übernehmen, Probleme anzupacken, statt sie vor
sich herzuschieben und nicht passiv abzuwarten, ob der andere etwas verändert oder die Dinge sich von selbst lösen. Diese
Haltung verbietet indirekte Taktiken (vorwurfsvolles Schweigen, beleidigtes Zurückziehen) und läßt nicht zu, daß sich Unzufriedenheit und Ärger indirekt einen Weg bahnen.

Beispiel:

Eine Leiterin merkt, daß ihre Mitarbeiterinnen seit einiger Zeit mißmu-
tig wirken und ihr gegenüber nicht mehr so unbefangen sind. Sie
glaubt zu spüren, daß einiges hinter ihrem Rücken läuft, und fühlt sich
zunehmend unwohl. In der nächsten Teamsitzung spricht sie die Situation an:

„Ich habe den Eindruck, ihr seid in den letzten Wochen mit irgend
etwas unzufrieden. Da von euch nicht direkt darüber gesprochen
wird, bin ich ziemlich irritiert. Irgend etwas ist nicht in Ordnung, aber
ich weiß nicht, worum es geht."

Es stellt sich heraus, daß das Team ungehalten ist, weil sich die Leiterin beim Träger nicht stärker dafür eingesetzt hat, an sogenannten
regionalen Arbeitsgruppen teilnehmen zu dürfen. Die Mitarbeiterinnen hatten auf Fortbildungen und über Erzählungen von Kolleginnen
aus anderen Einrichtungen erfahren, daß solche Arbeitsgruppen vielerorts angelaufen sind und als sehr positiv erlebt werden. Nachdem
sie die Absage durch den Träger zunächst mehr oder weniger hingenommen hatten, sind sie nun enttäuscht und verärgert. Wäre der Leiterin die Sache wirklich wichtig, so ihre Einschätzung, dann hätte sie
dem Träger eine Genehmigung abringen können.

Im Laufe der zum Teil recht hitzigen Diskussion bringt die Leiterin zur Sprache, daß sie das Team häufig als sehr fordernd erlebt. Ganz selbstverständlich werde von ihr erwartet, alle Wünsche zu erfüllen, auf alle Forderungen einzugehen und alles beim Träger durchzukämpfen. Sie verspüre ihrerseits aber wenig Entgegenkommen bei den Mitarbeiterinnen, wenn sie einmal Unterstützung für besondere Aufgaben brauche. Das Gleichgewicht zwischen Fordern und Geben beschäftigt die Gruppe noch über mehrere Teamsitzungen hinweg. Ein aktueller Konflikt hat eine grundsätzliche Schwierigkeit im Team ans Licht gebracht. Bezüglich der Teilnahme am Arbeitskreis erklären sich alle Mitarbeiterinnen bereit, Argumente für ein schriftliches Gesuch an den Träger zu sammeln.

Aus kommunikationspsychologischer Sicht wäre es Sache der Mitarbeiterinnen gewesen, eine Ich-Botschaft zu senden. Das Team war unzufrieden, hatte also ein Problem.

„Wir sind enttäuscht, daß wir an diesem Arbeitskreis nicht teilnehmen können. Andere Teams berichten voller Begeisterung davon, und wir sollen davon ausgeschlossen sein. Wir hatten gehofft, du würdest das beim Träger durchsetzen können."

Nur ein angemessenes Ansprechen macht Schwierigkeiten einer Bewältigung zugänglich, und das Team hätte sich und der Leiterin durch mutige Offenheit ein paar stimmungsmäßig getrübte Wochen ersparen können. Hätte auch die Leiterin noch länger gewartet, wäre es über kurz oder lang höchstwahrscheinlich zu einem Streit gekommen – ausgelöst durch eine Kleinigkeit und das eigentliche Problem aussparend.

Nicht nur zu Beginn, sondern auch im Verlauf eines Konfliktgesprächs sind Ich-Botschaften ein wichtiges Kommunikationsmittel. Wenn der Gesprächspartner emotional und mit abwertenden Du-Botschaften operiert, kann mitunter eine Eskalation des Konflikts vermieden werden, wenn aktiv zugehört wird, also auf den Gefühlsaspekt der Botschaft eingegangen wird. Häufig aber ist es so, daß sich der auf diese Weise Angegriffene gekränkt fühlt und ihm der Sinn nicht nach aktivem Zuhören steht. Er möchte sich vielmehr wehren und die eigenen Gefühle zum Ausdruck bringen. Meist geschieht das dann mit einer Gegenbeschuldigung, und das Hin und Her von Du-Botschaften führt zu einer Auseinandersetzung, die nicht unbedingt eine reinigende und befreiende Wirkung hat. Die dann drohende Verhärtung der Fronten kann durch eine

Ich-Botschaft verhindert und dem Streit eine neue Wendung gegeben werden.

Erzieherin: „Du bist unfähig, Kinder vernünftig zu führen! In deiner Gruppe herrscht immer Chaos!"
Kollegin:
Nicht: „Und du schaffst mit deiner Zwanghaftigkeit ein total steriles Gruppenklima!" (Gegenangriff durch eine Du-Botschaft)
Sondern: „Es ärgert mich sehr, wenn du mich mit so einem Rundumschlag kritisierst. Was stört dich denn konkret?" (Sich-Wehren durch eine Ich-Botschaft)

Abschließend sei noch eine Gesprächssequenz wiedergegeben, die sowohl Ich-Botschaften als auch aktives Zuhören enthält. An welchen Stellen wie reagiert werden soll, kann nie definitiv festgelegt werden. Das ist eine Frage der Persönlichkeit, der Erfahrung und der Stimmungslage im Gespräch.

Beispiel:

Eine Erzieherin ist häufig zwei Tage krank. Die Kinderpflegerin, wenngleich kompetent und mit langjähriger Berufserfahrung, leidet unter der Belastung, die Gruppe oft alleine führen zu müssen. Die Erzieherin ist alleinerziehende Mutter, so daß die ältere Kollegin bisher mit viel Nachsicht reagiert hat. Schließlich aber ist der Punkt erreicht, an dem es ihr zuviel wird und sie bespricht das Problem mit der Leiterin (L), die die Erzieherin (E) zu einem Gespräch bittet.
L (ruhiger, freundlicher Tonfall): „Ich habe Sie zu mir gebeten, weil Ihre Kollegin, Frau G., mit mir darüber gesprochen hat, daß Sie in den letzten Monaten öfter zwei Tage krank gemeldet waren. Mir ist das auch schon aufgefallen, und ich fange an, mir deswegen Gedanken zu machen."
E (gereizter Tonfall): „Ich kann ja wohl nichts dafür, wenn ich krank bin!"
L (ruhig, sachlich): „Nun, ich stelle einfach fest, daß Sie häufig fehlen. Ich frage mich, welche Ursachen das hat. Ich bin besorgt um Sie, aber auch um Ihre Gruppe. Da wir zur Zeit keine Praktikantin haben, fühlt sich Frau G. sehr belastet, wenn sie so oft alleine ist mit den Kindern."
E (ärgerlicher Tonfall): „Wollen Sie mir denn unterstellen, daß ich absichtlich krank werde?"

L (ruhig, sachlich): „Ich will mit Ihnen darüber sprechen, daß Sie oft zwei Tage krank gemeldet sind und mich das beunruhigt. Zum einen überlege ich, was mit Ihnen los ist, zum anderen sehe ich die negativen Folgen für die Arbeit in der Gruppe."
E schweigt, senkt den Kopf.
L: „Sie wirken sehr niedergeschlagen jetzt."
E beginnt zu weinen.
L wartet.
E: „Ich kriege das in der letzten Zeit mit meinem Kind und der Arbeit nicht mehr auf die Reihe. Es wird mir alles zuviel und ich fühle mich völlig erschöpft. Das ist doch irgendwie auch krank sein, oder?"
L (verständnisvoll, einfühlend): „Sie halten diese ständige Überforderung nicht mehr aus?"

Die Erzieherin spricht weiter über ihre schwierigen Lebensumstände, die Leiterin hört (aktiv) zu, bekundet Interesse und Verständnis.
L: „Ich kann Ihre Situation jetzt besser verstehen und nachvollziehen, daß Sie manchmal ziemlich fertig sind. Andererseits ist es mir natürlich ein Anliegen, daß die Arbeit hier gut läuft. Ich denke, es war ganz wichtig, daß wir über das Problem und unsere Standpunkte gesprochen haben."
E: „Es ist mir klar, daß ich etwas ändern muß, auch wenn ich noch nicht weiß, wie ich es anpacken soll."
L: „Okay, belassen wir es für heute dabei. Ich hoffe, Sie finden einen Weg, sich Entlastung zu schaffen. Wenn ich Ihnen helfen kann, lassen Sie es mich wissen."

Das Gespräch endet ohne Drohung oder Ermahnung von seiten der Leiterin, auch ohne greifbares Ergebnis. Was erreicht werden konnte, ist ein vertieftes gegenseitiges Verstehen. Die Erzieherin fühlt sich ermutigt, über eine Verbesserung ihrer Lebenssituation nachzudenken. Sie sieht, daß ihre ungelösten Probleme nicht nur ihr selbst schaden, sondern auch negative Auswirkungen auf andere haben.

Drei Wochen später ist die Erzieherin für eine Woche krankgeschrieben, dann hören die zweitägigen Fehlzeiten auf. Sie läßt ihrer Kollegin und der Leiterin gegenüber anklingen, daß sie sich darum bemüht hat, durch bessere Arrangements mehr Ruhe in ihren Alltag zu bringen.

Manchmal reicht es aus, Schwierigkeiten zu thematisieren und offenzulegen. Die Analyse des Problems und das Verstehen beider Positionen ist oft wichtiger als das sofortige Finden einer konkreten Lösung, wenn es, wie hier, nicht um eng umschriebene organisatorische Dinge geht, sondern um umfassendere menschliche Probleme. Allein das Ansprechen kann Weichen stellen und Veränderungen anbahnen. Wenn allerdings nach einer gewissen Zeitspanne wohlwollenden Abwartens nichts geschieht, muß das Gespräch wiederaufgenommen werden: „Ich sehe, seit unserem Gespräch hat sich nichts verändert ..."

Wie beim aktiven Zuhören ist auch bei der Ich-Botschaft die zugrundeliegende Haltung der entscheidende Punkt. Rollenspiele zeigen, daß den Erzieherinnen oft der Mut und die Sicherheit fehlen, Kritik zu üben und belastende Situationen zu benennen. Dann klingen ihre Botschaften natürlich zaghaft, unklar und wenig überzeugend. Es ist eine Frage der Selbstsicherheit und des Selbstvertrauens, Probleme aktiv und entschlossen, aber dennoch sensibel anzugehen. Fast überflüssig zu betonen, daß aktives Zuhören und Ich-Botschaften im Kommunikationsrepertoire von Leiterinnen großen Raum einnehmen sollten.

5.2. Themenzentrierte Interaktion nach Ruth Cohn

5.2.1. Das Konzept der TZI

Das Gruppenverfahren „Themenzentrierte Interaktion"

Die von RUTH COHN begründete themenzentrierte Interaktion (TZI) gilt als eines der wichtigsten Gruppenverfahren in der humanistischen Psychologie. Die Idee eines „lebendigen Lernens" in Gruppen hat sich entwickelt aus der psychoanalytischen Theorie und aus gruppendynamischen Erfahrungen. Die TZI betont die Position des Menschen zwischen Autonomie (Selbständigkeit) und zwischenmenschlicher Verbundenheit.

Der einzelne ist entsprechend gefordert, einerseits Verantwortung für sich selbst zu übernehmen und andererseits dem Mitmenschen Achtung, Verständnis und Toleranz entgegenzubringen.

Drei Aspekte des Gruppengeschehens Jedes Gruppengeschehen beinhaltet nach COHN (1992) drei Aspekte, die bildlich als Dreieck dargestellt werden können:

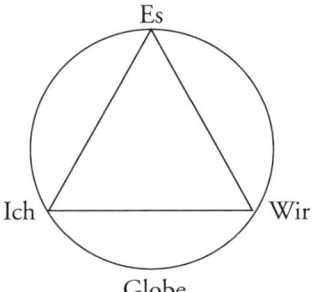

1. Das Ich, die individuelle Persönlichkeit
2. Das Wir, die Gruppe
3. Das Es, das Thema

Die Interaktionen zwischen Ich, Wir und Es finden in einem vorgegebenen äußeren Rahmen und in einem bestimmten sozialen Umfeld statt („Globe").

Übertragen wir das Schema auf den Kindergarten:

Die individuellen Persönlichkeiten von Erzieherinnen und Kinderpflegerinnen (Ich) bilden ein Arbeitsteam (Wir), das mit verschiedenen Themen (Es) befaßt ist: Erarbeitung eines pädagogischen Konzepts für den Kindergarten, Planung der Elternarbeit, Vorbereitung von bestimmten Veranstaltungen und Festen, Besprechung eines schwierigen Kindes usw. Das Team arbeitet innerhalb von vorgegebenen äußeren Bedingungen – die Teamsitzungen finden im Kindergarten, in einem bestimmten Raum und zu einem bestimmten Zeitpunkt statt – und in einem sozialen Umfeld, insofern als der Kindergarten Bestandteil der Gemeinde, der Pfarrei, des Stadtteils, der Trägerinstitution u. ä. ist.

Eine kreative Auseinandersetzung mit Sachfragen oder – wie es die TZI nennt – lebendiges Lernen, findet am ehesten dann statt, wenn Individuum, Gruppe und Thema in einem ausgewogenen Verhältnis zueinander stehen. Schule und Ausbildungswesen sind zum Beispiel weit von diesem Ideal entfernt und nahezu vollständig von Sachthemen (Es) beherrscht. Der Individualität der Schüler (Ich) und ihren Beziehungen untereinander (Wir) wird kaum Beachtung geschenkt. Therapie- und Selbsterfahrungsgruppen stellen dagegen das Ich und das Wir in den Vordergrund, Sachthemen treten hier ganz zurück.

In Kindergartenteams ist ein Ungleichgewicht der drei Aspekte an der Tagesordnung. Trotz unübersehbarer Spannungen zwischen den Mitarbeiterinnen werden nur sachliche Inhalte besprochen. Die Teamsitzungen verlaufen schleppend, die Diskussionen wenig fruchtbar. Niemand fühlt sich wohl, während die Sachfragen mehr schlecht als recht über die Bühne gebracht werden. Am anderen Pol finden wir Teams, in denen endlos über Konflikte der Gruppe oder über Probleme von einzelnen Kolleginnen gesprochen wird. Hier bleibt die sachliche Arbeit auf der Strecke.

5.2.2. Die Regeln der TZI

Die Beachtung einer Reihe von Grundsätzen hilft die Balance zwischen Ich, Wir und Es herzustellen. Die nachfolgende Darstellung dieser Regeln orientiert sich an COHN, 1992.

Die zwei Hauptregeln der TZI:

1. Sei dein eigener Chairman

Selbst-verantwortung

Jeder Gesprächsteilnehmer trägt als sein „eigener Vorsitzender" die Verantwortung für sich selbst, d.h. für das, was er sagt und tut. Er nimmt sich, die anderen und die Gruppenaufgabe gleichermaßen ernst. Er ist sich seiner Bedürfnisse, seiner körperlichen Empfindungen, seiner wechselnden Gefühle, seiner Grundstimmungen, Ideen, Absichten, Wertungen und Urteile bewußt. Er entscheidet für sich, wann er sprechen und wann er schweigen will. Ebenso weiß er um die Eigenverantwortung der anderen.

2. Störungen haben Vorrang

Antipathien zwischen Gruppenmitgliedern, Mißmut, Ärger und Langeweile sind Störungen, die, sofern sie unterdrückt

Gefühle gehören zum Gruppenprozeß

und unausgesprochen bleiben, den einzelnen lähmen, die Gruppe blockieren und Problemlöseprozesse be- oder gar verhindern. Gefühle sind Teil der menschlichen Wirklichkeit. Sie müssen nach COHN, wenn lebendig und kreativ gelernt, diskutiert und verhandelt werden soll, in Klassenzimmern, Hörsälen und Konferenzräumen Beachtung findet.

Daß Störungen auf der Ich-Ebene nicht überhandnehmen und zum alles beherrschenden Thema werden, dafür sorgt der Grundsatz der Balance zwischen Ich, Wir und Es. Tiefsitzende individuelle Probleme sind in nichttherapeutischen Gruppen selbstverständlich auch mit TZI nicht zu lösen.

Die Hilfsregeln:

1. Mache persönliche Aussagen

„Ich" statt „man"

Wer sich seiner Eigenverantwortung bewußt ist und zu ihr steht, versteckt sich nicht hinter allgemeinen Formulierungen. Er spricht per „ich" und nicht per „man" oder „wir". Diese Regel hilft, verantwortliche Aussagen zu fördern, zu eigenen Standpunkten und Ideen, aber auch eventuellen Fehlern und Irrtümern zu stehen und Projektionen eigener Gefühle auf andere Teilnehmer zu vermeiden.

Nicht: „Wir merken jetzt doch alle, daß diese Diskussion nicht weiterführt!"
Sondern: „Ich fühle mich schon eine ganze Weile wie gelähmt – ich erlebe die Diskussion als festgefahren."

2. Sei zurückhaltend mit Fragen

Keine Scheinfragen

Mit einer persönlichen Aussage bezieht der Gesprächsteilnehmer Stellung und regt damit andere Teilnehmer an, sich ebenfalls zu äußern. Fragen hingegen umgehen diese Stellungnahme und beinhalten mehr oder minder deutliche Ansprüche an den Gesprächspartner. Häufig haben Fragen auch inquisitorischen Charakter und werden als Mittel im Machtkampf um die überlegenere Position im Gespräch eingesetzt. Die TZI empfiehlt, auf solche Scheinfragen zu verzichten. Echte Fragen, die einem wirklichen Informationsbedürfnis entspringen, sind zulässig, sollten jedoch begründet werden. Beispiele für **Scheinfragen**

„Hast du denn schon versucht, sie in so einer Situation aus der Gruppe herauszunehmen?"
(Verkappter Ratschlag, Ausdruck von Überlegenheit)
„Ist dir das denn schon öfter passiert, daß die Kinder so außer Rand und Band geraten?"
(Vorwurf, Kritik, Überheblichkeit)

Beispiele für **begründete Informationsfragen:**

„Das ist mir jetzt noch nicht ganz klar: Worüber hat sich die Mutter so heftig beklagt?"
„Ich habe den Eindruck, das Thema Elternarbeit ist in der letzten Zeit in unserem Team zu kurz gekommen. Wie geht es denn euch in den einzelnen Gruppen mit diesem Teil der Arbeit?"

3. Vermeide Interpretationen

Persönliche Aussagen statt Interpretationen

Für Interpretationen gilt ähnliches wie für Fragen. Sie führen von der eigenen Person weg und dienen der Demonstration von Überlegenheit. Cohn lehnt sie als „Selbstbewunderungsspiele" weitgehend ab. So hilfreich eine zutreffende Deutung zum richtigen Zeitpunkt sein kann, so sehr stört eine unangemessene Interpretation eine spontane und lebendige Kommunikation. Persönliche Aussagen zum Verhalten anderer schaffen hingegen ein angenehmes und produktives Gesprächsklima.
Nicht: „Das sagst du jetzt nur, weil du mir eins auswischen willst!"
Sondern: „Das trifft mich sehr, was du da eben gesagt hast. Wie kommst du zu dieser Einschätzung?"
Nicht: „Es sieht ganz so aus, als ob du Autoritätsprobleme hättest!"
Sondern: „Unser Träger scheint unsere Anliegen gar nicht so richtig ernst zu nehmen. Ich fände es gut, wenn du ihm manchmal etwas entschlossener und fordernder entgegentreten würdest."

4. Feedback begründen

Feedback ohne Beschuldigung

Wer etwas über Verhalten und Persönlichkeit eines anderen aussagt, muß das in Bezug zu sich selbst tun. Er muß sagen, was Verhaltensweisen oder Eigenschaften eines anderen für ihn selbst bedeuten.

Nicht: „Du bist immer so dominant in der Gruppe und läßt keinen zu Wort kommen!"
Sondern: „Du bringst viele und lange Beiträge – ich komme da überhaupt nicht dazwischen und fühle mich nach einer Weile wie gelähmt."
Nicht: „Du bist sehr zurückhaltend in unseren Teamsitzungen und sagst kaum etwas."
Sondern: „Mir fällt auf, daß du in unseren Besprechungen selten deine Meinung äußerst. Mich verunsichert das, weil ich nie weiß, was du denkst."

Cohn hält diesen Grundsatz, in Verbindung mit der Frage- und Interpretationsregel, für das wichtigste Kommunikationselement, um die Ausgrenzung einzelner Teilnehmer als Prügelknaben zu verhindern. Denn Fragen, Feedback und Interpretationen sind die Kommunikationsmittel, die am häufigsten dazu benutzt werden, um von sich selbst abzulenken und durch mehr oder weniger offene Angriffe über den Gesprächspartner Macht auszuüben. Die Parallele zu den Ich-Botschaften der partnerzentrierten Gesprächsführung ist nicht zu übersehen.

Parallele zu den Ich-Botschaften

5. Seitengespräche haben Vorrang

Seitengespräche zu integrieren versuchen

Seitengespräche deuten meist auf eine starke Beteiligung am Thema hin. Unsicherheit und Angst können Gruppenmitglieder daran hindern, sich in der Gruppe zu äußern. Seitengespräche resultieren unter Umständen auch aus Langeweile und zeigen eine Störung auf der Ich-Ebene an, die der Gruppe mitgeteilt werden sollte, damit die Teilnehmer sich wieder in den Gruppenprozeß einklinken können. Durch das Thematisieren des Seitengesprächs sollen die Betreffenden ermuntert, aber nicht gezwungen werden, auf die Wir-Ebene zurückzukehren.

6. Es spricht immer nur einer!

Dem anderen aufmerksam zuhören

Wenn eine Gesprächsatmosphäre angestrebt wird, die von Eigenverantwortlichkeit und gegenseitiger Achtung geprägt ist, dann ist es selbstverständlich, dem anderen aufmerksam zuzuhören. Ihn zu unterbrechen, verbietet sich von selbst. Bei gleichzeitigem Sprechen mehrerer Teilnehmer, das im Eifer des Redegefechts oft nicht zu vermeiden ist, sollte die Reihenfolge der Diskussionsbeiträge festgelegt werden.

TZI ist eine Methode, die in Gruppen mit thematischen Vorgaben ein effektives Lernen und Erarbeiten von Lösungen zu bestimmten Fragestellungen ermöglicht. TZI setzt einen speziell ausgebildeten Leiter voraus. Die wesentlichen Prinzipien sind nicht ohne weiteres in die Praxis umzusetzen, sondern erfordern einen längeren Lernprozeß bei den Teilnehmern unter kompetenter Leitung.

Die Anwendung der Kommunikationsregeln der TZI beinhaltet eine Auseinandersetzung mit der eigenen Person. Verantwortung für sich selbst zu übernehmen und die Balance zu finden zwischen den eigenen Bedürfnissen und denen der anderen, ist in der konkreten Situation nicht unbedingt leicht. Sein eigener Chairman zu sein, zu seinen Äußerungen zu stehen, sich nicht hinter anderen zu verstecken und keine Machtspiele zu spielen, sind Forderungen, die nur eine reife Persönlichkeit erfüllen kann. Gefühle bewußt wahrzunehmen, die das eigene Erleben beeinträchtigen und damit den Gruppenprozeß stören, und sie der Gruppe mitzuteilen, setzt ein hohes Bewußtsein seiner selbst und Vertrauensfähigkeit in die **Selektive Offenheit** Gruppe voraus. „Sei authentisch und selektiv in deinen Kommunikationen. Mache dir bewußt, was du denkst und fühlst, und wähle, was du sagst und tust", verlangt COHN (1992, S. 125). Sie hat damit eine selbstbestimmte Persönlichkeit im Auge, die sich keinen ungeprüften Gruppennormen oder verinnerlichten Normen unterwirft, aber auch nicht ungefiltert alles sagt, sondern die Verständnisfähigkeit der anderen und das Vertrauensverhältnis in der Gruppe berücksichtigt. Dabei wird die Offenheit der Teilnehmer das Vertrauen und das Verständnis in der Gruppe fördern, was wiederum positiv auf die Offenheit der Teilnehmer zurückwirkt.

5.2.3. Relevanz der TZI für das Team im Kindergarten

TZI im Kindergartenteam

Obgleich das Konzept der TZI einen Gruppenleiter beinhaltet, der für die Ausgewogenheit von individuellen Bedürfnissen, Gruppengefühl und Sachthema sorgt, können einige Regeln auch in Teams angewandt werden, die ohne neutralen Leiter tagen, sich aber bewußt um ein angenehmes und effizientes gemeinsames Arbeiten bemühen. „Ich" statt „man", keine Seitengespräche, keine unbegründeten Fragen, keine Interpretationen und kein gegenseitiges Unterbrechen sind solch hilfreiche Richtlinien.

Tagesordnung festlegen und positiv formulieren

Unstrukturierte Teamsitzungen sind erfahrungsgemäß wenig ergiebig. Günstiger ist es, Themen zu sammeln und eine Tagesordnung festzulegen. Die TZI betont dabei die Bedeutung positiver Formulierungen.

Nicht: Schwierigkeiten in der Elternarbeit.
Sondern: Wie können wir die Elternarbeit in unserem Kindergarten wirksamer gestalten?

Nicht: Unsere Konflikte im Team.
Sondern: Wie können wir unsere Zusammenarbeit im Team verbessern?

Bezüglich Ausbildung, Fortbildung und Supervision ist über eine verstärkte Berücksichtigung der TZI nachzudenken.

Beispiel:

Abschließend ein Fallbeispiel aus einer Fortbildungsgruppe, das die Anwendung des Schemas der TZI auf die Analyse eines Teamproblems verdeutlichen kann.

Eine Erzieherin berichtet, daß während der Sitzungen in ihrem Team ständig Seitengespräche stattfinden. Ihr Problem besteht darin, daß sie sich als Leiterin für einen guten und effektiven Ablauf der wöchentlichen Treffen von eineinhalb Stunden verantwortlich fühlt, es ihr jedoch sehr unangenehm ist, zur Ordnung rufen zu müssen. Sie möchte leiten und strukturieren, aber nicht autoritär sein. „Bin ich zu führungsschwach?" lautet ihre Frage. Sie sieht ihr Team als überwiegend harmonische Gruppe, die aber, aufgrund vieler Halbtagskräfte, relativ groß ist: Bei vier Halbtagsgruppen und einer verlängerten Gruppe zählt sie zehn Mitglieder. Unterstützt durch die anderen Fortbildungsteilnehmerinnen setzt sich die Leiterin intensiver mit den Arbeitsbedingungen des Teams auseinander. Schließlich kommt sie zu dem Ergebnis, daß für die Kolleginnen außerhalb der Teamsitzungen zu wenig Kontaktmöglichkeiten bestehen. Mit dem Schema der TZI läßt sich das Dilemma folgendermaßen auf den Punkt bringen: Die Arbeit am Thema, der Es-Aspekt, kommt zu kurz, weil die Bedürfnisse der Mitarbeiterinnen nach Gespräch und Austausch in der gesamten Arbeitssituation zu wenig berücksichtigt werden und deshalb in den Teamsitzungen überwiegen. Für die Leiterin geht es gar nicht vorrangig darum, sich gegenüber diesen Seitengesprächen als Verfechterin der inhaltlichen Arbeit durchzusetzen, sondern es muß mehr Raum für die Ich- und Wir-Bedürfnisse geschaffen werden. Es handelt sich weniger um ein persönliches (Führungs-)Problem der Erzieherin als um ein strukturelles Problem, das mit Größe und Zusammensetzung des Teams zu tun hat. Als sinnvolle Lösung erscheint ihr, einen Teil der Zeit bei den Treffen ausdrücklich für den persönlichen Austausch zwischen den Kolleginnen freizugeben, also Diskussionen in Paaren oder kleinen Gruppen zu ermöglichen. Zum anderen greift sie die Anregung einer Fortbildungsteilnehmerin auf, die gute Erfahrungen mit einem Team-Stammtisch gemacht hat, der einmal im Monat stattfindet und Gelegenheit zu einem zwanglosen persönlichen und fachlichen Gespräch bietet.

5.3. Realistische Erwartungen an Teamarbeit

In Fortbildungskursen zur Teamarbeit, in denen sowohl Leiterinnen als auch Nicht-Leiterinnen vertreten sind, bietet sich zum Thema „Erwartungen an die Zusammenarbeit mit Kolleginnen" folgende Arbeitseinheit an:

Die Leiterinnen bilden eine Gruppe und formulieren, wie die ideale Mitarbeiterin auszusehen hätte; die Erzieherinnen in nicht leitender Position und die Kinderpflegerinnen beschreiben ihrerseits die ideale Leiterin.

Hier eine Zusammenstellung der am häufigsten genannten Eigenschaften und Fähigkeiten:

Die ideale Mitarbeiterin

Die ideale Mitarbeiterin ist aufgeschlossen, freundlich, verantwortungsbewußt, engagiert, gesundheitlich stabil, kooperativ, für alle da, steht zu ihren Aussagen, ist einfühlsam, pünktlich, ordentlich, jederzeit ansprechbar, hat ein gepflegtes Äußeres, ist kritikfähig und kann Kritik annehmen, ist selbstbewußt, offen, belastbar, flexibel, am Team orientiert.

Die ideale Leiterin

Die ideale Leiterin fühlt sich verantwortlich für die Mitarbeiterinnen, vertritt die Interessen gegenüber dem Träger, steht hinter dem Personal, gibt Informationen weiter, ist offen für fachliche und menschliche Probleme, hat eine klare Linie, übt eine Mittler- und Beraterfunktion aus, kann delegieren, organisieren, ist kritikfähig und kann Kritik ertragen, ist fachlich kompetent, loyal, informiert, konsequent, objektiv, dialogfähig, freundlich, gerecht, selbstbewußt, belastbar, gelassen.

Meist bricht am Ende der Auswertungsrunde, in der die Wunschlisten präsentiert werden, Gelächter aus und irgend jemand murmelt etwas von „Übermensch". Aber Übermenschen gibt es nicht, auch nicht unter Erzieherinnen. In einem Team zu arbeiten bedeutet, mit den Stärken und Schwächen der Kolleginnen konfrontiert zu sein. Und leider ist es meist so, daß sich diese Stärken und Schwächen nicht in einer ausgleichenden Weise ergänzen, sondern vielmehr die Ursache für zahlreiche Konflikte sind.

Unrealistische Harmoniewünsche und zu hohe Erwartungen an die Mitmenschen lassen uns zudem in privaten wie beruflichen Beziehungen einen häufigen, aber verhängnisvollen Fehler begehen: Wir hegen stillschweigend eine Reihe von Erwartungen, in der ebenso stillen Hoffnung, unsere Mitmenschen würden sie ganz ohne unser Zutun kennen oder erahnen. Um konfliktträchtigen Mißverständnissen und Enttäuschungen vorzubauen, ist es besser, die gegenseitigen Erwartungen auszusprechen. Insbesondere dienstliche Zuständigkeiten und Aufgabenbereiche sollten in den wesentlichen Zügen ausdrücklich und konkret geklärt werden. Es wird immer noch genügend Zündstoff übrigbleiben, der in den berühmt-berüchtigten Details steckt, die nie umfassend und erschöpfend zu regeln sind.

Erwartungen aussprechen

Wenn die Leiterin von den Mitarbeiterinnen mehr Engagement fordert oder letztere sich mehr Mitsprache wünschen, sind das recht diffuse Erwartungen, die durchaus zu präzisieren sind:

Leiterin: „Ich wünsche mir, daß ihr auch Ideen einbringt für die Gestaltung unserer Elternabende. Ich habe das Gefühl, daß ich mir immer alleine den Kopf zerbrechen muß und ihr dann oft gar nicht so einverstanden seid mit dem, was ich vorschlage."

Mitarbeiterinnen: „Wir fühlen uns bei der Entscheidung, welche Feste und in welcher Form wir sie feiern, übergangen. Das nimmt uns dann die Lust bei der Vorbereitung und Durchführung. Wir möchten in Zukunft mehr an dieser Entscheidung und der Planung beteiligt werden."

5.4. Führungsstil

Je selbstverständlicher ein partnerschaftlicher Umgang miteinander für alle ist, umso besser können Probleme, die zwangsläufig auftauchen, bewältigt werden.

Es liegt auf der Hand, daß der Leiterin hier eine besondere Rolle zufällt. Ihr Führungsstil prägt die Atmosphäre des Teams und seine Fähigkeit, mit Konflikten konstruktiv umzugehen.

Vier Arten der Führung
Die in Kapitel I.4.2. dargestellten Verhaltens- und Kommunikationsstile sind für die Zusammenarbeit in Teams von besonderer Relevanz. Eine Leiterin hat hinsichtlich Lenkung und Wertschätzung vier Möglichkeiten, mit ihren Mitarbeiterinnen umzugehen:

– Autoritärer Führungsstil
Die Leiterin gibt keine Informationen weiter, zum Beispiel über ihre Kontakte mit dem Träger. Sie allein legt die Art und Weise der Kooperation mit den Eltern und die Öffentlichkeitsarbeit fest. Über Veränderungen und neue Ideen duldet sie keine Diskussionen und läßt ihre Mitarbeiterinnen spü-

ren, daß sie mehr Erfahrung und Macht hat. Sie versucht, sich in die Arbeit der einzelnen Erzieherinnen einzumischen, kritisiert sie in abwertender Weise. Ihr Kommunikationsverhalten ist nicht umkehrbar, d.h. sie spricht mit Mitarbeiterinnen in Wortwahl und Tonfall so, wie diese nicht mit ihr sprechen dürften. Der autoritäre Führungsstil basiert auf einer Geringschätzung der Mitarbeiterinnen und starker Lenkung. Er provoziert über kurz oder lang Ärger, Wut und Auflehnung.

Geringschätzung und starke Lenkung

– Patriarchalisch-fürsorglicher Führungsstil
Die Leiterin führt den Kindergarten mit Engagement, Umsicht und Kompetenz. Zu ihren Kolleginnen pflegt sie ein durchaus freundliches und herzliches Verhältnis. Wie beim autoritären Stil hat sie alle Fäden fest in der Hand; sie entscheidet die wichtigen Dinge und legt Grundsätze und Richtlinien der Arbeit fest. Sie entspricht in etwa dem Typ der liebevoll-dominant-überfürsorglichen Mutter und hält ihre Mitarbeiterinnen auf diese Weise in einer unmündigen und unselbständigen Position.

Wertschätzung und starke Lenkung

– Laissez-faire-Führungsstil
Die Leiterin tritt in ihrer Funktion als verantwortliche Vorgesetzte kaum in Erscheinung. Sie läßt im wesentlichen die Dinge an sich herankommen, hat kein Führungskonzept und reagiert nur unter dem Druck aktueller Ereignisse und Notwendigkeiten. Ihre Beziehung zu ihren Mitarbeiterinnen ist distanziert, wenig herzlich, gleichgültig. Die Folgen im Team sind ein mehr oder minder großes Chaos, geringer Zusammenhalt und fehlende Identifikation mit dem Kindergarten.

Geringschätzung und geringe Lenkung

– Partnerschaftlicher Führungsstil
Die Leiterin weiß um ihre Aufgaben und Pflichten, die mit ihrer Funktion verbunden sind. Es ist ihr bewußt, daß sie, vor allem gegenüber Dritten (Eltern, Träger), die Verantwortung trägt für die Arbeit des Kindergartens. Notwendige und unpopuläre Anordnungen werden leichter akzeptiert, wenn sie transparent gemacht werden. Dienstliche Forderungen begründet sie daher ausdrücklich und eindeutig und achtet auf

ihre Einhaltung. Sie setzt grundsätzlich auf die Kooperationsbereitschaft, Eigenständigkeit und das Verantwortungsbewußtsein ihrer Mitarbeiterinnen und beteiligt sie im Rahmen des Möglichen an der Verantwortung und an Entscheidungen. Trotz ihrer klaren Vorstellungen von der pädagogischen Arbeit im Kindergarten ist sie nicht festgefahren, sondern offen für fachliche Diskussionen und andere Meinungen. Sie weiß zu unterscheiden zwischen Einmischung und Unterstützung. Sie hat eine freundliche Beziehung zu den Mitarbeiterinnen und ist in der Lage, Probleme, Fehler und Mißstände in einer nicht abwertenden Art zu thematisieren. Eigene Irrtümer und Fehler kann sie eingestehen.

Wertschätzung und geringe Lenkung

Die hier geschilderten „reinen Typen" gibt es natürlich so gut wie nicht. Auf den beiden Dimensionen minimale versus starke Lenkung und Wertschätzung versus Geringschätzung sind viele Ausprägungen und Kombinationen denkbar. Häufig kommt es zu einem Wechsel zwischen den Führungsstilen. Wird zum Beispiel das Chaos in einem tendenziell nach dem laissez-faire-Prinzip geführten Kindergarten zu groß, sucht die Leiterin plötzlich Zuflucht bei autoritären Maßnahmen. Der patriarchalisch-fürsorgliche Stil greift in schwierigen Phasen meist noch schneller auf autoritäre Verhaltensweisen zurück, und der partnerschaftliche Stil ist in der Realität auch nur der Versuch einer Annäherung an ein erstrebenswertes Ideal. In einer Situation setzt die Leiterin, die grundsätzlich um Wertschätzung der Mitarbeiterinnen und möglichst wenig Lenkung bemüht ist, sich dennoch rigoros durch, in einer anderen läßt sie die Zügel übermäßig locker.

Während die drei ersten Führungsstile eine Menge Zündstoff enthalten und folglich selbst eine Konfliktquelle darstellen, ist der partnerschaftliche Stil am ehesten geeignet, im Alltag unumgängliche Meinungsverschiedenheiten und Interessengegensätze in einer produktiven Art zu lösen. Das Prinzip der gegenseitigen Wertschätzung, die Achtung der Leitung gegenüber den Mitarbeiterinnen und ihr Bemühen, nur da lenkend einzugreifen, wo es wirklich unumgänglich ist und ansonsten lieber die Eigeninitiative und Eigenverantwortlichkeit anzuregen, schaffen günstige Voraussetzungen für Konfliktlösung. Ein Klima der Offenheit erleichtert es, Problematisches anzusprechen, Respekt und Toleranz verhindern, daß Meinungsverschiedenheiten in vernichtende Machtkämpfe ausarten.

Bei grundsätzlich positiven Beziehungen bleiben die Auseinandersetzungen auf den aktuellen Anlaß beschränkt. Demgegenüber behindern interne Spannungen eine fruchtbare Diskussion von Sachfragen. Hinter heftigem und nicht überwindbarem Streit um Alltagsschwierigkeiten stehen oft Unzufriedenheit mit der Arbeitssituation und ungeklärte Beziehungsprobleme.

Gute Atmosphäre schaffen, Informationsaustausch ermöglichen

Es ist die Aufgabe der Leiterin, für die äußeren Bedingungen zu sorgen, die eine gute Atmosphäre und ausreichend Informations- und Erfahrungsaustausch gewährleisten. Es gibt immer noch Teams ohne regelmäßige Teambesprechungen, sei es, weil eine autoritäre Leitung das für überflüssig hält, sei es, daß in einem sehr locker geführten Kindergarten der Gesamtzusammenhalt gering ist und jeder lieber für sich alleine arbeitet.

Wöchentliche Teamsitzungen in einem zeitlich großzügig bemessenen Rahmen werden zwar von der Mehrzahl der Kindergarten-Mitarbeiterinnen für wichtig und notwendig gehalten, aber schon die Organisation der Treffen bereitet Kopfzerbrechen. In Fortbildungen ist es für viele Erzieherinnen ein Anliegen, von ihren Kolleginnen zu erfahren, welche Lösungen sich in den einzelnen Teams bewährt haben. Meist herrscht Unzufriedenheit bezüglich der Termine. Vormittags-Halbtagskräfte müssen am Spätnachmittag noch einmal antreten, die Vollzeit-Kolleginnen sind zu diesem Zeitpunkt müde. Besonderer Unmut kommt auf, wenn der Träger kein Einsehen hat und sich weigert, Teambesprechungen als Arbeitszeit anzuerkennen.

Eine vernünftige Regelung der äußeren Bedingungen aber ist Voraussetzung für eine effektive Teamarbeit.

5.5. Das Konfliktlösungsmodell von Thomas Gordon

THOMAS GORDON beschäftigt sich seit den 70er Jahren mit Möglichkeiten konstruktiver Konfliktlösung in Partnerschaft, Familie, Schule und Arbeitswelt. Seine Beiträge gelten, wenngleich in manchen Punkten kritisiert, immer noch als grundlegend und wegweisend. Er unterscheidet drei Varianten von Konfliktlösungsversuchen. Zwei davon sind gekennzeichnet durch das Verlierer-Sieger-Muster, die dritte versteht sich als eine Methode, bei der keiner unterliegt:

1. Ich gewinne, du verlierst (autoritär).
2. Ich verliere, du gewinnst (permissiv).
3. Jeder gewinnt (partnerschaftlich).

Jede der beiden ersten Varianten hat einen Verlierer – und damit einen großen Nachteil. Da die Bedürfnisse eines der Beteiligten bei der Lösung unberücksichtigt bleiben, kann es sich weder um eine befriedigende noch um eine dauerhafte Konfliktbeilegung handeln.

Eine Lösung, die – wie im Fall 1 – auf der Basis von Machtausübung oder Durchsetzungsfähigkeit des Stärkeren gegen den Willen des anderen erzwungen wird, stößt rasch an ihre Grenzen: Der Verlierer wehrt sich entweder offen und bringt den Lösungsversuch zum Scheitern, oder er gibt nach und rächt sich früher oder später auf mehr oder weniger indirekte Weise. Wie auch immer, es ist mit Mißstimmung, Feindseligkeit, Auflehnung, Rückzug oder Sabotage zu rechnen. Auf der Leitungsebene sollte bedacht werden, daß solche Entscheidungen zwar unter Umständen schnell gefällt werden können, es aber meist viel Zeit und Energie kostet, sie wirklich durchzusetzen und ihre Einhaltung zu kontrollieren; darüber hinaus fördert diese Methode auf längere Sicht Entscheidungsunfähigkeit, Unselbständigkeit und ängstliche Anpassung.

Die zweite Variante der Verlierer-Sieger-Methode charakterisiert die nachgiebige Haltung in einem Konflikt: Um eine weitere Auseinandersetzung zu vermeiden, um eine gute Beziehung zu Mitarbeitern oder Kollegen nicht zu gefährden, um des lieben Friedens willen oder um den anderen nicht vollends gegen sich aufzubringen, gibt ein Konfliktpartner nach. Er lenkt ein, obwohl er sich im Recht und seine Bedürfnisse durch die einseitige Lösung nicht befriedigt sieht – eine Situation, die letztlich nur in Mißmut und Groll enden kann. Verhält sich ein Vorgesetzter nachgiebig, fühlt er sich nicht nur als unzufriedener Verlierer, sondern langfristig werden auch Leistungsfähigkeit und Aufgabenorientiertheit der Gruppe darunter leiden. Als Bindeglied zwischen Mitarbeitern und Institution sollte er beides realisieren können: ein gutes zwischenmenschliches Klima und eine aufgabenorientierte Haltung des Teams.

Die dritte Variante, bei der jeder gewinnt und keiner verliert, entspricht dem Bemühen um eine partnerschaftliche Konfliktlösung. Unter Berücksichtigung sämtlicher Informationen, Fakten, Wünsche und Bedürfnisse erarbeiten die Beteiligten eine Lösung, die von allen akzeptiert und mitgetragen werden kann. Wenn jeder bereit ist, dem anderen das Recht auf Gefühle, Interessen, Wünsche und Abneigungen zuzugestehen, erübrigt sich die Frage nach richtig oder falsch. Ob der Konfliktpartner diese Wünsche erfüllt oder sein störendes Verhalten abstellt, ist eine andere Sache.

Meist aber wird sich zeigen, daß Menschen durchaus kompromißwillig und auch bereit sind, ihr Verhalten zu verändern, wenn sie als Person mit ihren Gefühlen und Bedürfnissen nicht abgewertet und dazu angeregt werden, den Veränderungsprozeß selbst in die Hand zu nehmen und zu steuern. Entscheidend ist, unterschiedliche Bedürfnisse als selbstverständliche Gegebenheit zu akzeptieren: Geht es nämlich um konkurrierende Interessen und Standpunkte und nicht um Recht oder Unrecht, um gut oder schlecht, kann eine offene **Offene** Diskussion an die Stelle des Kampfes treten. Angriff, Verteidigung, Beschuldigungen und Rechtfertigungen als Waffen kämpferischer Durchsetzung werden überflüssig. Im Vordergrund steht das gemeinsame Suchen nach einer Lösung; und meist gibt es sehr viel mehr Möglichkeiten als man zunächst

Offene Diskussion statt Kampf

glaubt. Die partnerschaftliche Methode setzt auf die Achtung vor der Andersartigkeit des Gegenübers und auf das Vertrauen in das menschliche Problemlösungs- und Entwicklungspotential – auch im Verhältnis zwischen Leitung und Mitarbeitern. Autoritätsverlust oder Chaos sind keineswegs die Folge – diese Gefahr droht bei Methode 2.

5.5.1. Konflikte lösen in 4 Schritten

Das Grundprinzip der partnerschaftlichen Konfliktlösung lautet: Ich sehe/ich habe ein Problem – was können wir tun? Statt Vorwürfe, Kritik und Anschuldigungen auszusprechen, die das Selbstwertgefühl zerstören, Abwehr erzeugen und einen schöpferischen Lösungsprozeß verhindern, wird eine Atmosphäre geschaffen, die zugänglich macht für ein gemeinschaftliches Vorgehen. Unverzichtbare Voraussetzung für das Gelingen ist – neben einer entsprechenden Grundhaltung – ein äußerer Rahmen, der die nötige Ruhe und ausreichend Zeit sichert. Zwischen Tür und Angel entstehen Konflikte, aber keine Lösungen!

1. Das Problem erkennen und klären

Problem erkennen

Jeder Konfliktpartner erhält die Gelegenheit, das Problem aus seiner Perspektive umfassend und offen darzustellen (Ich-Botschaften). Mindestens ebenso wichtig ist in dieser Phase das Zuhören. Emotional in seine eigene Problemsicht und Lösungsvorstellung verstrickt, versteht der eine oft gar nicht, was der andere wirklich meint. Wer aber Gehör findet für seine Belange, kann sich auch den Interessen des anderen zuwenden. Vorbehaltloses Zuhören und interpretationsfreies Wahrnehmen sind entscheidend für diese Phase, wenngleich nicht ganz leicht zu verwirklichen – besonders in gefühlsmäßig aufgeladenen Situationen.

Während die Konfliktpartner ihr Problem darlegen und erläutern, muß aufmerksam geprüft werden, ob es auch tatsächlich den Kern des Konflikts ausmacht. Häufig erweist es sich als nur vordergründig; dann gilt es, die zugrundeliegenden Bedürfnisse zu erkennen, um tatsächlich zu einer echten Lösung zu gelangen. Hält zum Beispiel eine Mitarbeiterin bestimmte Regeln nicht ein, stehen unter Umständen Beziehungsprobleme mit einer Kollegin oder der Leiterin dahinter; sie hat vielleicht den Eindruck, übergangen zu werden, zu wenig Anerkennung zu bekommen oder sie fühlt sich überlastet oder ausgenutzt.

Konkrete Wünsche formulieren

Werden die Beschwerden und Klagen am Ende von jedem Konfliktpartner positiv in konkrete Wünsche umformuliert, ist bereits der Übergang zum zweiten Schritt vollzogen. „Ich fühle mich durch dein Verhalten manchmal sehr verletzt" ließe sich z. B. umändern in „Ich möchte, daß du mich nicht vor anderen kritisierst."

2. Lösungsmöglichkeiten entwickeln

Lösungsmöglichkeiten sammeln

Es kommt nicht darauf an, auf Anhieb eine fertige Lösung zu präsentieren. Vielmehr sollte jeder seine Ideen und Vorstellungen ungehindert einbringen können. Vermutlich haben die ersten Vorschläge noch eine Reihe von Mängeln, aber sie können den Weg bereiten für bessere Lösungen. Um vielleicht ungewöhnliche, aber durchaus überdenkenswerte Ansätze nicht im Keime zu ersticken, darf in dieser Phase keinerlei Bewertung und Kritik geäußert werden („Brainstorming").

3. Bewertung der Lösungsvorschläge und Einigung

Bewertung und Einigung

Nun steht die Prüfung der zusammengetragenen Alternativen an. Welcher Vorschlag wird den Wünschen und Bedürfnissen aller Konfliktpartner gerecht? Ist er praktisch durchführbar? Sind noch irgendwelche Änderungen nötig? Einwände und Bedenken dürfen, ja müssen jetzt offen vorgebracht werden. Nicht vergessen: Eine Lösung ist nur dann eine gute Lösung, wenn alle Beteiligten sie als die bestmögliche akzeptieren können. Die Chance, sie jetzt zu finden, ist groß, da jeder in einer ruhigen Atmosphäre, ohne Kampfstimmung und gegenseitige Abwertung seine Position erläutern und seine Vorschläge einbringen konnte. Das macht offener für den Standpunkt des anderen, zugänglicher für sachliche

Argumente und kompromißbereiter. Um eine reibungslose Realisierung der Lösung zu gewährleisten, sollte das Ergebnis möglichst konkret auf der Verhaltensebene formuliert werden und gegebenenfalls festlegen, wer wann was zu tun hat.

4. Durchführung der Entscheidung und abschließende Bewertung

Durchführung und abschließende Bewertung

Je mehr die Beteiligten an das partnerschaftliche Problemlösen gewöhnt sind, umso selbstverständlicher werden sich alle an die besprochenen Lösungsschritte halten. Gibt es zunächst noch Schwierigkeiten, kann durch Ich-Botschaften an die Erfüllung der Vereinbarung erinnert werden. Auf keinen Fall darf ein Rückfall in Kritik und Beschuldigen erfolgen. Anhaltende Störungen bei der Durchführung verweisen darauf, daß ein allseitig befriedigendes Vorgehen doch noch nicht erreicht worden ist – oder aber sich die Lösung auf ein Oberflächenphänomen bezieht, während das Kernproblem noch nicht identifiziert und bearbeitet wurde. Dann müssen die Schritte 1 bis 3 wiederholt werden. Eine abschließende Bewertung sollte in jedem Fall stattfinden: Sind alle zufrieden? Oder gibt es noch Probleme mit der Lösung?

GORDONS Modell funktioniert gut, wenn es um organisatorische Fragen, also um die Regelung konkreter Arbeitsabläufe geht (Wer ist für die Ordnung in welchem Bereich zuständig? Wer organisiert welchen Teil des Sommerfestes?). Es bietet aber auch Hilfe bei umfassenderen und vielschichtigeren Problemen. Wir wollen das beispielhaft und in groben Zügen an der Auseinandersetzung eines Teams um den Stellenwert des Bastelns in der Gruppenarbeit aufzeigen.

5.5.2. Ein Beispiel aus der Praxis

Stellenwert des Bastelns in der Gruppenarbeit

1. Das Problem erkennen und klären

Die einzelnen Mitglieder des Teams äußern sich in Form von Ich-Botschaften zu dem strittigen Thema:

„Ich meine, es wird zuviel gebastelt in unserem Kindergarten. Ich würde die Zeit lieber für andere Dinge verwenden. Der situationsorientierte Ansatz hat mir da eine ganz neue Perspektive aufgezeigt."

„Den Kindern in meiner Gruppe macht es Spaß und die Eltern erwarten das auch."

„Ich spüre auch den Druck der Eltern. Aber mich ärgert es, mich diesem Druck zu beugen."

„Basteln ist eine wichtige Sache. Es fördert die Konzentrationsfähigkeit und die feinmotorischen Fertigkeiten."

„Mich stört diese starke Produktbezogenheit. In Waldorf-Kindergärten ist nur der Prozeß wichtig, das Produkt wird – zum Beispiel beim Arbeiten mit Ton – oft gleich wieder vernichtet oder zumindest nicht so in den Vordergrund gerückt."

„Ich beobachte, daß die Kinder stolz sind auf ihre Werke. Aber manchmal finde ich das, was wir machen, zu brav und langweilig."

„Mich ärgert am meisten, daß die Kinder und vor allem die Eltern ständig vergleichen, was in den verschiedenen Gruppen gemacht wird."

„Bei mir entsteht schon manchmal der Verdacht, daß ich mich zu stark von der Tradition leiten lasse. Es wurde schon immer so gemacht, also mache ich es weiter so. Ist ja irgendwo auch recht bequem."

„Ich denke, ich will Altbewährtes nicht bedenkenlos aufgeben. Da gab es schon so viele kurzlebige pädagogische Modetrends im Kindergarten."

In dieser Phase spricht jede Mitarbeiterin nur über ihre Meinung; der Standpunkt der anderen wird weder abgewertet noch kommentiert.

Es folgt der Versuch, die Beiträge zu bündeln und zusammenzufassen:
– Basteln ist wichtig.
– Basteln nimmt zu viel Raum ein.
– Den Kindern macht es Spaß.
– Die Eltern erwarten es.
– Basteln erzeugt eine Konkurrenzsituation.
– Es gibt Alternativen zum Basteln.

Nun gilt es zu überlegen, welche Kernprobleme hinter den unterschiedlichen Einschätzungen verborgen sind.

● Zur Diskussion steht das pädagogische Konzept des Kindergartens. Welche Ziele verfolgt das Team? Wie sind diese zu erreichen? Eine Gruppe im Team betont die Notwendigkeit, Konzentrationsfähigkeit und Feinmotorik zu fördern, während die andere Kreativität und weniger Produktorientiertheit favorisiert.

● Läßt sich der Kindergarten von den Erwartungen der Eltern in der Definition seiner Ziele und Methoden beeinflussen oder unter Druck setzen? Ist er bereit, sein Konzept den Eltern gegenüber aktiv und mit beruflich-fachlichem Selbstbewußtsein zu vertreten?

● Die Kontroverse hat auch eine teaminterne Komponente: Wie geht man mit unterschiedlichen pädagogischen Vorstellungen um bzw. mit den „konservativen" und „progressiven" Tendenzen im Team? Wie geht man um mit Konkurrenzproblemen und Machtkämpfen, die durch solche Diskussionen aufleben?

2. Lösungsmöglichkeiten entwickeln

Jede Mitarbeiterin äußert Lösungsideen, die Vorschläge werden nicht bewertet:

„Wir könnten eine Versuchsphase einlegen, in der jeder in seiner Gruppe so arbeitet, wie er es für gut hält."

„Wir brauchen ein für alle verbindliches Konzept, das unsere verschiedenen Standpunkte berücksichtigt. Die Bastelarbeiten könnten etwas eingeschränkt werden."

„Wenn wir selbst davon überzeugt sind, daß es sinnvoll ist, weniger zu basteln, können wir das auch den Eltern überzeugend vermitteln."

„Wir sollten einen Elternabend veranstalten und über unsere Ziele und Vorgehensweisen informieren. Vielleicht hilft das, die Eltern von ihren engen produktorientierten Vorstellungen ein Stück wegzubringen."

„Wir müßten im Team mehr über unsere Vorstellungen diskutieren – vielleicht wird dann eine Annäherung zwischen unseren Positionen möglich."

„Wir sollten uns mehr über den situationsorientierten Ansatz informieren."

3. Bewertung der Lösungsvorschläge und Einigung

Nun setzt sich das Team mit den eingebrachten Anregungen und Ideen auseinander. Es wird bewertet, abgewogen, argumentiert, auf Vor- und Nachteile hingewiesen. Das Team einigt sich nach lebhafter Diskussion der Lösungsvorschläge folgendermaßen:

Bei der Rahmenplanung soll in Zukunft darauf geachtet werden, daß andere Ideen als Basteln mehr Gewicht und Raum bekommen. Bei attraktiven Alternativen ist die „Bastelfraktion" zu Zugeständnissen bereit.

Darüber hinaus wird ein Elternabend geplant, bei dem es um kindliches Spiel und Kreativität gehen soll. Anhand dieses Themas, so hofft das Team, kann es Prinzipien seiner Arbeit darstellen und den Eltern deutlich machen, daß Produzieren nur ein Teilaspekt ist. Die „Bastler" können dem zustimmen, weil auch ihnen der Erwartungsdruck der Eltern lästig und ihnen bewußt geworden ist, daß dadurch eine unangenehme Konkurrenzstimmung im und um den Kindergarten entstanden ist. Da ihre Position nicht abgewertet wurde, können sie sich leichter anderen Vorstellungen öffnen.

4. Durchführung und Bewertung

Die Rahmenplanung unter veränderter Akzentsetzung belebt die Diskussionen im Team. Es entstehen neue Ideen, die Gruppe arbeitet mit mehr Begeisterung und Engagement.

Der Elternabend verläuft positiv. Obwohl teilweise skeptisch – Basteln scheint für viele sichtbarer Ausdruck dafür zu sein, daß ihre Kinder etwas „Vernünftiges und Sinnvolles" tun und lernen – zeigen sich die Eltern den Gedanken der Erzieherinnen gegenüber aufgeschlossen. Das Team weiß, daß das Problem nicht mit einer einmaligen Veranstaltung zu lösen ist, erlebt diesen Informationsabend aber als wichtigen Schritt auf dem Weg zu einer selbstbewußteren Definition seiner Beziehung zu den Eltern.

Das GORDONsche Konzept der partnerschaftlichen Konfliktlösung stellt ein Ideal dar, das in unterschiedlichem Ausmaß verwirklicht werden kann. Es setzt relativ reife Persönlichkeiten und einen gewissen Grundkonsens im Team voraus. An Grenzen stößt das Modell, wenn schwierige Einzelpersönlichkeiten, tiefsitzende Antipathien, unterschwellige Machtkämpfe oder eine von Grund auf konflikträchtige Zusammensetzung des Teams die Kooperation behindern.

5.6. Konflikte nicht verschleppen

Probleme entwickeln sich oft nur deshalb zu bedrohlichen Konflikten, weil sie nicht im Anfangsstadium aktiv zu lösen versucht werden. So sollte störendes Verhalten bald angespro-

Störendes Verhalten frühzeitig ansprechen

chen werden – zu diesem Zeitpunkt ist es noch in einer sachlichen und ruhigen Art möglich. Wird zu lange gewartet und geschwiegen, steigt die Wahrscheinlichkeit, daß sich Ärger ansammelt und letztlich in einer destruktiven Du-Botschaft entlädt. Unmut über eine konkrete Verhaltensweise kann sich zur Abneigung gegenüber der gesamten Person steigern.

Gerade bei Veränderungen im Team sollte dieser Punkt bedacht werden. Unklares Verhalten einer neuen Leiterin schafft die Grundlage für Mißverständnisse und eine neue Kollegin wird sich orientierungslos und unsicher fühlen, wenn sie nicht auf die Besonderheiten arbeitstechnischer und organisatorischer Abläufe und des Umgangs miteinander aufmerksam gemacht wird. Sicher bergen solche Situationen manches Dilemma. Die neue Leiterin will nicht unsensibel und ohne Rücksicht auf die bisherige Ordnung ihre Vorstellungen durchsetzen, sie hofft auf allmähliche Entwicklungsprozesse und gegenseitige Annäherung. Ebenso soll der neuen Kollegin erst einmal Raum gegeben werden, sich einzugewöhnen. Ein Team, das grundsätzlich bereit ist, sich unvoreingenommen auf Neues einzulassen, wird sie nicht von vorne herein auf die eigenen Vorstellungen hin „zurechtbiegen" wollen. Es muß der Mittelweg gefunden werden zwischen wohlwollendem Gewährenlassen und Abwarten und dem Aufzeigen von Regeln und Erwartungen. Denn haben sich bestimmte Verhaltensmuster erst einmal eingeschliffen, wird ein Ansprechen und Korrigieren schwieriger. Auf der einen Seite hat sich Ärger aufgestaut, auf der anderen bricht Verwunderung darüber aus, warum etwas, das bisher unbeanstandet blieb, nun plötzlich zum Stein des Anstoßes wird. Gerade bei Kleinigkeiten des Alltags wie Ordnung, Sauberkeit, zeitliche Vereinbarungen usw. kann es besser sein, die Mücke zu fangen, ehe sie sich zum Elefanten ausgewachsen hat.

Welch gravierende Folgen es nach sich zieht, wenn Probleme nicht angepackt, sondern weggeschoben und totgeschwiegen werden, zeigt sich besonders eindrücklich bei umfassenden Fragestellungen. Hierzu zwei Fallbeispiele aus Supervisionsgruppen.

Beispiel 1:

In einer Supervisionsgruppe erzählt Frau N., eine noch relativ junge Leiterin, von einem Problem, das ihr großes Kopfzerbrechen und Unbehagen bereitet. Seit eineinhalb Jahren hat sie eine direkt von der Schule kommende Kinderpflegerin in der Gruppe. Frau N. erlebt die Berufsanfängerin als äußerst introvertiert und gehemmt. Auch im Umgang mit den Kindern ist die junge Frau sehr zurückhaltend und passiv. Anregungen nimmt sie willig auf, an ihrer Inaktivität ändert sich jedoch dadurch nichts. Sie sei nicht jemand, mit dem man nicht auskommen könne, nur wirke sie so wenig präsent und greifbar, meint Frau N. Zunächst habe sie an Anfangsschwierigkeiten geglaubt, konnte aber über die Zeit hinweg keinerlei Entwicklung beobachten. Frau N. hat den Eindruck, daß die Kinderpflegerin für den Beruf nicht geeignet ist, und glaubt zu spüren, daß diese selbst in ihrer Arbeit nicht glücklich ist. Sie möchte ein Gespräch mit ihr führen, schreckt aber immer wieder davor zurück. Sie kämpft mit vielen Bedenken und Zweifeln: „Vielleicht ist meine Beurteilung vorschnell. Vielleicht tue ich ihr Unrecht. Bin ich zu ungeduldig? Habe ich zu hohe Ansprüche? Ich will sie nicht kränken. Was tue ich ihr mit meinem Urteil an?"

Es vergehen noch zwei Supervisionssitzungen, bis Frau N. die Sicherheit gefunden hat, um sich an das heiße Eisen heranzuwagen. In kurzen Rollenspielsequenzen probiert sie ein paar Gesprächseröffnungen und Ich-Botschaften aus. Sie merkt, daß ihre Einstellung zu dem Gespräch der entscheidende Faktor ist. In dem Maße, in dem sie davon überzeugt ist, daß es hilfreicher ist, das Thema anzusprechen als es – mit dem Argument der Rücksichtnahme – totzuschweigen, gelingt es ihr, entsprechend verständnisvolle und dennoch aussagekräftige Formulierungen zu finden.

Sie versucht, anhand des Kommunikationsquadrates Struktur und Ordnung in ihre Überlegungen und Gesprächsziele zu bringen und notiert für sich einige Leitsätze.

1. Was will ich der Kollegin mitteilen?

„Ich bin mir, nachdem wir schon eine ganze Weile zusammengearbeitet haben, nicht sicher, ob du dich bei deiner Arbeit im Kindergarten wohlfühlst."

2. Wie stehe ich zu ihr?

Ich arbeite nicht ungern mit ihr zusammen, weil ich sie gut leiden kann. Aber es verunsichert mich, wenn ich spüre, daß sie sich nicht wohlfühlt. Durch ihre Passivität fühle ich mich in der Arbeit zu wenig unterstützt von ihr.

3. Wie definiere ich unsere Beziehung?

Ich würde gerne dazu beitragen, daß sie ihre Lage klären kann. Ich glaube, daß meine Eindrücke dabei für sie wichtig sein können.

4. Was will ich erreichen?

Ich möchte erfahren, wie sie selbst ihre Situation erlebt. Gegebenenfalls will ich ihr Mut machen, über Alternativen (Supervision, Berufswechsel) nachzudenken.

Vier Wochen später berichtet Frau N. in der Gruppe. Entgegen ihren ursprünglichen Befürchtungen ist das Gespräch positiv verlaufen. Die Mitarbeiterin fühlt sich tatsächlich nicht wohl in der Arbeit mit Kindern und trägt sich schon eine Weile mit dem Gedanken eines Berufswechsels. Durch die einfühlsamen Rückmeldungen der Leiterin über ihre im Kindergarten zu beobachtenden Stärken und Schwächen fühlt sie sich nicht gekränkt, sondern vielmehr ermutigt, sich, wie schon mehrfach erwogen, über Verwaltungsberufe zu informieren. Frau N. ist erleichtert und merkt, daß sie der Kinderpflegerin nun viel lockerer und freier gegenübertreten kann.

Beispiel 2:

In einer anderen Supervisionsgruppe bringt eine Erzieherin die große Belastung zur Sprache, unter der ihr Kindergarten leidet. Seit über zehn Jahre arbeitet eine Kinderpflegerin im Team, die von allen Kolleginnen als pädagogisch inkompetent und menschlich recht schwierig beurteilt wird. Eine ältere Mitarbeiterin weiß, daß es von Anfang an Probleme gab und die Kollegin „mitgezogen" wurde – aus Mitleid und weil keiner den Mut hatte, Konsequenzen aus den Tatsachen zu ziehen. Die Kinderpflegerin ist auf ihre Weise willig und engagiert. Im Laufe der Zeit hat sie Nischen gesucht und gefunden, in denen sie ihre Fähigkeiten nützlich einsetzen kann. Sie beschäftigt sich viel mit Basteln und praktischen Dingen wie Reparaturen, Ordnung- und Saubermachen. Aus der Arbeit mit den Kindern hat sie sich weitestgehend zurückgezogen. Die Kollegin in der Gruppe ist einerseits der Meinung, daß dieser Rückzug aufgrund der unzureichenden erzieherischen Kompetenz die beste Lösung ist, andererseits empfindet sie Ärger, weil sie sich in der eigentlichen Arbeit alleine gelassen und überfordert fühlt. Das Problem ist in diesem Stadium fast unlösbar geworden.

Die Kinderpflegerin ist aus der von ihr selbst durchaus erlebten pädagogischen Unzulänglichkeit in andere Tätigkeiten geflohen, das Team hat sich über Jahre hinweg mit dieser Scheinlösung zufrieden gegeben. Wäre die Sache gleich zu Beginn angegangen worden, hätte die Kinderpflegerin die Chance gehabt, sich nach einem Betätigungsfeld umzusehen, das mehr ihren Fähigkeiten entsprechen würde. So ist sie in einem Beruf geblieben, in dem sie überfordert ist und nur durch ein Ausweichen vor der eigentlichen Aufgabe überleben kann. Das Team ist unzufrieden und hat das Gefühl, ständig jemanden „mitschleppen" zu müssen. Die Kollegin jetzt mit der Realität zu konfrontieren, bedeutet eine Härte, die sich im Team niemand zutraut.

Die eben geschilderten Probleme und damit verknüpfte Entscheidungen gehören mit zu den heikelsten in einem Team und in einer Institution. In vielen Betrieben werden sogenannte Problemfälle toleriert und als in gewisser Weise unabänderlich hingenommen. Sicher ist die Vorstellung eines Teams mit ausschließlich hochqualifizierten und absolut funktionierenden Mitarbeitern eine Illusion. Dennoch erhebt sich die Frage, ob es nicht oft für *alle* Beteiligten besser wäre, sich solchen Schwierigkeiten mutiger zu stellen. Im Kindergarten geht es schließlich nicht um fehlerhafte Produktion oder mangelhafte verwaltungstechnische Arbeitsgänge, sondern um Kinder, die bei ungenügender fachlicher und menschlicher Qualifikation des Personals in ihren Entwicklungsmöglichkeiten eingeschränkt werden.

6. Grenzen von Konfliktlösung

Konflikte gehören sowohl im privaten als auch im beruflichen Bereich zu unserem Leben. Wir müssen lernen, in einer angemessenen und konstruktiven Weise mit ihnen umzugehen. Natürlich muß aber auch differenziert werden bezüglich des „Schweregrads" und der Komplexität von Konflikten. Auseinandersetzungen sind auf verschiedenen Ebenen möglich. Wenn in einem Team Kontroversen darüber bestehen, wieviel Feste im nächsten Kindergartenjahr und in wel-

Verschiedene Komplexitätsgrade von Konflikten

205

cher Form sie gefeiert werden sollen, liegt dieser Konflikt auf einer anderen Ebene als wenn es zu Machtkämpfen zwischen einer älteren Erzieherin und einer jungen Leiterin kommt. Die konträren Vorstellungen zur Gestaltung des nächsten Elternabends werden eher in Einklang zu bringen sein als etwa pro- und contra-Positionen bezüglich des situationsorientierten Ansatzes. Eng umschriebene störende Verhaltensweisen einer Mitarbeiterin sind für ein Team leichter handhabbar als das Gefühl, eine Kollegin passe von ihrer Gesamtpersönlichkeit her nicht in die Gruppe. Erschwerend ist, daß sich hinter scheinbar harmlosen Problemen auf der Sachebene (Wer erledigt was?) tieferliegende (Beziehungs-)Konflikte verbergen können (Wer setzt sich gegen wen durch?).

Meinungsverschiedenheiten und Interessengegensätze können mit den besprochenen Grundhaltungen und Methoden dann gut gelöst werden, wenn ein Team aus psychisch stabilen, flexiblen und aufgeschlossenen Mitarbeiterinnen besteht und die personelle Zusammensetzung und Rollenverteilung einigermaßen ausgewogen sind. Aber nicht selten gibt es in Teams Konflikte, die schon seit Jahren schwelen, die mit strukturellen Schwierigkeiten (Konflikte mit dem Träger) oder tiefgreifenden Schwierigkeiten einzelner Teammitglieder zusammenhängen. Psychische Störungen, Suchtprobleme oder mangelnde Berufseignung von Mitarbeiterinnen können ein Team ebenso belasten wie institutionelle Gegebenheiten. Verhärtete hierarchische Strukturen innerhalb des Kindergartens oder gesellschaftspolitische Faktoren, die Stellenwert und Ansehen des Kindergartens im sozialen Umfeld beeinflussen, spielen hier eine Rolle.

Bei solch umfassenden und vielschichtigen Konfliktkonstellationen ist in der Regel Hilfe von außen nötig. Wenn die grundsätzliche Bereitschaft zu einer langen und oft mühsamen Auseinandersetzung mit den Beziehungen im Team gegeben ist, kann Supervision bei einer Auflösung der Konflikte helfen. Meist wird allerdings auf Kosten des Wohlbefindens der Teammitglieder mit den ungelösten Problemen weitergelebt oder einzelne Mitarbeiterinnen entziehen sich durch Kündigung.

Stärkung der Konfliktlösungs-fähigkeit durch positives Kommunikationsver-halten und Vertrauen in offene Gespräche

Die Fähigkeit zur Konfliktlösung zu stärken heißt, positives Kommunikationsverhalten und das Vertrauen in offene Gespräche zu fördern. Es bedeutet, an den meist tiefsitzenden Konfliktängsten zu arbeiten, Selbstbewußtsein und Selbstvertrauen zu stärken und Mut zu machen, Probleme und Konflikte sensibel und aktiv anzugehen und mit Geduld und Konsequenz an ihrer Lösung zu arbeiten. Viele Erzieherinnen verhalten sich zu ängstlich und zaghaft in Konfliktsituationen und geben zu schnell auf, wenn Schwierigkeiten nicht mit einem Gespräch aus der Welt zu schaffen sind. Konfliktlösung ist meist anstrengend und braucht Zeit.

Problem- und Konfliktlösung, sei es mit Eltern oder Kolleginnen, erfordert auch eine Konfrontation mit sich selbst: Welchen Anteil habe ich an der Entstehung des Konflikts? Durch welche Kommunikations- und Verhaltensmuster trage ich zu seiner Aufrechterhaltung bei?

Auf diese ganz wesentlichen Gesichtspunkte soll im nächsten Abschnitt eingegangen werden.

V. Konfliktlösung und Persönlichkeit

An vielen Stellen in diesem Buch wurde darauf hingewiesen, daß Problem- und Konfliktlösung auf das engste mit den Verhaltens- und Kommunikationsmustern, d. h. der Persönlichkeit eines Menschen verbunden ist. Das ideale Kommunikationsverhalten als technische Routine gibt es nicht, es ist immer abhängig von der speziellen Kommunikationssituation und der Persönlichkeit der beteiligten Interaktionspartner. Wie mehrfach betont, umfaßt konfliktvermeidende und konfliktlösende Gesprächsführung folgende Aspekte:

– die Balance zu finden zwischen einfühlendem Verständnis für den Gesprächs- und Konfliktpartner und angemessenem Sich-Abgrenzen und Durchsetzen eigener Vorstellungen und Bedürfnisse;

– die Fähigkeit zu entwickeln, eindeutige, stimmige und situationsgerechte Botschaften zu senden, und die Aussagen des jeweils anderen auf den vier Kommunikationskanälen so empfangen und entschlüsseln zu können, daß sie durch Emotionen und Interpretationsschemata nicht allzusehr verzerrt werden;

– abzuwägen zwischen Offenheit und Echtheit (Kongruenz, Authentizität) einerseits und der Wirksamkeit und sozialen Verträglichkeit einer Mitteilung andererseits.

Individueller Ansatz in der Gesprächsführung Für eine Anleitung zur Gesprächsführung ergibt sich daraus ein individueller Ansatz, der die jeweiligen kommunikativen Stärken und Schwächen der Kursteilnehmer berücksichtigen muß. Versuchen wir also diese Gedanken um die Beziehung zwischen Kommunikation, Problem- und Konfliktverhalten und Persönlichkeit zu konkretisieren und anhand von Beispielen zu verdeutlichen.

1. Die acht Kommunikations- und Interaktionsstile von Schulz von Thun

SCHULZ VON THUN hat die eben angesprochenen Zusammenhänge zu systematisieren versucht und ausführlich dargestellt. Er beschreibt zunächst verschiedene Verhaltens- und

Kommunikationsstile, die allerdings nicht als festumrissene, statische Persönlichkeitstypen mißverstanden werden dürfen. Sie sind vielmehr als Verhaltenstendenzen und -möglichkeiten zu sehen, die in unterschiedlicher Mischung in jedem von uns vorhanden sind, so daß wir uns in jedem Stil ein wenig wiederfinden.

Die acht Kommunikations- und Interaktionsstile von Schulz von Thun

Nach SCHULZ VON THUN gibt es acht Kommunikations- und Interaktionsstile, die er zunächst durch ihre „Grundpose" und, unter Bezugnahme auf das Kommunikationsquadrat, durch die „Grundbotschaft", die sie aussenden, charakterisiert. Des weiteren verweist er mit dem „seelischen Axiom" auf die psychische Grundhaltung, die hinter den einzelnen Stilen steht und die in frühen Kindheitserfahrungen und der Lerngeschichte des einzelnen wurzelt.

Die Beschreibung der acht Kommunikationsstile nach diesen Kriterien wurde wörtlich von SCHULZ VON THUN (1991, 2) übernommen.

Abhängig-bedürftiger Stil
(S. 61ff)
Grundpose: Wie soll ich das bloß machen?
Seelisches Axiom: Ich bin schwach und hilflos – allein bin ich dem Leben nicht gewachsen.
Grundbotschaft:
- Selbstoffenbarung: Ich schaff es nicht alleine mit meinen schwachen Kräften …
- Beziehung: Du bist stark und kompetent!
- Appell: Unterstütze und beschütze mich!

Helfender Stil
(S. 76ff)
Grundpose: Keine Sorge! Ich bin ganz für dich da! Das werden wir schon hinkriegen!
Seelisches Axiom: Für mich ist es eine Katastrophe, schwach (ratlos, traurig, verzweifelt) und bedürftig zu sein!
Grundbotschaft:
- Selbstoffenbarung: Ich bin stark und belastbar, brauche niemanden!

- Beziehung: Du Armer, du bist wirklich zu bedauern und brauchst Hilfe!
- Appell: Sag, wo drückt dich der Schuh?

Selbstloser Stil
(S. 93ff)

Grundpose: Laß mich ganz für dich dasein!

Seelisches Axiom: Ich selbst bin unwichtig – nur im Einsatz für dich und andere kann ich zu etwas nütze sein!

Grundbotschaft:
- Selbstoffenbarung: Ich bin nichts.
- Beziehung: Maßgeblich bist du!
- Appell: Sag, wie du mich haben willst!

Aggressiv-entwertender Stil
(S. 115ff)

Grundpose: Du bist schuld! Du bist doch das Hinterletzte!

Seelisches Axiom: Ich bin nicht in Ordnung, mache erbärmlich alles falsch. Wehe, jemand merkt es! Dann werde ich untergebuttert und gnadenlos verachtet!

Grundbotschaft:
- Selbstoffenbarung: Ich bin obenauf. Mir kann keiner!
- Beziehung: Du bist schuld! ... erbärmlich! ... dumm! ... krankhaft!
- Appell: Gib klein bei! Bekenne dich schuldig!

Sich beweisender Stil
(S. 153ff)

Grundpose: Ich bin ohne Fehl und Tadel!

Seelisches Axiom: Ich selbst bin nicht(s) (liebens-)wert – nur in dem Maße, wie ich „gut" bin, verdiene ich Liebe und Anerkennung.

Grundbotschaft:
- Selbstoffenbarung: Ich bin ohne Fehl und Tadel!
- Beziehung: Du wirst mich beurteilen (Richter) oder mit mir konkurrieren (Rivale)!
- Appell: Erkenne mich an!

Bestimmend-kontrollierender Stil
(S. 170ff)
Grundpose: Das macht man so und nicht anders!
Seelisches Axiom: Ich bin voll von chaotischen, sündhaften, unvernünftigen Impulsen – nur wenn ich mich an strenge Regeln halte, kann ich mich in der Gewalt haben und ein anständiger Mensch bleiben.
Grundbotschaft:
- Selbstoffenbarung: Ich weiß, was richtig ist!
- Beziehung: Du bist ein Risikofaktor, man muß dich anleiten!
- Appell: Das macht man so und so! Es gehört sich nicht, daß ...

Sich distanzierender Stil
(S. 191ff)
Grundpose: Die Klugheit gebietet, die Sache nüchtern und ohne Emotionen von einer höheren Warte aus ...
Seelisches Axiom: Wenn ich mich öffne und jemand ganz an mich heranlasse, begebe ich mich in große Gefahr: Ich könnte in eine solche Abhängigkeit geraten, daß ich jeder Verletzung preisgegeben bin und mich selbst in der Gefangenschaft der Verschmelzung verliere.
Grundbotschaft:
- Selbstoffenbarung: Was in mir vorgeht, tut nichts zur Sache – außerdem geht nichts in mir vor!
- Beziehung: Du bist viel zu anhänglich und zu emotional!
- Appell: Komm mir nicht zu nahe!

Mitteilungsfreudig-dramatisierender Stil
(S. 228ff)
Grundpose: Hört, hört – so bin ich!
Seelisches Axiom: Ich bin unwichtig. Wie mir wirklich zumute ist, interessiert niemanden. Nur wenn ich mich geschickt oder mit starken Mitteln in den Vordergrund spiele, werde ich beachtet.
Grundbotschaft:
- Selbstoffenbarung: Hört, hört, so bin ich!

– Beziehung: Du bist mir wichtig – als willkommenes, aber austauschbares Publikum!
– Appell: Wende dich mir zu und bestätige meine Selbstdarstellung!

Es sei noch einmal herausgestellt, daß diese Kommunikationsstile nicht als etikettierende Zuschreibungen und starre Typisierungen gesehen werden dürfen. Jeder von uns kennt die hier beschriebenen Gefühle und Verhaltensmuster, die, selbst wenn sie sich widersprechen, nebeneinander in uns existieren können (Ambivalenz). Es gibt Tage, an denen wir uns hilflos, wertlos und als Versager fühlen, während wir in anderen Phasen voller Kraft, Selbstbewußtsein und Optimismus sind. Darüber hinaus hängt es auch von der Situation und der Persönlichkeit und dem Verhalten des Interaktionspartners ab, mit welchem Kommunikationsstil wir uns auf unser Gegenüber beziehen. Eine bestimmte Freundin spricht unsere dominante, eine ältere Nachbarin unsere helfende Seite an; in einer Partnerschaft stehen manchmal unsere aggressiv-entwertenden, ein andermal unsere selbstlosen Anteile im Vordergrund. Dennoch ist es so, daß bei jedem Menschen ein Verhaltensstil überwiegt, der mit seiner individuellen Lebensgeschichte zu tun hat.

Verschiedene Verhaltensmuster existieren nebeneinander

Ein Verhaltensstil dominiert

2. Kommunikationsstil und Beziehungsmuster

Wie wir bereits im Kapitel über Familientherapie gezeigt haben, ist der individualpsychologische Standpunkt, der sein Augenmerk auf die innerseelischen Prozesse des einzelnen Menschen richtet, durch den systemischen Blickwinkel ergänzt worden. Statt einer Person feststehende Eigenschaften (A ist dominant, B ist nachgiebig, C ist aggressiv usw.) zuzuschreiben, rückt der systemische Ansatz die Beziehung zwischen zwei oder mehr Interaktionspartnern ins Zentrum seiner Betrachtung. Nicht der eine „macht" etwas mit dem anderen (unterdrücken, ausnützen, einschüchtern etc.), sondern

Systemischer Ansatz: Wechselwirkung zwischen Kommunikationspartnern

die Charakterzüge beider Personen bzw. die daraus resultierenden Verhaltensweisen beeinflussen und bedingen einander. Durch die Eigenarten **beider** Interaktionspartner entsteht eine ganz bestimmte Beziehungsdynamik, die häufig in einen Teufelskreis hineinführt. Die Beteiligten sind in einem negativen Interaktionsmuster gefangen und geben sich gegenseitig die Schuld an der gemeinsamen Misere.

SCHULZ VON THUN zeigt, daß es für jeden Kommunikationsstil besondere Schwachstellen gibt, die in eine ausweglose, sich ständig wiederholende und sich aufschaukelnde (Gesprächs)Interaktion hineinführen. Es kann dabei zwischen komplementären (einander ergänzenden) und symmetrischen (gleichartigen, spiegelbildlichen) Beziehungsmustern unterschieden werden. Veranschaulichen läßt sich diese Wechselwirkung der Verhaltensweisen durch sogenannte Regelkreise.

Komplementäre und symmetrische Beziehungsmuster

Eine Darstellung der Interaktionsmuster aller acht Verhaltensstile würde den vorliegenden Rahmen sprengen – Interessierten sei die Originallektüre empfohlen. An dieser Stelle soll das Prinzip der sich wechselseitig bedingenden Verhaltensweisen nur exemplarisch an zwei Kommunikationsstilen dargestellt werden.

2.1. Beispiel: Der bestimmend-kontrollierende Stil und seine Beziehungsdynamik

Ein Mensch, der sich im Kontakt mit anderen häufig bestimmend-kontrollierend verhält, ist – vereinfacht und pointiert ausgedrückt – bestrebt, aus Angst vor Kontrollverlust und dem Gefühl von Ohnmacht, Dinge und Menschen ganz nach seinen Vorstellungen und seinem Willen zu gestalten und zu lenken. Trifft er nun auf einen Interaktionspartner, der zum bedürftig-abhängigen Stil tendiert, ergibt sich zwischen den beiden ein **komplementärer** Teufelskreis.

Komplementärer Teufelskreis

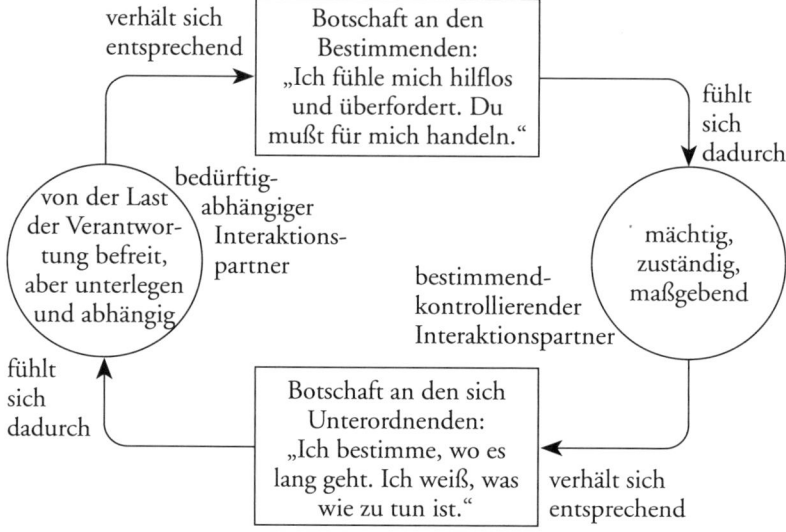

(in Anlehnung an SCHULZ VON THUN, 1991, 2, S. 179)

Die Partner ergänzen sich durch ihre Verhaltensweisen in einer zunächst passenden Weise: Dem Bedürftig-Abhängigen wird die Mühe von Entscheidungen und die Last der Verantwortung abgenommen, der Bestimmend-Kontrollierende genießt seine Kompetenz und Macht. In der Regel ist es jedoch nur eine Frage der Zeit, bis diese Beziehungsdynamik in einen Konflikt mündet. Entwickelt oder verändert sich der bedürftig-abhängige Partner hin zu mehr Selbständigkeit, wird er die Dominanz zunehmend als Einschränkung erleben und dagegen rebellieren. Oder der bestimmende Teil beginnt unter seiner allseitigen Zuständigkeit zu leiden, fühlt sich überlastet und beklagt sich darüber, daß er für alles zuständig sei und ihn der andere nicht unterstütze. So entsteht aus einem scheinbar sich harmonisch ergänzenden Zusammenspiel ein Konflikt mit gegenseitigen Beschuldigungen.

Ein Beispiel aus dem Kindergarten:

In der dritten Sitzung einer praxisbegleitenden Gruppe äußert Frau N., Leiterin eines mehrgruppigen Kindergartens, Unzufriedenheit über die Situation in ihrem Team. Ihre Mitarbeiterinnen seien zu passiv, zeigten wenig Engagement und Initiative, so daß alles an ihr „hängenbleibe". Frau N. hat langjährige Berufserfahrung, ist Erzieherin mit Leib und Seele und eine lebhafte, aktive und selbstbewußte Frau. Ihre Mitarbeiterinnen sind zum Teil erheblich jünger, einige arbeiten nur halbtags.

In der Gruppe, die sich aus Erzieherinnen mit und ohne Leiterinnenfunktion aus verschiedenen Einrichtungen zusammensetzt, führt diese Schilderung zu einer Solidarisierung der Leiterinnen: Sie hätten ähnliche Probleme, müßten ständig neue Ideen produzieren, beim Organisieren von Veranstaltungen trügen sie die Hauptlast, vor zusätzlichen Arbeiten würden sich die Kolleginnen drücken usw. Während sich die Leiterinnen lebhaft austauschen, bleiben die Nicht-Leiterinnen ruhig; vereinzelte Einwände gehen unter. Als die Kursleiterin diese Beobachtung anspricht, tritt eine Pause ein. Dann berichten einige Erzieherinnen, daß sie ihrerseits im Hinblick auf ihre Leiterin das Gefühl hätten, gar nicht so viel Handlungsspielraum zugestanden zu bekommen. Eine Teilnehmerin meint: „Meine Leiterin lebt nur für den Kindergarten und sieht vielleicht zu wenig, daß für mich das Privatleben auch einen hohen Stellenwert hat. Ich möchte nicht immer an den Kindergarten denken. Außerdem ist sie sehr perfekt und vermittelt mir das Gefühl, es ohnehin nie recht machen zu können. Da spüre ich bei mir dann Rückzugstendenzen." Eine andere Erzieherin fügt hinzu: „Es ist ja auch hier in der Gruppe so, daß die Leiterinnen sich aktiver einbringen. Ich habe öfters das Gefühl, daß ich da gar nicht mitreden kann und fühle mich unterlegen. Aber in gewisser Weise ist es ganz bequem, wenn ich mich zurückhalte. Wer sich äußert in der Gruppe, macht sich schließlich angreifbar und setzt sich einer möglichen Kritik aus." Die Leiterinnen sind etwas irritiert, Frau N. wird nachdenklich: „Ich merke in vielen Situationen, daß ich recht dominant bin, aber wenn die anderen nichts sagen und nichts tun, ist das für mich eine Aufforderung, aktiv zu werden. Ich fühle mich dann regelrecht für den Verlauf der Gruppe verantwortlich."

In der Gruppe bildet sich ein Mechanismus ab, der in vielen Teams zu beobachten ist: eine Spaltung in aktive und passive Mitglieder. Erst einmal scheinen sich beide in ihrer Rolle ganz wohl zu fühlen, entspricht sie doch den jeweiligen Verhaltenstendenzen der Beteiligten. Über kurz oder lang breitet sich dennoch Unzufriedenheit aus. Die Aktive klagt: „Alles **muß** ich machen!" Die Passive jammert: „Nichts **darf** ich machen!"

Eine ähnliche Dynamik kann sich entwickeln zwischen einer erfahrenen Erzieherin und einer jungen, noch unsicheren Kinderpflegerin oder tendenziell auch zwischen einem rührigen und engagierten

Team und initiativelosen Eltern, wenn etwa gemeinsame Aktivitäten (Feste, Elternabende) gestaltet werden sollen.

2.2. Beispiel: Der aggressiv-entwertende Stil und seine Beziehungsdynamik

Wer sich aggressiv-entwertend verhält, sieht im Mitmenschen vorrangig das Fehler- und Mangelhafte und begegnet ihm in beschuldigender und herabsetzender Weise. Psychologisch verbirgt sich hinter dieser Erniedrigung des anderen eine Kränkung des eigenen Selbstwertgefühls. Der aggressiventwertende Mensch versucht sich für diese Verletzungen zu rächen, indem er andere so behandelt, wie er selbst (in der Kindheit) behandelt worden ist.

Symmetrischer Teufelskreis Trifft er auf einen Menschen, der dasselbe Schicksal erlitten und denselben Verhaltensstil entwickelt hat, entsteht zwischen den beiden ein **symmetrischer** Teufelskreis:

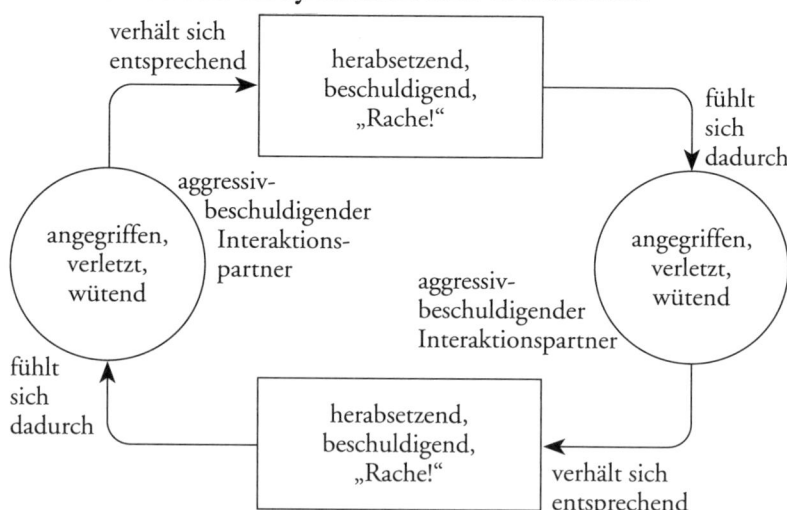

(SCHULZ VON THUN, 1991, 2)

Die gleichsinnigen Reaktionen der Interaktionspartner schaffen nicht nur einen Kreislauf ohne Ende, sondern führen meist zu einer spiralförmigen Steigerung des negativen Beziehungsmusters. Beide beschimpfen und beschuldigen sich gegenseitig und greifen dabei zu immer massiveren und härteren Methoden.

Ein Beispiel aus dem Kindergarten:

Erinnern wir uns an die Situation, die wir in Kap. III.3.2.2. beschrieben haben. Der Vater eines Kindes tritt der Erzieherin (und in gewisser Weise der ganzen Einrichtung) in aggressiv-beschuldigender Weise entgegen. Er wertet ab: „Sie leisten keine gute Arbeit!" und beschuldigt: „Es liegt an Ihnen, daß sich mein Sohn in der Gruppe nicht wohlfühlt!" Die Erzieherin läuft Gefahr, zumindest phasenweise, in einen symmetrischen Teufelskreis hineinzugeraten. Dies geschieht dann, wenn sie auf die Kritik des Vaters und die damit verbundene Kränkung mit Gegenangriffen und entsprechenden Beschuldigungen reagiert, dem Vater also beispielsweise vorwirft, er sei dem Kind gegenüber zu verwöhnend, überfordernd, inkonsequent usw. Er wird daraufhin, um die ihm mit dieser Kritik zugefügte Kränkung wettzumachen, umso mehr behaupten, sie sei zu streng, zu schwach, zu ungerecht etc., woraufhin sie kontert, er habe von Pädagogik keine Ahnung, woraufhin er ...

Destruktive Kreisläufe verhindern Problemlösung

In einem Team mit Konflikten und Streitigkeiten sind solche Prozesse ebenfalls nachzuweisen. Sei es, daß zwei Kolleginnen, die Leiterin und eine bestimmte Mitarbeiterin oder zwei Untergruppen in feindselige Auseinandersetzungen verwikkelt sind – der destruktive Kreislauf verhindert eine Problemlösung. So hat beispielsweise die Diskussion um den situationsorientierten Ansatz vielerorts und in vielen Teams zu einer aggressiv-entwertenden Polarisierung der Erzieherinnen geführt. Die Verfechterinnen des situationsorientierten Ansatzes (der viele Facetten hat) werfen den Gegnerinnen vor, rückständig, starr und zwanghaft zu sein, während die Anhängerinnen des bisherigen Vorgehens (das in den einzelnen Kindergärten viele Spielarten kennt) die Protagonisten des neuen Konzepts als chaotisch, verantwortungs- und prinzipienlos bezeichnen. Jede Herabsetzung führt nur zu einem entschlosseneren und uneingeschränkteren Festhalten an der eigenen Position und einer entsprechend schärferen Abwertung des jeweils anderen Standpunkts.

Aus den acht Kommunikationsstilen ergibt sich eine Vielzahl von Kombinationsmöglichkeiten und damit eine Vielzahl von komplementären und symmetrischen Interaktionskreisläufen, die alle mehr oder minder konfliktträchtig sind. Um die Leserinnen für solche Prozesse in ihrem beruflichen Umfeld zu sensibilisieren, seien noch zwei Beispiele zumindest kurz angerissen.

Interaktionskreislauf: Bestimmend-kontrollierende Erzieherin – gekränkte Mutter

Die Erzieherin drängt, in einer Mischung aus helfendem und bestimmend-kontrollierendem Stil, eine Mutter zu einem Besuch einer Beratungsstelle. Die Mutter fühlt sich gekränkt (Sie haben ein Kind, mit dem etwas nicht stimmt!) und beschuldigt (Sie sind schuld an den Problemen Ihres Kindes! Sie sind eine schlechte Mutter!) und versucht zu beweisen, daß eine psychologische Beratung nicht notwendig ist. Sie beschönigt die Situation zu Hause und leugnet Schwierigkeiten. Umso mehr fühlt sich die Erzieherin herausgefordert, die Mutter von der Notwendigkeit der von ihr empfohlenen Maßnahme zu überzeugen, umso fieberhafter sucht die Mutter nach Gegenargumenten (nimmt also Zuflucht zum sich beweisenden Stil: Ich bin ohne Fehl und Tadel!) und geht, früher oder später, der Erzieherin aus dem Weg.

Interaktionskreislauf: selbstlose Erzieherin – fordernde Eltern

Ein weiteres Problem aus dem Kindergartenalltag, das bereits in einigen unserer Beispiele angeklungen ist, läßt sich als Regelkreis gestörter Interaktion beschreiben: Die Konstellation engagierte, selbstlose Erzieherin – fordernde Eltern. Die beiden Haltungen bedingen einander und gehen oft lange Zeit gut. Die Eltern bekommen, was sie wollen, und die Erzieherin profitiert in dieser Beziehungsdynamik insofern, als sie es als Befriedigung erlebt, für andere dazusein. Meist läuft diese komplementäre Interaktion so lange, bis die Erzieherin sich physisch und psychisch ausgelaugt und den Anforderungen, die von den Eltern überdies zunehmend höher geschraubt werden, nicht mehr gewachsen fühlt.

3. Wege aus negativen Interaktionskreisläufen

Wie kann es nun gelingen, so die entscheidende Frage, aus solchen Teufelskreisen gestörter Beziehungsmuster auszubrechen? Diese Kreisläufe zu stoppen ist nicht einfach. Wie destruktiv solche Interaktionsmuster einem Außenstehenden oft erscheinen und wie sehr die Beteiligten offensichtlich unter ihnen leiden mögen – gegen Veränderung erweisen sie sich als ziemlich resistent. Die Kommunikations- und Verhaltensstile entwickeln sich als Reaktion auf Erfahrungen mit den ersten Bezugspersonen in ihren Grundzügen schon sehr früh. Obwohl dem Erwachsenen später andere Verhaltensmöglichkeiten offenstünden (er ist nicht mehr hilflos wie ein Kind; er kann sich artikulieren, wenn er sich übergangen fühlt; er hat **Interaktions-** gelernt, daß Kritik nicht in einem existentiellen Sinne vernich**muster sind tief** tend ist etc.), hält er oft an diesen seinen gewohnten und tief **verankert** verankerten Verhaltensmustern fest. Sie erweisen sich deshalb als so stabil, weil sie eine lange Lerngeschichte haben, in der damaligen Situation des Kindes wichtig für das psychische Überleben waren und im Erwachsenenalter noch Bedürfnisse aus dieser Zeit befriedigen. Gerade bei dem Interaktionspartner, der in der Beziehung der Unterlegene, das Opfer, der Bedauernswerte zu sein scheint, stellt sich die Frage, welchen Gewinn er denn aus dieser Rolle zieht.

So kann sich etwa der bis zur Erschöpfung für andere Aufopfernde moralisch gut und überlegen fühlen, und der Bedürftig-Abhängige kann Macht über seinen Helfer ausüben, indem er ihn immer wieder zu neuen Anstrengungen treibt, da sein Bedarf an Zuwendung und Hilfe nie gedeckt ist. Die hier angerissenen Mechanismen sind äußerst kompliziert, reichen weit in den therapeutischen Bereich hinein und können und sollen hier nicht weiter vertieft werden.

Für den Kontext der Gesprächsführung ist wichtig, solche Interaktionskreisläufe zu erkennen und zu wissen, daß **beide** daran beteiligten Personen sich nach unausgesprochenen Regeln des Systems verhalten und zu seiner Aufrechterhaltung beitragen.

Betrachtung Andere Menschen verändern zu wollen, ist eine schlechte **der eigenen** Voraussetzung für Problem- und Konfliktlösung. Realisti**Person** scher ist es, bei der eigenen Person anzusetzen. „Was tue **ich**, wenn der andere nicht so ist, wie ich ihn haben will?" sollte die zentrale Frage bei der Suche nach Konfliktlösungsmöglichkeiten sein. Jeder professionelle Helfer und Erzieher sollte sich seiner vorherrschenden Kommunikationsstile weitgehend bewußt sein, die damit verbundenen Grundhaltungen und Grundbotschaften, die er im Kontakt mit anderen aussendet, und seine bevorzugten Empfangskanäle kennen. Und er sollte wissen, wie er mit seinen Schwächen umgehen und wie er festgefahrenen, eskalierenden Interaktionen eine neue Wendung geben kann.

Kommunikationsstile und ihre Veränderungsmöglichkeiten

Unter Heranziehung des Wertequadrates beschreibt SCHULZ VON THUN die wünschenswerte Entwicklungsrichtung für die einzelnen Kommunikationsstile. Es kann dabei nicht darum gehen, sich im Sinne eines reinen Willensaktes in eine andere Persönlichkeit verwandeln zu wollen, sondern darum, die bevorzugten Kommunikationsstile als Ergebnis seiner Lebensgeschichte verstehen zu lernen und sich darüber klar zu werden, was sie ermöglichen, was sie vermeiden helfen und woran sie einen hindern.

Des weiteren sollten wir uns in Erinnerung rufen, daß jeder ungünstige Verhaltensstil die Übersteigerung eines an sich positiven Grundwertes darstellt. Es ist durchaus sinnvoll, hin und wieder Schwäche zu zeigen und um Hilfe zu bitten – im bedürftig-abhängigen Stil wird dies zu einer Dauerhaltung, die einem reifen Erwachsenen nicht entspricht. In manchen Situationen müssen wir Autorität zeigen, Verantwortung übernehmen, Entscheidungen treffen und ihre Ausführung überwachen – ein Mensch mit kontrollierend-bestimmendem Stil verhält sich in den meisten Lebenslagen und gegenüber den meisten Mitmenschen so und pervertiert damit eine grundsätzlich positive und notwendige Eigenschaft.

Ideal einer Balance der Grundwerte

Wer sein Kommunikationsverhalten verbessern und sich bei Konflikten konstruktiver verhalten möchte, sollte sich folglich nicht vorrangig um das Ausmerzen ungünstiger Persönlichkeitsmerkmale bemühen (was ohnehin nicht möglich ist), sondern sich die „Eroberung des Gegenwerts" (SCHULZ VON THUN) zum Ziel setzen, um dem Ideal einer Balance aus den entsprechenden Grundwerten näherzukommen. Sich auf die Entwicklung auf einen positiven Wert hin zu konzentrieren, ist allemal motivierender und erfolgversprechender als verbissen gegen Negatives anzukämpfen.

Skizzieren wir, in Anlehnung an SCHULZ VON THUN (1991, 2), kurz die Entwicklungsrichtungen der acht Kommunikationsstile.

Der **bedürftig-abhängige Stil**
läßt einen Menschen in Passivität und Unselbständigkeit verharren. Wer zu diesem Verhaltensstil neigt, sollte sich auf seine eigenen Kraftreserven besinnen lernen, unabhängiger werden und Verantwortung übernehmen.

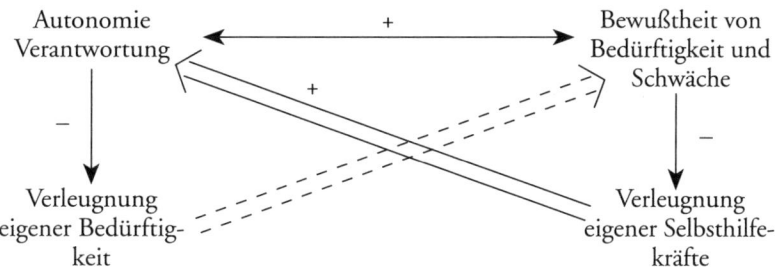

(nach SCHULZ VON THUN, S. 71/87)

Der **helfende Stil**
übertreibt das, was beim bedürftig-abhängigen fehlt. Der Helfer fühlt sich ständig gefordert, anderen beizustehen und sie zu unterstützen und verleugnet dabei die eigene Bedürftigkeit. Seine Entwicklungslinie geht folglich auf den anderen Pol zu, auf die Bewußtheit von Bedürftigkeit und Schwäche (gestrichelter Pfeil in obigem Schema).
Ein weiteres zentrales Dilemma des helfenden Typus ist seine mangelnde Fähigkeit, sich von den Problemen anderer abzugrenzen.

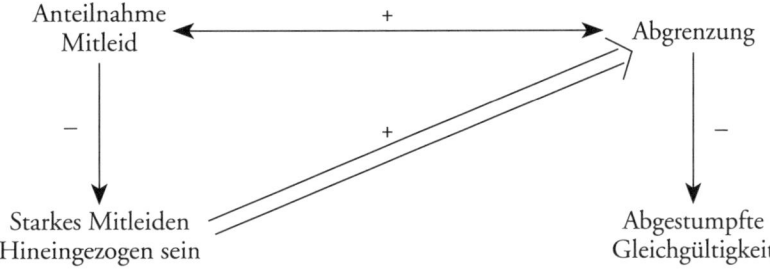

(nach SCHULZ VON THUN, S. 89)

Der **selbstlose Stil**

führt dazu, daß sich Menschen zu wenig um ihre eigenen Bedürfnisse kümmern und zu sehr auf den anderen bezogen sind. Zielrichtung ihrer Entwicklung sollten ein gesunder Egoismus und mehr Selbstbehauptung sein.

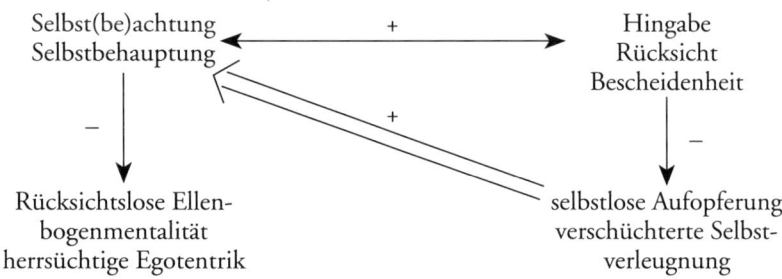

(nach SCHULZ VON THUN, S. 104/105)

Beim **aggressiv-entwertenden Stil**

steigert sich die Fähigkeit, sich Respekt zu verschaffen und im Sinne einer ehrlichen Konfrontation Kritik zu üben, ins Extrem. Für Menschen mit dieser Tendenz gilt es, eine akzeptierende Haltung gegenüber der Umwelt einzunehmen.

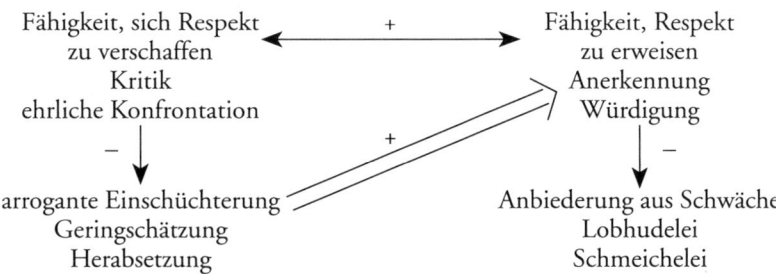

(nach SCHULZ VON THUN, S. 140/141)

Beim **sich beweisenden Stil**

ist der positive Aspekt von Leistung und Selbstdarstellung überwertig geworden. Es mangelt an der Erfahrung, daß es auch ein Miteinander geben kann, bei dem Fehler und Schwächen toleriert werden.

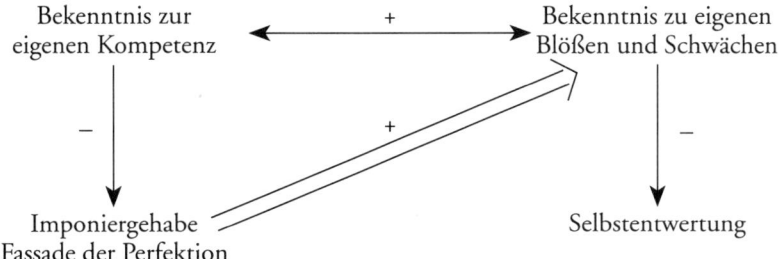

(nach SCHULZ VON THUN, S. 166)

Dem **bestimmend-kontrollierenden Stil**

fehlt es an der Toleranz und Gelassenheit, den anderen so sein zu lassen, wie er ist, und die Dinge auch einmal „laufen lassen" zu können. Die notwendige Fähigkeit, zu planen, zu strukturieren und lenkend einzugreifen, ist bei ihm auf die Spitze getrieben.

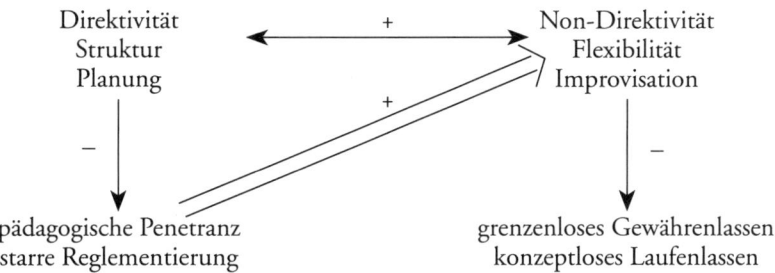

(nach SCHULZ VON THUN, S. 187/188)

Beim **sich distanzierenden Stil**

ist es mißlungen, im mitmenschlichen Kontakt die – zweifellos schwierige – Balance von Nähe und Distanz zu finden. Wer sich zu sehr von anderen zurückzieht, sollte ermutigt werden, mehr persönliche Begegnung zuzulassen.

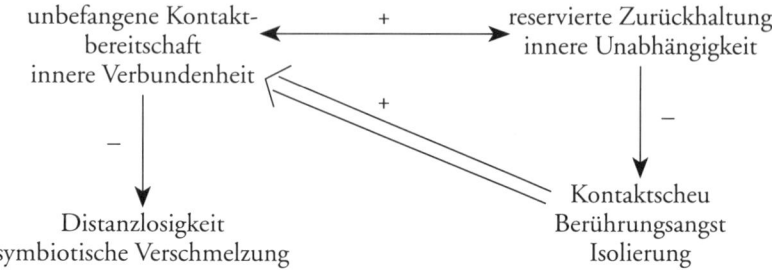

(nach SCHULZ VON THUN, S. 218/223)

Der **mitteilungsfreudig-dramatisierende Stil**

verzerrt Mitteilungsfreudigkeit in monologische Selbstbezogenheit und braucht als Korrektiv gerade die Zurückhaltung, die beim sich distanzierenden Menschen so stark ausgeprägt ist, daß sie ihn in die Isolation führt.

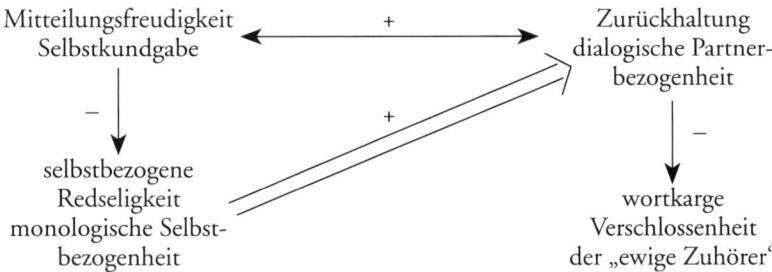

(nach SCHULZ VON THUN, S. 240/241)

Die Entwicklungsquadrate bestechen durch ihre Klarheit und Logik, der Weg zur Verwirklichung der Balance der sich jeweils ergänzenden Grundwerte, die im Zusammenleben mit unseren Mitmenschen so wünschenswert wäre, ist jedoch lang und mühsam.

Ein erster Schritt besteht darin, hellhörig zu werden für unsere eigenen Kommunikationsstile. In welchen Situationen antworte ich mit welchen Verhaltensweisen? Welche Personen provozieren bei mir welche Reaktionsmuster? Welchen Gewinn bringen mir meine bevorzugten Verhaltensstile?

Wie würde ich mich fühlen, wenn ich mich nicht in der gewohnten Art verhalten würde? Was würde mir dann fehlen? Welche Verbindung sehe ich zwischen meinen Verhaltensstilen und meiner Biographie?

Eine lange Reihe von Fragen, die im Rahmen von Aus- und Fortbildungsgruppen zum Thema Problem- und Konfliktlösung bzw. Gesprächsführung durch Diskussionen, insbesondere aber Übungen und Rollenspiele in vertrauensvoller Atmosphäre behutsam angegangen werden können. Die berühmt-berüchtigte Selbsterfahrung verläuft dabei oft weniger dramatisch als es sich manche Teilnehmerinnen vielleicht vorstellen. Kommen wir zu unserem letzten Beispiel zurück, in dem es um den negativen Kreislauf von aktivem und passivem Verhalten bei Leiterinnen und Nicht-Leiterinnen in einer praxisbegleitenden Gruppe ging.

Allein die Tatsache, daß dieser Mechanismus in der Gruppe aufgedeckt wird, beginnt ihn abzuschwächen. Die Nicht-Leiterinnen bringen sich öfter und lebhafter ein, die Leiterinnen versuchen, sich zwischendurch auch einmal entspannt zurückzulehnen und abzuwarten. Schlagartig und vollständig verschwinden diese Verhaltensmuster nicht, da sie ja meist eine lange individuelle Geschichte haben, mit frühen Erfahrungen in der Familie und zum Teil natürlich auch mit objektiven Erfordernissen der Funktion und Rolle der Leiterin zu tun haben, aber sie sind ins Bewußtsein gedrungen und werden von den Gruppenmitgliedern immer wieder einmal schmunzelnd angesprochen. Das Gefälle zwischen aktiven und passiven Teilnehmerinnen bleibt dadurch innerhalb akzeptabler Grenzen. Und die Erzieherinnen sind sensibilisiert für die entsprechenden Kreisläufe in ihren jeweiligen Teams. Die Leiterinnen sehen die Gefahr der Entmündigung ihrer Mitarbeiterinnen durch ihr dominierendes Verhalten, die Nicht-Leiterinnen erkennen, daß von ihrer Seite her nur durch mehr Aktivität das zunächst recht bequeme, aber letztlich unbefriedigende Interaktionsmuster aufgeweicht werden kann.

VI. Problem- und Konflikt-
lösung in Aus- und
Weiterbildung

Es ist in zahlreichen Berufsfeldern schon fast zu einem Klischee geworden, die mangelhafte Ausbildung zu beklagen. Trotz eines mehrjährigen Fachakademie-Studiums, einer durch Vor- und Berufspraktikum gewährleisteten engen Anbindung an die Praxis und einer Fächervielfalt, die ein breites Spektrum an Inhalten abdeckt, herrscht bezüglich der Erzieherinnen-Ausbildung Unzufriedenheit. Nahezu ausschließlich an der unmittelbaren Förderung und Unterstützung der Entwicklung des Kindes orientiert, vernachlässigt sie vor allem die Tatsache, daß sich der Arbeitsauftrag der Erzieherin im Laufe der Zeit erheblich erweitert hat. Die in diesem Buch dargestellten Bereiche – Problemlösung mit Eltern und Konfliktbewältigung im Team – tangieren die Kindergartenpraxis, ohne daß sich die Erzieherin in ausreichendem Maße darauf vorbereitet fühlen könnte.

Ausbildung berücksichtigt nicht den veränderten Arbeitsauftrag

Nun ist das zweifellos ein Defizit, das kennzeichnend ist für die Ausbildung in allen erzieherischen und helfenden Berufen. Der Umgang mit Menschen, der im Mittelpunkt von Problem- und Konfliktlösung steht, ist eine komplexe Thematik, die nicht nur mit Lehrbüchern bestritten und im Frontalunterricht vermittelt werden kann. Gerade bei Konfliktgesprächen mit Eltern und Kolleginnen ist der Wunsch nach konkreten Anweisungen und einfachen Rezepten groß – und angesichts des enormen Problemdrucks in der täglichen Arbeit auch nachvollziehbar und verständlich.

Theoretisches Wissen über kommunikationspsychologische Grundlagen und Konfliktlösungsmodelle ist eine notwendige, aber nicht hinreichende Voraussetzung für eine erfolgreiche Praxis. Das Entscheidende ist ein experimentierfreudiges Lernen durch Erfahrung, d. h. die Auseinandersetzung mit der eigenen Person, den eigenen Gefühlen, Wertvorstellungen und Rollenmustern. Die Fähigkeit, Gespräche in Problem- und Konfliktlagen konstruktiv zu führen, ist nur über längerfristige Lernprozesse zu erwerben. Sie läßt sich nicht im Schnellverfahren oder durch einen einzigen Kurs für alle Zukunft erarbeiten. Die Erzieherin wird erkennen, daß pädagogisches Arbeiten und die damit unmittelbar und mittelbar verknüpften Schwierigkeiten und Konflikte eine ständige Herausforderung an Person und Persönlichkeitsentwicklung darstellen. Für den Umgang mit zwischenmenschlichen Problemen kann es Prinzipien und Richtlinien geben; der einzelne Konfliktfall, an dem individuell-einmalige Persönlichkeiten unter ganz konkreten Umständen beteiligt sind, muß kreativ und in Orientierung an exakt dieser Situation gelöst werden.

Verschiedene Aspekte der Problem- und Konfliktlösung

Rekapitulieren wir die in diesem Buch aufgezeigten und ausgeführten Aspekte, die für das Thema Problem- und Konfliktlösung mit Eltern und im Team eine Rolle spielen, so kommen wir zu folgender zusammenfassender Auflistung:

Theoretisches Wissen

● Theoretisches Wissen
– über das Menschenbild, das Konzepten zur Gesprächsführung zugrundeliegt,
– über Methoden der Gesprächsführung
– und Konfliktlösungsmodelle.

Praktische Anleitung

● Praktische Anleitung
– zur Problem- und Konfliktanalyse,
– zur Zielanalyse,
– zur Verwirklichung kommunikativer Fähigkeiten
– und zum Erkennen negativer Kommunikations- und Interaktionskreisläufe.

Überdenken der beruflichen Rolle

● Überdenken der beruflichen Rolle:
– Reflexion der Problematik sozialer Berufe
– sowie der Möglichkeiten und Grenzen erzieherischer Einflußnahme im Kindergarten;
– Berücksichtigung familientherapeutischer Erkenntnisse;
– realistische Sichtweise von Teamarbeit.

Konfrontation mit der eigenen Person

● Konfrontation mit der eigenen Person
– Die Auseinandersetzung mit Einstellungen, Gefühlen und Verhaltensmustern, wie zum Beispiel Autoritätsproblemen, Konfliktängsten, Toleranz, Vertrauen in andere, Achtung vor der Selbstbestimmung des anderen;

– Erkennen der eigenen kommunikativen Stärken und Schwächen und der bevorzugten Interaktionsstile.
Welche Schlußfolgerungen ergeben sich daraus für Aus- und Weiterbildung?

1. Ausbildung

Ein Ausbildungskonzept, das Erzieherinnen zu einer erfolgreichen Problemlösung in der Zusammenarbeit mit Eltern und einer angemessenen Konfliktbewältigung im Team verhelfen möchte, sollte alle eben aufgeführten relevanten Aspekte berücksichtigen und sie theoretisch und praktisch zu vermitteln versuchen.

In Fortbildungen zeigt sich, daß theoretisches Wissen über kommunikationspsychologische Grundlagen und Konfliktlösungsmodelle durchaus vorhanden ist. Was fehlt, ist die Fähigkeit, diese Kenntnisse in konkretes Handeln umzusetzen. Das Dilemma liegt dabei, wie in diesem Buch deutlich zu machen versucht wurde, in der Komplexität und Vielschichtigkeit des Themas.

Praktisches Erarbeiten konfliktlösungs- relevanter Fähigkeiten

Problemlösung erfordert sowohl Konfliktanalyse als auch angemessene Gesprächsführung, und beides wiederum verlangt ein Überdenken der eigenen Person und beruflichen Position. Stärken und Schwächen im Kommunikationsverhalten haben einerseits mit dem Temperament, der Lerngeschichte und Persönlichkeit der Erzieherin zu tun und sind andererseits als Ergebnis einer gegenseitigen Beeinflussung der Interaktionspartner zu sehen. Konfliktanalysen führen auch zum eigenen Anteil am Problem und zu der Frage, warum wir auf bestimmte Personen und Verhaltensweisen besonders heftig, verärgert oder hilflos reagieren.

Das praktische Erarbeiten konfliktlösungsrelevanter Fähigkeiten durch Übungen und Rollenspiele (Selbsterfahrung) setzt viel Zeit, kleine Gruppen und eine Atmosphäre voraus, die Vertrauen und Offenheit ermöglicht – Faktoren, die an einem Ausbildungsinstitut nicht ohne weiteres zu ver-

wirklichen sind. Sich als Teilnehmerin in einem Trainings-
kurs zu exponieren, sich als Person zu öffnen und ein Stück
weit in Frage zu stellen, dürfte in einem Rahmen, der vorrangig durch Bewertung und Beurteilung von Leistungen geprägt ist, eine nicht zu unterschätzende Schwierigkeit darstellen.

Hinzu kommt, daß sich viele Probleme und Konflikte erst
im Laufe der Berufstätigkeit ergeben und nur in begrenztem
Maße vorwegzunehmen sind.

So können etwa für die Situation „Was tue ich, wenn ich
von Eltern kritisiert und angegriffen werde?" hilfreiche
Grundsätze erarbeitet und anhand eines Beispiels erläutert
werden. Im beruflichen Alltag allerdings tauchen meist spezielle Unsicherheiten und Zweifel auf, die mit den allgemeinen Richtlinien nicht erschöpfend zu beantworten und aufzulösen sind. In der Regel bedarf es einer Menge Erfahrung und
Übung, um das Gerüst theoretischer Prinzipien so anwenden
zu können, daß es dem konkreten Einzelfall gerecht wird.
Sich mit beschwerdeführenden Eltern nicht auf einen Machtkampf einzulassen, sondern erst durch aktives Zuhören Verständnis zu zeigen, ehe man die eigene Position ins Spiel
bringt, klingt theoretisch überzeugend, ist aber im „Ernstfall" schwer zu realisieren. Besonderheiten der Umstände
(der kritische Vater ist im Gemeinderat), die gefühlsmäßige
Beteiligung (die unzufriedene Mutter ist sehr dominant und
nervtötend) und die damit einhergehende Anspannung beeinträchtigen die Umsetzung intellektuellen Wissens in angemessenes und wirksames Handeln.

Fazit: Es gibt keine Ausbildung, die nicht zu verbessern wäre. Der von Erzieherinnen immer wieder geäußerte Wunsch
nach mehr Praxisbezug, auch und gerade in Bereichen, die
über die unmittelbare Arbeit mit dem Kind hinausgehen und
den gestiegenen Ansprüchen an den Arbeitsauftrag Rech-
nung tragen, sollte Anstoß sein für ein Überdenken der Ausbildungsinhalte und -methoden. Dennoch wird das Studium
nie alle diesbezüglichen Forderungen abdecken können. Da
Problem- und Konfliktbewältigung viel mit Erfahrung und
menschlicher Reife zu tun hat, ist sie eher als Lern- und Ent-

wicklungsprozeß denn als rein intellektuell vermittelbarer Wissensstoff anzusehen. So liegt es nahe, daß selbst ein verbessertes Ausbildungskonzept durch entsprechende Fortbildungsmodelle ergänzt werden muß. Die Ausbildung kann einen guten Grundstock legen, aber es wird eine praxisbegleitende Vertiefung und Erweiterung durch Fortbildungen und Supervision erforderlich bleiben.

2. Weiterbildung

Weiterbildungsangebote sollten folgende Punkte umfassen:

● Starke Praxisbezogenheit:
– Konkrete Fallanalysen bzw. Problem- und Konfliktanalysen;
– Übungsmöglichkeiten durch Rollenspiele;
– Gelegenheit zur Rückmeldung über Lösungsversuche in der Praxis und zu eventuell notwendigen Korrekturen.

● Den „psychohygienischen" Faktor:
– Diskussion der Möglichkeiten und Grenzen der erzieherischen Tätigkeit im Kindergarten;
– Nachdenken über die Stellung der Erzieherin im Spannungsfeld zwischen Kind und Eltern;
– Nachdenken über die Stellung des Kindergartens in der Gesellschaft bzw. der gesellschaftspolitischen Landschaft.

● Einen individuellen, persönlichkeitsbezogenen Ansatz:
– Anknüpfen an den individuellen Erfahrungsstand der Erzieherin;
– Berücksichtigung der konkreten Arbeitssituation (Größe und Arbeitsweise des Kindergartens, Teamstruktur, soziales Umfeld);
– Arbeiten mit den persönlichen Stärken und Schwächen der Erzieherin.

2.1. Praxisbezogenheit

Konkretisieren der eigenen Situation

Obwohl in Fortbildungen deutlich wird, daß die Belastung durch verhaltensauffällige Kinder, unmotivierte oder überkritische Eltern und ungelöste Konflikte im Team in vielen Kindergärten tendenziell zunimmt, müssen Erzieherinnen stets eine gewisse Hürde überwinden, das vor der Gruppe zuzugeben. Die Teilnehmerinnen erkennen jedoch schnell, daß globale Fragestellungen konkretisiert werden müssen, auch auf die Gefahr hin, daß dadurch eigene Schwächen sichtbar werden.

Nicht:
„Was tut man, wenn Eltern zu fordernd sind?"
Sondern:
„Die Eltern der Kinder in meiner Gruppe wollen in sehr vielen Dingen mitbestimmen. Inzwischen fühle ich mich durch dieses Engagement regelrecht in der Arbeit behindert. Wenn, um nur ein Beispiel zu nennen, endlose Diskussionen darüber geführt werden, welche Sorten von Tees und anderen Getränken wir anbieten sollen, geht soviel Zeit verloren und ich werde innerlich immer ärgerlicher. Vor einigen Tagen erst haben mich drei Mütter morgens wieder mit diesem Thema in Beschlag genommen. Ich möchte lernen, mich selbstbewußter zu verhalten und solche Gespräche entschlossener zu führen."

Hier entsteht echter Praxisbezug für die betroffene Erzieherin. Sie lernt ihren konkreten Fall zu analysieren und entdeckt mit Unterstützung der Gruppe, was sie gegebenenfalls ändern muß und welche Hilfen sie dazu heranziehen kann. Zudem hat sie die Gelegenheit, Gesprächssituationen im Rollenspiel zu erproben.

Das Sprechen über konflikthafte Situationen schafft emotionale Entlastung und eine Distanz, durch die neue Sichtweisen und die Freisetzung kreativer Kräfte möglich werden. Wenngleich sachliche Informationen notwendig und sinnvoll sein können, geht es insgesamt weniger um Ratschläge aus der Gruppe oder vom psychologischen oder sozialpädagogischen Fachmann als vielmehr um die Anregung des eigenen Problemlösepotentials. Die Erzieherin hat die Zeit und Ruhe, sich mit Problemen und Konflikten auseinanderzusetzen, sich alle verfügbaren Fakten noch einmal bewußt zu machen und zu ordnen, Situationen und Zusammenhänge neu zu durchdenken und zu strukturieren und die Gefühls- und Beziehungsebene zu klären.

In fortlaufenden Gruppen wird es als hilfreich erlebt, wenn der Lösungsprozeß über eine längere Zeitspanne hinweg begleitet werden kann. Die Erzieherin berichtet von Fortschritten, Hindernissen oder Rückschlägen und wird darin unterstützt und bestärkt, in zum Teil vielen kleinen Schritten an der Lösung ihres Anliegens zu arbeiten.

Wer ein Problem aus seinem Arbeitsfeld in eine Weiterbildungs- oder Supervisionsgruppe einbringt, lernt nicht nur für diesen einen „Fall". Indem er etwas über seine Gefühle, Einstellungen, Ängste und Zweifel erfährt, gewinnt er an Sicherheit und Selbstvertrauen – und das wird ihm für die Bewältigung zukünftiger Probleme und Konflikte am meisten helfen. Ein weiterer Aspekt des Lernerfolgs liegt in der Erkenntnis, daß es keine Patentrezepte gibt und nur die intensive Auseinandersetzung mit dem Einzelfall mit seinen Besonderheiten, Hintergründen und seiner Entwicklungsgeschichte zu einer erfolgreichen Problemlösung hinführen kann.

2.2. Psychohygienischer Aspekt

Die Klage über Streß und Überforderung im Berufsleben ist vielerorts und weithin hörbar. Es stellt sich zwangsläufig die Frage nach den Ursachen dieses Phänomens, das geradezu ein Charakteristikum unserer Zeit zu sein scheint. Sicher kann es im Einzelfall an mangelnder Eignung oder Qualifikation, an zu geringer Belastbarkeit oder fehlender Motivation liegen. Da es sich aber mehrheitlich um engagierte und fähige Mitarbeiter handelt, die sich von ihrer Aufgabe überfordert und ausgelaugt fühlen, liegt die Vermutung nahe, daß die an sie gestellten Anforderungen zu hoch sind. Die Gefahr dieses schleichenden Verschleißes, des sogenannten Ausbrennens (Burn-out-Syndrom) als Folge von Überforderung ist inzwischen als Problem erkannt und wissenschaftlich untersucht worden. Wer in helfenden und erzieherischen Berufen in der Rolle des ständig Gebenden mit anderen Menschen arbeitet, gilt als besonders gefährdet. Darüber hinaus sind offensichtlich diejenigen am stärksten davon bedroht, die mit Idealismus und Begeisterung ihre Tätigkeit begonnen haben. Der anfängliche Schwung geht – oft in relativ kurzer Zeit – verloren; zurück bleibt Überdruß, der sich in körperlicher, emotionaler und geistiger Erschöpfung äußert. Nicht subjektivem Versagen, so hat sich gezeigt, ist dieser Zustand zuzuschreiben, sondern ungünstigen Rahmenbedingungen, an denen motivierte und idealistische Mitarbeiter scheitern. Als wesentliche Risikofaktoren gelten emotional belastende Arbeit, quantitative und qualitative Überlastung, Mangel an Autonomie und Anerkennung.

Streßfaktoren orten Unabhängig davon, daß die Erzieherin sozusagen in einem allgegenwärtigen Klima diffuser An- und Überforderung lebt (vgl. Kap. I.1.), lassen sich je nach individueller Arbeitssituation Streßfaktoren in unterschiedlicher Zahl und Kombination ausmachen: Arbeit in vollen Wechselgruppen; hoher Anteil verhaltensgestörter Kinder; desinteressierte, unkooperative Eltern; überkritische Eltern; ein zerstrittenes Team, in dem es keinen emotionalen Rückhalt gibt; ein Führungsstil, der den einzelnen Mitarbeiterinnen wenig Spielraum läßt, die Arbeit selbständig und kreativ zu gestalten; keine Möglichkeit zu fachlichem Austausch; ein Träger, der wenig Verständnis und Entgegenkommen zeigt bei der Genehmigung und Finanzierung von Personal, Ausstattung und Fortbildung; wenig Anerkennung der Arbeit durch Eltern, Kollegen oder Umwelt.

Bewältigungsstrategien Für die Bewältigung chronischer Belastungen im Arbeitsalltag stehen verschiedene Strategien zur Verfügung.

– direkt/ indirekt Direkte Bewältigungsstrategien versuchen, die umweltgegebenen Streßfaktoren zu verändern (äußere Strategien), während indirekte Strategien darauf zielen, die Gefühle und das

– aktiv/inaktiv Verhalten der Betroffenen zu beeinflussen (innere Strategien). Daneben wird zwischen aktivem und inaktivem Umgang mit Belastungen unterschieden: Aktive Bewältigungsstrategien suchen die streßhafte Situation und das Selbst zu ändern, inaktive Strategien vermeiden oder verleugnen den Streß.

Aus diesen beiden Dimensionen ergeben sich vier Typen von Bewältigungsstrategien (ARONSON et al. 1983):

1. direkt-aktiv:
die streßhafte Situation verändern, bestimmte Streßfaktoren beeinflussen, positive Aspekte der Situation herausfinden.

2. direkt-inaktiv:
die streßhaften Elemente der Situation ignorieren, sie vermeiden oder die Situation verlassen.

3. indirekt-aktiv:
über den Streß sprechen, sich in Anpassung an die streßhaften Elemente der Situation verändern, sich in anderen Tätigkeiten engagieren.

4. indirekt-inaktiv:
trinken, krank werden oder zusammenbrechen.

Ein Ergebnis im Zusammenhang mit diesen Forschungen ist, daß männliche eher zu den direkten und weibliche Mitarbeiter eher zu den indirekten Bewältigungsmechanismen neigen – das sollte Frauen, die in einem typischen Frauenberuf arbeiten, aufhorchen lassen. Am besten ist es natürlich, verschiedene Strategien (mit Ausnahme der vierten) entsprechend den Erfordernissen der Situation flexibel anwenden zu können.

Welche aktiven Strategien stehen der Erzieherin für den Streßabbau zur Verfügung und welchen Beitrag kann Weiterbildung hierzu leisten?

Aktiv-direkte Strategien versuchen, auf die streßhaften Faktoren Einfluß zu nehmen. Dies ist als Verbesserung der Arbeitsbedingungen auf der Ebene des konkreten Kindergar-

Streßfaktoren verändern

tens möglich. Jede Erzieherin, ob Leiterin oder Mitarbeiterin, hat hier zu überlegen, inwieweit Bedingungen, die zu Streß und Überforderung beitragen, verändert werden können. Erschweren festgefahrene organisatorische Strukturen die Arbeit statt sie zu erleichtern? Ist effektive Teamarbeit möglich? Gibt es Spielraum für das Ausprobieren von Neuem, um der Erstarrung in Routine vorzubeugen? Hat jeder die Chance, seine persönlichen Fähigkeiten und Stärken angemessen in die Arbeit einbringen zu können?

Dies alles sind Punkte, die in der Weiterbildung Berücksichtigung finden sollten. In Kursen zur Teamarbeit werden sie ebenso zur Sprache kommen wie in längerlaufenden Supervisionsgruppen. Es wird dabei allerdings auch deutlich werden, daß eine Verbesserung der Arbeitsbedingungen auf gesellschaftlich-politischer Ebene nie aus den Augen verloren werden darf. Eine starke berufsständische Interessenvertretung sollte mit Nachdruck auf die Probleme im Kindergarten hinweisen, die Interessen artikulieren und politisch durchzusetzen versuchen. Eine gesellschaftspolitische Aufwertung des Elementarbereichs ist dringend erforderlich.

Fachliche und emotionale Unterstützung suchen

Aktiv-indirekte Strategien einzusetzen bedeutet, sich selbst in Anpassung an die streßhaften Elemente der Situation so zu verändern, daß die Belastung besser gemeistert werden kann. Im Falle der Erzieherin heißt das, sich über Fortbildungen fachliche und emotionale Unterstützung für die Arbeit zu holen. Gezielte Angebote können die Kompetenzen in Problem- und Konfliktbewältigung erweitern. Vor allem die Erfahrung kollegialer Solidarität, das Gefühl, mit seinen Problemen nicht alleine zu sein, werden von den Teilnehmerinnen in solchen Gruppen als wohltuende Stärkung empfunden. So sinnvoll und unerläßlich es ist, seine Fähigkeiten zu entwickeln, um den gestellten Anforderungen gerecht zu werden, so wichtig ist es aber auch, die Grenzen indirekter Bewältigungsstrategien zu sehen. In den entsprechenden Fortbildungsseminaren muß folglich Platz sein für die Klärung des eigenen Standortes: Wofür bin ich zuständig und wofür nicht? Was kann ich mit entsprechender fachlicher Anleitung lösen, was sprengt den Rahmen meiner Möglichkeiten? Wo

Eigene Grenzen erkennen scheitere ich mit meinen Bemühungen an äußeren Bedingungen? Wo müssen, mit anderen Worten, streßerzeugende Gegebenheiten verändert werden? Die fähigste Mitarbeiterin kann an ungünstigen Rahmenbedingungen oder einem per se unerfüllbaren Auftrag scheitern (vgl. Kap. III.2.). In Supervisionsgruppen, die sich über einen längeren Zeitraum hinweg treffen, sind solche Fragen und Probleme am intensivsten zu klären.

2.3. Person- und Persönlichkeitsbezogener Ansatz

Problem- und Konfliktlösung fordert die ganze Person. Folglich sollten in Weiterbildungsseminaren die Teilnehmerinnen Gelegenheit erhalten, ihre Stärken und Schwächen und die daraus für sie persönlich resultierende Entwicklungsrichtung zu erfahren und zu erkennen. Verschiedene Erzieherinnen haben, trotz zunächst ähnlich klingender Schwierigkeiten (Ärger mit Eltern, Streit im Team), je nach Persönlichkeit und beruflicher Situation, letztlich doch sehr unterschiedliche Probleme.

In einem Kindergarten mit einem sozial schwierigen Umfeld müssen Eltern zur Zusammenarbeit motiviert werden, in anderen Gegenden haben Erzieherinnen Mühe, sich gegen zu anspruchsvolle Eltern zu behaupten. In einem Team gibt es ständig Konflikte, in einem anderen läuft alles friedlich und harmonisch, aber es findet seit Jahren keine Entwicklung mehr statt. In einem Team dominiert die Leitung, ein anderes hat zu wenig Struktur. Eine engagierte Berufsanfängerin fühlt sich in Elterngesprächen unsicher, weil sie sich zu jung und unerfahren glaubt, während eine Erzieherin mit langjähriger Praxis vielleicht gegen Routine, eingefahrene Verhaltensmuster und eine resignativ-lähmende Haltung ankämpfen muß. Manche Erzieherinnen sind zu dominant und zu sehr auf ein direktives Helfen eingestellt, andere zu schüchtern, ängstlich und zu wenig selbstbewußt.

Gute Weiterbildungsangebote sollten dem Anspruch gerecht werden, sich an den individuellen Voraussetzungen der Teilnehmerinnen zu orientieren. Wer sich beispielsweise ohnehin immer zurücknimmt und nur auf den anderen eingeht, muß nicht vorrangig aktives Zuhören lernen, sondern mehr Selbstbehauptung und Durchsetzungsfähigkeit – auf der sprachlichen Ebene also das Senden von Ich-Botschaften. Eine Erzieherin hingegen, die sehr bestimmend ist, sollte daran arbeiten, sich mehr zurückzuhalten, sich einfühlend auf den anderen zu konzentrieren und das durch verständnisvolles Zuhören zum Ausdruck zu bringen. Wer sich in seiner Arbeit von den Problemen erdrückt fühlt und kaum wirkungsvolle Handlungsspielräume sieht, muß ermuntert werden, die Möglichkeiten wahrzunehmen, die in seiner Tätigkeit liegen, während derjenige, der dazu neigt, für die Lösung aller Schwierigkeiten um sich herum die Verantwortung zu übernehmen (Helfersyndrom), darauf achten sollte, Grenzen zu ziehen und sich selbst zu schützen.

Ein persönlichkeitsbezogenes Weiterbildungsmodell wird der Erzieherin die Möglichkeit geben, sich in einer Atmosphäre, die nicht von Kritik, Belehrungen und Bevormundung, sondern von Toleranz und Wertschätzung geprägt ist, mit ihren individuellen Kommunikations- und Verhaltensstilen und den damit verbundenen Interaktionskreisläufen auseinanderzusetzen.

In Übungen und Rollenspielen etwa, die auf Video aufgezeichnet werden, erfahren die Teilnehmerinnen meist sehr hautnah und anschaulich, wo ihre „Schwachstellen" liegen. „Ich spreche ja viel zu leise und zaghaft." „Da habe ich mich aber schnell unterkriegen lassen." „Dieser Mutter bin ich wohl ziemlich hart und überrollend entgegengetreten." „Je mehr ich auf meine Gesprächspartnerin eingeredet habe, umso mehr hat sie sich zurückgezogen", lauten Kommentare, wenn Erzieherinnen sich auf Video erleben. Je nach Bereitschaft der Erzieherin kann das Problem dann vertieft werden. „Geht es mir in anderen Situationen ähnlich? Warum macht mir gerade diese Mutter angst? Warum ruft diese Kollegin so schnell Ärger bei mir hervor? Warum reagiere ich so und was kann ich damit vermeiden?" usw. Durch Fragen dieser Art kann die Erzieherin angeregt werden, über sich nachzudenken und manche ihrer gegenwärtigen Verhaltensweisen mit Erfahrungen aus ihrer lebensgeschichtlichen Entwicklung in Verbindung zu bringen.

Ein Erkennen solcher Verhaltensmuster – ohne zu bewerten und zu verurteilen – ebnet den Weg für mögliche Veränderungen, indem es – im Sinne des Wertequadrats – auch auf die wünschenswerten Entwicklungsrichtungen verweist. Veränderungen allerdings, das sollte nie vergessen werden, brauchen die entsprechende Motivation, Zeit und Geduld.

2.4. Formen der Weiterbildung

Weiterbildung wird im Idealfall die hier aufgezählten und erläuterten Gesichtspunkte berücksichtigen – ein fertiges Konzept dazu gibt es nicht. Die gegenwärtige Phase scheint noch stark von der Haltung des Suchens und Ausprobierens getragen zu sein. Erzieherinnen sollten ihre Bedürfnisse, die sich aus den unmittelbar erlebten Schwierigkeiten im Arbeitsalltag ergeben, artikulieren und entsprechende Weiterbildungen fordern.

Zum Thema der Problem- und Konfliktbewältigung gibt es, entsprechend seiner vielen Facetten, verschiedene Zugänge bzw. eine Reihe von Möglichkeiten, die sich ergänzen und aufeinander aufbauen:

– Themenorientierte Kurse

Hier handelt es sich um Veranstaltungen mit Titeln wie „Gesprächsführung im Kindergarten", „Gesprächsführung mit Eltern", „Problemanalyse und Konfliktlösung im Rahmen der Elternarbeit", „Konfliktbewältigung im Team", „Teamarbeit im Kindergarten" u.ä.

Meist sind diese Kurse, selbst wenn sie mehrtägig angeboten werden, nur ein erster Einstieg in das Thema, geben Anregungen und Anstöße. Häufig entsteht in solchen Seminaren der Wunsch nach einer längerdauernden Praxisbegleitung.

– Praxisbegleitung/Supervision

In diesen Gruppen treffen sich Teilnehmerinnen aus verschiedenen Kindergärten, um über Probleme des Arbeitsalltags zu sprechen und an angemessenen Lösungen zu arbeiten. Die Themenpalette reicht von verhaltensauffälligen Kindern und schwierigen Eltern über Konflikte im Team bis hin zu Auseinandersetzungen mit dem Träger.

– Einzelsupervision

Die Gelegenheit der Problem- und Konfliktanalyse bietet auch die Einzelsupervision. Das Erleben von Solidarität und bestimmte Aspekte der Selbsterfahrung sind hier nicht möglich. Es kann jedoch intensiver auf den individuellen Anteil der Erzieherin an Problemen und Konflikten eingegangen und der Bezug zu ihren lebensgeschichtlichen Erfahrungen hergestellt werden. Leiterinnen können von Einzelsupervision in besonderem Maße profitieren. In diesem Rahmen kann ihre Führungskompetenz erweitert, ihre Konfliktvermeidungs- und Problemlösefähigkeit weiterentwickelt oder ihnen zum Beispiel der Rücken gestärkt werden für die Durchsetzung von Kindergarteninteressen gegenüber dem Träger.

– Teamsupervision

Diese Form der Supervision bezieht sich auf das Team eines einzelnen Kindergartens. Fallbezogene Supervision gibt Unterstützung bei der Problem- und Konfliktlösung im Hinblick auf schwierige Kinder und im Kontext von Elternarbeit. Die Rahmenbedingungen der Arbeit, die Arbeitsorganisation und Beziehung zum Träger können in ihrer Bedeutung für die Arbeit des Teams beleuchtet werden. Elterninitiativ-Kindergärten etwa haben hier oft Schwierigkeiten, weil die

Instanzen und Rollen nicht klar definiert und abgegrenzt sind. Manche Teams wünschen ausdrücklich Supervision, die ihnen bei der Lösung ihrer internen Konflikte helfen soll. Sie möchten ihre Streitigkeiten überwinden, ihre Beziehungen und ihre Zusammenarbeit verbessern. Auch eine fallbezogene Supervision wird fast zwangsläufig immer wieder die zwischenmenschlichen Beziehungen im Team berühren. Unterschwellige Konflikte können eine nur fallbezogene Supervision scheitern lassen, wenn das Team nicht bereit ist, sich mit diesem Bereich auseinanderzusetzen.

Zusammen-
fassung

Fassen wir zusammen:
Das vorliegende Buch spiegelt das Dilemma von Theorie und Praxis im Bereich der Problem- und Konfliktlösung wider. Auch hier konnten nur Prinzipien aufgezeigt und ihre Realisierung in der Praxis anhand von Einzelfallbeispielen so anschaulich wie möglich demonstriert werden. Es sollte deutlich geworden sein, unter wievielen Gesichtspunkten das Thema erarbeitet werden muß und welch große Rolle dabei einem lebendigen, praxis- und persönlichkeitsbezogenen Lernen in Gruppen zukommt. Erzieherinnen sollten sich ermutigt fühlen, sich nach geeigneten Fortbildungsangeboten und Möglichkeiten einer praxisbegleitenden Supervision umzusehen. Die erzieherische Aufgabe im Kindergarten ist spannend und vielseitig, aber auch anspruchsvoll und schwierig. Sich die dafür notwendige Kompetenz und Unterstützung zu holen, ist ein legitimes Anliegen der Erzieherinnen.

Literatur

Aronson, E./Pines, A. M./Kafry, D.: Ausgebrannt, Stuttgart 1983
Birmelin et al. (Hrsg.): Erfahrungen lebendigen Lernens, Mainz 1990[2]
Cohn, R. C.: Von der Psychoanalyse zur themenzentrierten Interaktion, Stuttgart 1992[11]
Gordon, Th.: Managerkonferenz, München 1991[5]
Innerhofer, P.: Das Münchner Trainingsmodell, Berlin 1977
Leupold, E. M.: Konflikte im Team, in: Kindergarten heute 1/92
              Forderungen von allen Seiten, ebenda 2/92
              Gespräche mit Eltern, ebenda 5/92
Luthman, S. G./Kirschenbaum M.: Familiensysteme, München 1977
Minsel, W.-R.: Praxis der Gesprächspsychotherapie, Wien 1975[3]
Papp, P.: Die Veränderung des Familiensystems, Stuttgart 1989
Pühl, H. (Hrsg.): Handbuch der Supervision, Berlin 1992
Rogers, C. R.: Die nicht-direktive Beratung, München 1985[6]
Schlippe, A. von: Familientherapie im Überblick, Paderborn 1993[10]
Schmidbauer, W.: Helfen als Beruf, Reinbek bei Hamburg 1983
Schwäbisch, L./Siems, M.: anleitung zum sozialen lernen für paare, gruppen und erzieher, Reinbek bei Hamburg 1989
Schulz von Thun, F.: Miteinander reden, Bd. 1 – Störungen und Klärungen, Reinbek bei Hamburg 1991
              Miteinander reden, Bd. 2 – Stile, Werte und Persönlichkeitsentwicklung, Reinbek bei Hamburg 1991
Vopel, K. W.: Interaktionsspiele 4, Hamburg 1978[2]
Watzlawick, P./Beavin, J. H./Jackson, D. D.: Menschliche Kommunikation, Bern 1990[8]
Weinberger, S.: Klientenzentrierte Gesprächsführung, Weinheim 1990[4]

Register